交換と主体化

社会的交換から見た個人と社会

清家竜介
Seike Ryusuke

御茶の水書房

はしがき

人間は、その本質において、「知恵のある人（ホモ・サピエンス）」、「本能の壊れた人（ホモ・デメンス）」、「工作人（ホモ・ファーベル）」「遊び人（ホモ・ルーデンス）」などといわれる。哲学者であり社会学者でもあったゲオルク・ジンメルは、それらの系列に「交換する動物」としての人間像を加えた。

この「交換する動物」としての人間がつくりだす世界の悲喜こもごもは、人びとの日常生活を彩るとともに、古今東西の歴史の過程を大きくそして激しく揺り動かしてきた。

たとえば資本主義経済は、人びとにかつてない経済的繁栄をもたらすと同時に、大恐慌をはじめとする数々の破局をもたらしてきた。現在でもサブプライム・ローン崩壊からリーマン・ショック以降の世界的な経済危機は、一向に収まる気配を見せない。現在の欧州における国家債務不安、史上初の米国債格下げなど、巨大な破局を招き寄せかねない危機がいまなお持続している。わが国もまた、世界経済の動向と連動した円高や巨額に膨張した財政赤字にあえいでいる。

だが経済過程は、そのような危機や破局と不可分である資本主義経済によってのみ成り立っているのではない。実際にわれわれは、重層的な経済過程の中で生活を行っている。歴史学者のフェルナン・ブローデルは、人びとの営む経済生活が三つの層をなしていると述べている。

ブローデルは、その経済生活を三階建ての建物の比喩で語っている。その建物は、一階をごく初歩的な経済である

「物質生活」、二階を交換価値の出現とともに生じる「経済生活」、三階が「資本主義」という構造をなしている。

本書は、この三階建ての比喩を、三つの社会的交換形式に対応するものとして把握する。三つの社会的交換形式は、それぞれの階の構成に対応し、建物の構造化と再生産を可能にする。一階である「物質生活」には、「贈与（互酬）」という社会的交換形式が対応する。次ぎの「経済生活」は、貨幣を媒介にした「等価交換」をあてる。最上階となる第三階の「資本主義」には、「資本制交換」を対応させた。実のところ、これらの社会的換形式と経済生活は、それぞれが下位の層という支えがなければ成り立たない。

さらに本書では、一階の「物質生活」の根拠となる「贈与する自然」を建物の土台として想定するとともに、それぞれの交換形式を土台にしてコミュティとしてのまとまりを作り出す「再配分」という交換形式を加えた。

本書は、この「交換する動物」としての人間が、「贈与（互酬）」「等価交換」「資本制交換」「再配分」という複数の社会的交換形式を担うことによって、それぞれの交換形式によって規定された人格や主体性の在り方と、社会的な共同性の在り方を生み出していることを論じるものである。

このように交換形式を分類するにあたって、贈与や互酬をたんなる前近代的な過去の遺制、あるいは未開社会の遅れた習俗ではないかと思われる方もあろう。だが贈与や互酬は、たんなる過去の遺制でもないし、未開社会の習俗であるのではない。それは今もなお、休みなく不断に機能し続けている生きられた社会過程にほかならない。

例えば、レベッカ・ソルニットの『災害ユートピア』でも述べられていたように、災害などの危機に際して、贈与や互酬という互助的な交換形式の層が劇的なかたちでたち現われる。実際にわれわれは、東日本大震災に際して、互助的な交換形式の層の出現に立ちあった。この未曾有の惨事に際して、今もなお多くの人びとが、災害ボランティアや募金などの有形無形の献身を行っている。われわれは、大規模な贈与の精神が立ち上がるのをまざまざと体験しているのである。

このような事態は、経済学的な観点から見れば、まさに非合理に映るであろう。だがわれわれは、実際にこの非合理性の噴出を目の当たりにしたのである。今回の震災を通じて、多くの人びとは、自らがたんなるホモ・エコノミクスではないことを実際に体験した。経済過程は、必ずしも市場経済や資本主義経済によってのみ貫徹されるわけではない。本文で述べるように「交換する動物」としての人間は、市場経済や資本主義経済の核をなす経済合理性に還元されるわけではないのだ。

本書は、「交換する動物」としての人間という視角から、近代という時代の牽引者でもあった経済学的なホモ・エコノミクスとは異質な重層的な人間像を提示することを目的としている。それとともに「交換する動物」としての人間像の解明から、現代の危機の在り処を照らし出してみたい。

冒頭に述べたように、現在、急速に資本主義経済の危機が深まっている。この危機は、近代という時代の最も深い場所に根ざしている。それゆえ一度危機を回避したとしても、危機は別のかたちで何度でも回帰してくる。というのも近代が抱える危機は、いくつかの倒錯した社会過程にもとづいているからだ。その倒錯に由来する危機の在り処の一つを、社会的交換という視角から論じることを試みたい。

先ごろ大変御世話になっている国際政治学者の方が「今後、東日本大震災や原発震災について語ることのできない思想は、もはやなんの役にも立ちはしない」といわれたのを耳にした。まさにそうであろうと、わたしも胸の内で深く同意した。

本書は、東日本大震災以前に書いた学位論文を加筆・修正したものである。学位論文の加筆と修正を最小限に留めたこともあり、はしがき以外では、震災について一切触れていない。今はただ本書が戦後日本が直面する未曾有の危機においても通用する内容となっていることを切に願うばかりである。

交換と主体化

目　次

目　次

交換と主体化——社会的交換から見た個人と社会

序論　社会的交換理論と重層的主体性について

危機の時代と人格への懐疑

マルセル・モースは「人間精神の一つの範疇・人格の概念《自我》の観念」の冒頭で、次のように述べている。

「人間精神を形づくる諸範疇の一つ――われわれが生得的なものだと思い込んでいる諸観念の一つ――が、なん世紀もの歳月と幾多の転変を経て、いかに徐々に発生し成長してきたか、また、それは今日でさえ、依然として非常に流動的、繊細かつ貴重であり、ますます精緻に作り上げられるべきものであるということにほかならない。それは、《人格》という観念、《自我》という観念のことである」(Mauss [1968b] 1980: 333 = 1973 [II]: 73-4)

かつてヨーロッパから生じた近代市民社会は、経験的人格の内奥に存在する超越論的理性を有する啓蒙の主体によって牽引されることで、発展してきたと考えられていた[1]。非西欧社会は無知蒙昧なまどろみの中にあり、その住人である野蛮な非理性的主体は、教化されるべき存在とされた。植民地主義は文明を輸出するものとして正当化され、誇り高き自律的な理性的主体によって、無知蒙昧な非理性的主体は教化され、人類史に輝かしい未来が訪れるはずであった。しかしながら、モースは社会学者・文化人類学者として、理性的主体の観念の普遍性に疑義をつきつける。

「《自我》という哲学上の言葉がいかに近頃のものであり、《自我の範疇》、《自我崇拝》（その異常形態）がいかに最近のものであり、自我に対する尊敬の念——他者に対する尊敬の念（その正常形態）がいかに最近のものであるかを示したい」（Mauss［1968b］1980: 335=1973［II］: 77）

モースは、以上のように述べ、「人格」や「自我」という観念は、けっして普遍のものではなく歴史的な起源を持ち、その内実が変容してきたことを半ば社会進化論的な観点から示そうとした。モースは、ヨーロッパ文明を支える近代的な「自我」や「人格」の在りように、師であり叔父でもあったエミール・デュルケムとともに深い憂慮を抱いていた。たとえばデュルケムは、従来個人的な問題であると見なされていた自殺という現象が社会的事象に強い影響を受けていることを『自殺論』で論証しようとした。デュルケムが『自殺論』の執筆にいたったのは、ヨーロッパ文明の危機を察知していたからである。

彼らは、初期の啓蒙主義者やドイツ観念論の世代と異なり、ヨーロッパ文明の行く末を楽観視することはできなかった。度重なる戦乱やドレフュス事件などに見られたユダヤ人差別は一向に収まることがなかったし、産業労働がもたらす階級問題もまた発展の背後に深い陰を落としていた。そして、最晩年のデュルケムと若きモースは、近代的理性の主体によって牽引されてきた近代社会の破局ともいうべき第一次世界大戦を経験することになった(2)。

デュルケムとモースにとって、旧来の農村共同体を基盤にした封建社会から、国民国家と結びついた産業社会への移行を促す近代化の過程は、けっして成功裏に展開しているわけではなかった。特に、功利的個人主義が蔓延する中で、道徳意識が希薄化するとともに社会的連帯が弱体化したことが彼らの主要な関心事であった。その問題を究明し、近代社会に相応しい社会連帯の原理を見出すことが、彼らの社会学的・文化人類学的探究の大きな動機をなしていた。(3)

また、ヨーロッパを牽引してきた哲学に対して深い疑念を抱いた哲学徒クロード・レヴィ＝ストロースは、第二次世界大戦へと向かう疲弊したヨーロッパから逃れるように、ブラジルに向かった。戦後に帰国したレヴィ＝ストロースは、ヨーロッパと異郷との狭間で獲得した「死者の眼差し」をもって、カントの悟性主義の普遍性の主張に対して根本的な疑義をつきつけ、モースの有力な後継者の一人となった（Levi-Strauss 1964）(4)。レヴィ＝ストロースにとってカントやヘーゲルに代表されるヨーロッパ的理性の主体は、けっして普遍的なものではない。それは、ヨーロッパ文化に属する特殊な構築物であり、文化人類学的に分析の必要のある事象にほかならない（Levi-Strauss 1962=1976: 294-325）。

ドイツにおいても、ドイツ帝国を灰塵へと追いやった第一次世界大戦の発生とドイツ革命の失敗は、フランクフルト学派の社会哲学に大きな課題をつきつけることになった。初期フランクフルト学派は、進歩する歴史の先端にあったはずのヨーロッパ諸国における「市民社会の自己崩壊」の原因を解明すると同時に、「支配なき宥和」の在り処を模索することを試みる。さらに第二次大戦中にナチスに追われたマックス・ホルクハイマーやテオドーア・W・アドルノは、アメリカでナチズムやファシズムとは異なったかたちで「市民社会の自己崩壊」の現われを見ることになる。そして、彼らは、アメリカの大衆社会の在り方に幻滅し、文明史的な理性批判へと向かうことになる（Horkheimer und Adorno 1947）。

モースとレヴィ＝ストロースの文化人類学やフランクフルト学派の批判理論は反響を呼び、その業績を無視し啓蒙理性を単純に称揚するような議論は既に存在しがたくなった。

とはいえ、彼らの批判が対象としたものは、けっして過去の出来事などではない。まさにわれわれの世代もまた、地球環境問題と生態学的危機、テロリズムの恐怖、日常的に噴出する理由なき犯罪、地域コミュニティの崩壊と高まるセキュリティへの関心、精神病と自殺の増加、貧困と食糧危機、これらの困難に拍車をかけかねない金融危機などの数々の災禍に取り巻かれている。

彼らの批判や思想は、学術の水準において近代的理性の枠組みを大いに揺るがした。しかしながら、彼らの批判した近代の基礎を成す原理は、いまもまだわれわれの生活を規定している。そして、彼らの批判は根源的なものであったが、けっして近代社会に対するオルタナティブを提示するものではなかったことを指摘しておかねばならない。

われわれの生きる現代も危機の時代であり、その危機の多くは、彼らが直面した危機の延長線上に展開されている。というのも彼らの生きた近代社会の制度的基礎をなす資本主義経済と国民国家という両輪によってかたちづくられるシステムは、いまだに強固に存続しているからだ。われわれの生活もまた、このシステムと不可分なかたち営まれている。だからこそ彼らの批判から紡ぎだされた思想もまた、過去の遺物などではなく、使い方しだいでいまなお通用する遺産となる。

交換形式による共同性と人格の形成

本書は、彼らの「近代社会に対する危機意識」と「理性的主体に対する疑念」とを共有している。彼らの議論を援用しつつ、現代社会の危機的状況を踏まえ、その状況を招来した近代の理性的主体の解明を試みる。

本書の基本的なテーゼは、「社会における共同性の性質と、その共同性によって結びつく諸個人の人格や自我が、交換という社会化の形式によって規定される」というものである。いわば人格や自我とそれらの集合によって構成される共同性の在り方が、実際のところ社会的な交換形式によって規定されると考える。

こうした論点は、カール・マルクスの「フォイエルバッハ・テーゼ」と『ドイツ・イデオロギー』によって切り開かれた「社会的なものによる意識の生産」という構想に連なっている。[5] マルクスは、これらの著書の中で、抽象的な意識の在り方が、近代哲学が前提としたようなアプリオリで普遍的なものでなく、ある時代の特定の社会的な「交通（Verkehr）」の在り方によって事後的に産出されることを論じた。この論点は、意識の内に人間の本質を見るのではなく、人間の現実的本質を「交通（Wechsel）」とみなしたモーゼス・ヘスの思想に強い影響を受けている。ヘスは、マルクスに先駆けて人間と自然との関係を「物質的代謝（Stoffwechsel）」とみなし、それらが社会的な交通関係によって媒介されていると喝破した（Hess 1845）[6]。

本論文の依拠する「交換」概念は、マルクス「交通（Verkehr）」やヘス「交換」の概念以上に、彼らの仕事を引き継いだゲオルク・ジンメルの「相互作用（Wechselwirkung）」の概念に依拠している（Simmel［1908］1992）。ジンメルの「相互作用」概念は、マルクスが提示した「交通」や「社会的生産」という発想に根ざし、それらを包含しうる包括的な概念にほかならない。ヘスやマルクスが切り開いた問題は、ジンメルの相互作用論によって、大きく前へと踏み出されたと考えてよい。

ところでジンメルは、それまで「政治的動物」「道具をつくる動物」「目的を立てる動物」「誇大妄想におかされた動物」などとして定義されてきた人間の定義の系列に「交換する動物（das tauschende Tier）」という定義を加えた（Simmel［1907］1989: 41=1999: 36）。

ジンメルによれば、人々の間の相互作用の多くは交換と見なしうる。たとえば演説者と聴衆、教師と学生、ジャーナリストと公衆、政党とその支持者、あらゆる会話や愛、遊戯、視線の取り交わしなどのあらゆる相互作用は、一方から他方への一方的な働きかけではなく、常になんらかの応答を含んでいる。それらの諸個人間に生じる相互作用が一種の交換であることをジンメルは論じている（Simmel [1908] 1989: 59-61=1999: 44-5）。

ジンメルの交換の定義は、「広義の交換」というべきものであり、人々が相互作用の過程に参入するときなんらかの交換が行われていることを指摘するものである。またジンメルは、労働における人間と自然との係わりもまた一種の交換過程であるとみなしている。このような観点は、明らかにヘスやマルクスの物質的代謝の問題系をも包括しうる射程を持っている。(7)

本書は基本的に「狭義の交換」である財の交換関係を中心に取り扱うが、希少性や効用の概念によって財の最適な配分関係を考察する経済学とは異なり、その交換関係をより広い社会的相互行為の文脈に拡張することを試みる。特にジンメルが『貨幣の哲学』で提示した「交換形式による共同性の形成と諸個人の主体化」という論点を引き継ぎ、ジンメル以外の他の論者の業績とジンメルの構想を結びつけ、その論点を拡張・深化することを狙っている。(8)

このように経済学を超えて、交換形式の問題を社会的文脈へと拡張しようとする社会学的理論は、ピーター・ブラウやジョージ・コールマンの業績によって認知され「社会的交換理論」と呼ばれている。(9) もちろんブラウやコールマンは、彼らに先行する社会的交換理論の先駆的な研究者が、ジンメルであることを認めている。よって本書は、社会的交換理論の系譜に属している。

交換形式による主体化と重層的主体性の解明

本書は、さらに、形而上学的領域にかかわる「主体化（subjectification）」という問題を主題としているため、社会哲学の性格を持っている。

主体を意味する“subject”という言葉には、二重の意味と性格がある。まず第一点は、君主に対する「臣下」という意味であり、従属的な性格である。次に、能動的活動の「主体」という意味である。

本書では、この主体の二重の意味と性格に依拠し、能動的主体が社会秩序に対する従属化によって可能になると考える。つまり主体とは、特殊な歴史性を帯びた社会秩序に対する「主体化＝従属化」の産物である。[10]

かつて、アンチノミーに逢着したカントは、理性批判を遂行し、現象を可能とするアルケーとして超越論的理性を有する意識主体を見出した。その結果、近代哲学において、人間は、現象の可能性の根拠であると同時に、現象として存在する「経験的－超越論的二重体」として扱われることになった（Foucault 1966）。

この超越論的主体は、感性という形式によって捉えられた感覚的印象に、悟性という概念の形式を付与することで経験を作り出す。それと同時に、神や霊魂などの意識経験の外部にあるものを「物自体」として経験の外側へと放逐する。そしてカントは、経験の外部へと追放した神や霊魂などの観念を、経験を導く理性概念へと転じてしまう。その結果、超越論的主観性は、経験を可能にする形式的条件として、意識の内部へと引きこもり、経験から本質的な影響を被ることのない形而上学的な存在となってしまう。

しかしながら、カント以降の意識哲学の潮流に対して疑義をつきつけた「言語論的転回」以降、カント的な超越論的主体の存在は、無意識や解釈学的循環に侵されることになる。[11] つまり、カント的な超越論的理性の主体は、その普遍性を解体されてしまう。構造主義やポスト構造主義の潮流もまた、意識哲学が想定する普遍的な理性的主体が、裂け目を持つ暴力の可能性を孕んだ危うい存在であることに警鐘を鳴らしてきた。ミシェル・フーコーは、以下のように述べている。

「これまでの西欧の文明全体は、主体化され（＝従属し）てきたと言ってもよいでしょう。このことを哲学は、思考と真理を、意識や〈自己〉や〈主体〉に関係させることによって、確認することしかしてこなかった。今日われわれを揺すぶっているとどろきの中に、われわれはある世界の誕生を感じとらねばならないでしょう。そこでは、もはや主体は一つではなく、分割されており、主権者ではなく依存しており、絶対的起源ではなく、つねに変容可能な機能となっているでしょう」（Foucault 1994=1999: 222）

カントによって基礎づけられた超越論的な理性主体は、もはや不動の実体ではなく、超越論的意識の外部の諸関係の織りなす過程の中に投げ込まれてしまった[12]。社会を構成する各主体は、意識の内側とその論理に還元されてしまうのではなく、無意識や社会的諸関係などが織りなす過程の中で主体化され産出される。そのような非根源的な諸関係によって事後的に産出される主体形成の在り方は、「従属化（assujettissement）」というべきものである[13]。

本書は、そのような超越論的主観性における「超越論的意識の外部」としての社会的諸関係、特に「交換形式による主体化」を論じるものである。それは「言語論的転回」以降に生じた「メディア論的転回」という潮流に連なるものでもある[14]。というのも身体や言語という本源的なコミュニケーション・メディアだけでなく、交換形式を媒介する「贈与の霊」や「貨幣」というコミュニケーション・メディアを介することによって、人々の共同性の在り方が変容すると同時に事後的に、特殊な主体性が産出されることを論じるからである[15]。

本論文が扱う社会的交換形式は、主として以下の四つを想定している。それは「贈与（互酬）」「等価交換」「資本制交換」「再配分」である。[16] これら四つの交換形式は、交換の基本形式として抽象したものであり、実際はそれぞれが独自の諸規則の束をなしている。

本書の主題は、これらの四つの社会的交換形式のそれぞれが、人々の「共同性の性質と諸個人の主体化の在り方」を規定し、諸個人の人格形成の過程に強い影響を及ぼすことを明らかにする。それとともに、それらの諸交換形式の「重層的な相互関係」とそれによって産出される「重層的な主体性」を明らかにすることにある。

この主題を論じるために、本書は、第一章から第七章、そして結論という構成をとる。

第一章の「贈与と互酬共同体」では、未開社会における「贈与（互酬）による共同性の形成と諸個人の主体化（＝従属化）」を主題とする。あらゆる財の交換には、交換に臨む二人の当事者が、互いに他者の所有する財を欲望するという、「欲望の二重の一致」の状態が成立せねばならない。実のところ偶然に出会った者同士で、この一致が成立することは稀である。人々は、この経済の自然状態ともいうべき「欲望の二重の一致の困難」というカオスを乗り越え、安定した「人間の経済」を確立しなければならない。未開社会において、この困難は、贈与という交換形式によって制せられる。その結果「互酬共同体」という人間の経済が生じることを論じる。

第二章では、第一章で論じた互酬共同体が、同時に祭祀を共にする「祭祀共同体」であることを論じる。祭祀の問題は、人間存在の言語論的・贈与論的構造に根差していることを今村仁司の「贈与論」、荻生徂徠の「鬼神論」、ラカンの「精神分析」、バタイユの「供犠論」などを通じて明らかにする。

第三章では、贈与を基礎にした祭祀・互酬共同体から等価交換を基礎にした市場が、いかにして発生・拡大していったのかを論じる。その手掛かりとして、マルクスの「価値形態論」における価値形態の論理構造の変化を社会的交換の問題と結びつけ、その問題を未開社会、古代ギリシア、キリスト教社会と結びつけ系譜学的に考察する。

第四章では、「等価交換による共同性の形成と諸個人の主体化（＝従属化）」について論じる。貨幣を媒介にした等価交換によって、贈与経済を結びつけた「負い目」や「感謝」の感情が解消され、自己調整的な市場を基礎とした“bürgerliche Gesellschaft（市民社会）”が生成する。また「等価交換」が、たんに互酬システムを解体するだけでなく、貨幣に対する情動的な「信頼」の力を媒介にして、人々を「主体化（＝従属化）」することを指摘する。

第五章では、まずマルクスとヴェーバーの業績を参考にして初期資本主義における「共同性の形成と諸個人の主体化（＝従属化）」について論じる。次に国家が経済主体として積極的に市場へと介入する後期資本主義における「共同性の形成と諸個人の主体化（＝従属化）」についてフランクフルト学派の批判理論を参照する。

第六章ではハーバマスの社会理論において、コミュニケーション的理性と交換形式との不可分な関係が如何に隠蔽されたかを解き明かす。ハーバマスは、貨幣をたんに市場システムを制御する「功利的なメディア」として扱っている。しかしながら、貨幣は「正義と信頼のメディア」であり、近代的コミュニケーションの要でもある。この「正義と信頼のメディア」である貨幣とコミュニケーション的理性の不可分なかかわりを明らかにし、また貨幣を媒介にした等価交換が、“Zivilgesellschaft（市民社会）”の形成に深くかかわっていることを考察する。

最終章となる第七章では、現代の資本主義を特徴づけるポスト・フォーディズム型資本蓄積体制と新自由主義的政策傾向によって特徴づけられる「システムの構造転換と諸個人の主体化（＝従属化）との結びつき」について論じる。それとともに現代の液状化・流動化した社会的地平を牽引する資本制交換に抵抗するミメーシス的主体と、そのコミュニケーション的行為によって生じる社会連帯の在りようについて論じる。

結論では、本論文の総括として、四つの社会的交換形式によって規定される主体像とその現在について論じる。予めその内容を先取りして言えば、これら四つの社会的交換形式の相互関係は、歴史的に展開されていくと同時に、実際のところ層が折り重なるように共時的に機能している。その重層的な諸交換形式の在り方は、「贈与（互酬）」を一階とし、その上に「等価交換」、さらにその上に「資本制交換」が折り重なる三階建ての建物としてイメージすることができる[17]。そして「再配分」は、それらの交換形式によって形成された社会的諸関係を垂直に貫き、人々の相互作用の中からコミュニティのまとまりを作りだす。この三階建ての建物に住まう人間は、それらの交換形式へとかかわることで、それぞれの交換形式が有する「主体化（＝従属化）」の在り方によって付与される人格の性質を刻印される。

これらの社会的交換形式の考察を通じて露になる現代を生きる人間像は、複数の社会的交換形式の作用に横切られ、その効果によって複数の性格を刻み込まれた「重層的主体」である。

方法論について――形式社会学的・社会哲学的考察

序論を終えるにあたって、本書の依拠する方法論について述べておきたい。本論文はさきに述べたようにジンメルの社会科学方法論と形式社会学を基礎にした社会的交換理論である。ジンメルは、社会学という学問を他の社会諸科学の成果を素材にそれを総合する「二乗の科学（Wissenschaft zweiter Potenz）」とした（Simmel 1890: 116=1980: 386）。さらに経験的な社会諸科学の成果を哲学へと結びつける「社会の哲学（die Philosophie der Gesellschaft）」をも提唱していた。ジンメルは、現代でいうところの学際的科学として社会学と社会哲学を構想していたといえる（Simmel［1908］1992: 41=1994: 36）[18]。

本書は、ジンメルの社会学と社会哲学の学際的スタイルを踏襲し、文化人類学、哲学、経済社会学、歴史学、メディア論、コミュニケーション論などの成果を援用することになる。そのため本書は、脱領域的な学際的研究となっている。このような社会諸科学の成果と哲学を結びつけようとする学際的構想の学問論的正当化は、既にジンメルの

学問論の中で果たされているとみなして、論を進める。(19)

第一章　贈与による互酬共同体の形成

第一節　贈与による「経済の自然状態」の克服

交換形式による「欲望の二重の一致の困難」の乗り越え

まず社会的交換形式としての「贈与（互酬）」について触れる前に、あらゆる交換に内在する根源的な問題について述べておこう。それは「欲望の二重の一致の困難」にほかならない。

あるAという人物が自分のもっている特定の財（たとえば米）をBという他者のもっている別種の財（たとえば器）と交換することを望み、交渉に臨んだとしよう。その際、交渉の相手であるB（器の所有者）が、Aの所有する財（米）を欲し、かつBの所有する財（器）と引き替えにするだけの欲望の強さが必要となる。つまり、交換に臨む当事者の欲望が、自らの所有する財ではなく、他者の所有している財に向かわねば、交換は成立しない。だが、実際に互いが欲する財が相互に一致することは偶然である。よって、物々交換の成立は一つの難事となる。

この「欲望の二重の一致の困難」は、あらゆる交換に潜在するカオスを指し示している。この困難をなんらかのかたちで乗り越えない限り、所有者の間での財の移動は、容易に成立することがない。

マーシャル・サーリンズは、こうした交換に潜在的に孕むカオスが、経済の自然状態にほかならないことを見抜き、その自然状態を「万人のあいだでの万物の交換」と簡潔に表現した(Sahlins 1972 : 168=1984: 201)。

では、この経済の自然状態が人々に何をもたらすであろうか。「欲望の二重の一致の困難」を超えて、敢えて他者から富を得ようとすれば、その表現は「略奪」となる。それは必然的に「万人による万人の闘争」へと向かう。その闘争の帰結は、ホッブスの指摘した自然状態へ向かう危険を孕んでいる。交換が不可能であれば、勤労の意欲は削がれ、その実りは少なくなる。そのため耕地は放棄され、交通もまた停滞してしまう。その結果、慢性的に暴力と死が横行することになり「人間の生活は、孤独でまずしく、つらく残忍で短い」ものになってしまう(Hobbes 1651=1954: 221)。

近代経済学は、貨幣を媒介にした等価交換以前の主要な交換形式を「物々交換」であると見なしてきた。しかし、経済人類学的に見れば、その見解は、誤りである。というのも物々交換は、「欲望の二重の一致の困難」にそのまま突き当たり、ほとんどの場合は挫折してしまうからだ。その結果、物々交換が成立したとしても、偶然であり、制度的な持続性を獲得しえない。人々は、自らが人間として生きるためには、経済の自然状態というカオスを制することで秩序を打ち立て、「人間の経済」を確立せねばならない。ジンメルは、この点にかんして極めて自覚的であった。

「「社会」がすでに完成され、そしてそれから社会の内部で交換行為が生じるといったことではなく、むしろ交換そのものが諸個人のたんなる並存から彼らの内的な結合、すなわち社会を成立させる機能のひとつである」(Simmel [1907] 1989: 209=1999: 166)

ジンメルが指摘するように、交換以前にあらかじめ秩序だった社会が存在するわけではない。確固とした社会秩序やコミュニティの形態は、「欲望の二重の一致の困難」という経済の自然状態というカオスを、いかなる交換形式によって制するかによって大きく左右される。この経済の自然状態というカオスを制さない限り、人々は、安定した社会的結合状態を実現できない。

だが実際に人間は、「交換する動物」として、経済の自然状態というカオスを不断に飛び越えてきた。それは、経済のカオスを招来する「欲望の二重の一致の困難」を乗り越える交換形式を手に入れたからである。

その交換形式とは、基本的に二つある「贈与（互酬）」と「等価交換」にほかならない。文化人類学や経済人類学が明らかにしたのは、貨幣を媒介にした自己調整的市場を中核とする近代より以前の社会が、贈与によって結ばれる互酬システムを形成することによって、「欲望の二重の一致の困難」を乗り越えてきた姿であった。そこでまず、貨幣を媒介にした自己調整的市場以前の贈与によって結ばれる互酬システムについて考えてみよう。

贈物と贈与の霊

モースは、『贈与論』の中で、未開社会における経済活動が、近代における貨幣を媒介にした等価交換とは全く異なった原理に従って行われていることを論じた。その著書の中で、モースは、「贈与」という社会現象こそが、未開社会の互酬システムを駆動させる要であり、「贈与」に貫通する論理こそが未開社会を維持する基本的原理であることを論じている（Mauss [1968a] 1980）。モース自身は、その生涯でフィールドワークを実施することがほとんどなかった。しかし、モースは、ブロニスロー・カスパー・マリノフスキーが『西太平洋の遠洋航海者』で報告した「クラ交換」や、フランツ・ボアズ達が調査した北西アメリカのインディオの「ポトラッチ」などを論じつつ、未開社会における贈与の問題に取り組んだ。

モースの『贈与論』は、たんなる財の交換形式として、贈与を取り扱ったものではない。近代市民社会の社会統合の核が商品交換であることを論じたアダム・スミスの『国富論』のように、贈物の贈答が未開社会の社会統合の核心であることを論じた社会統合論でもある。スミスの『国富論』は、『道徳感情論』の延長線上に書かれたものであり、自然神学、倫理学、法学をも含んだスミスの学問体系に位置づけられるべき著作である。[20] それは、たんなる経済学の書物ではなく、いわば市民社会の調和に交換様式が本質的に不可欠であることを論証する市民社会の論理学であるといえる。よって『国富論』は、経済以外の領域を視野に入れた社会的交換理論の古典中の古典であるといってよい。モースの『贈与論』もまた、たんに未開社会の経済を論じるものではない。その書は、未開社会の調和を可能にする基礎的原理として贈与を論じる、未開社会の論理学と呼ばれるべきものである。同書は、社会的交換理論の古典中の古典といえる。

さて、未開社会はなによりもまず贈与という行為を基礎にして結びつく社会である。だがモースによれば、贈与という行為は、近代的な貨幣に媒介された等価交換のように、純粋な経済現象として現象することはない。贈与は、近代的な西欧の知に慣れ親しんだ社会科学者の視点からみれば、経済的・政治的・審美的・道徳的・宗教的な現象が未分化に渾然となったものとして映る。モースは、それを「全体的社会現象（phénomènes sociaux totaux）」と命名した（Mauss [1968a] 1980: 147=1973 [1]: 223）。

マルクスが資本主義経済を分析するにあたって、商品世界の最小の構成要素である一個の商品からはじめたように、モースは、互酬システムの最小の構成要素ともいうべき贈物の分析からはじめる。マーシャル・サーリンズが指摘するように、モースの叙述のスタイルは、マルクスの『資本論』の第一章の商品分析の試みに酷似している（Sahlins 1972: 180-1=1984: 218-9）。贈物は、資本主義体制における商品とは全く異質な論理に従うモノであり、モースは、その論理をマオリ族における「贈与の霊」を引き合いに出してそれを検証している（Mauss［1968］1980: 157-161=1973［1］: 237-42）[21]。

マオリ族では、贈物には、貨幣を媒介にした交換において商品に付着する交換価値を表す値札のように、霊的な余剰としての「ハウ（hau）」というものが付着する。それは、まさに、マルクスのいうところの諸商品の価値対象性と同様、「一分子の自然素材も入っていない」神学的・形而上学的な付着物である（Marx［1867］1979: 62=1968: 64）。

資本主義経済における商品世界の基礎的な構成要素としての商品と贈物が異なるのは、後者の贈物を排他的に所有することが出来ないことにある。ハウという神学的・形而上学的余剰は、贈与者や製作者などと人格的に結びついており、受け手に一時的な使用を許すが、占有することを許さない。というのも、ハウは、もとの贈り手や氏族の聖所などの古巣へと戻りたがると観念されているからである。そして、一定の受け手が、贈物を長期的に渡って保持することは、ハウの霊的循環を滞らせ、疾病や死を呼び込むものとして忌避される。よって、あらゆる財はその大本の贈り主へと、象徴的儀礼を含めた何らかの手立てによって贈り返されることになる。

ハウの観念の語義は、ラテン語の“spiritus”と同様、風と霊魂の双方を指す（Mauss［1968a］1980: 158=1973［1］: 241）。この観念は、モースによれば原初的な法の観念として現れている。未開社会の共通感覚において、贈物は、死せる物質ではなく、贈与者の手を離れた際にでさえ彼の人格の一部として現象する。たとえば狩の獲物や食物などは、狩猟者や採取者のものであるが、それらの生命は、もともと土地や森によって育まれる。それゆえ、それらの財は狩猟者や採取者を超えた土地のハウや森のハウに浸透されたものと観念される。そのようなハウとして表現される霊的圧力が、贈与の義務的循環を作り出す。サーリンズによれば、このような贈与の霊は、多産性や豊饒性と結ばれている（Sahlins 1972: 167-8=1984: 199-200）。人々は、そのような多産性や豊饒性をもたらす霊の循環を維持しようとする。

モースは、財の移転の在り方に、その社会の法的紐帯の特質が現れるという（Mauss［1968a］1980: 160=1973［1］: 240）。その観点からすれば、贈物を通じて創出されるマオリ族の法的紐帯は、「霊と霊の間の紐帯」である。

このような霊的法の紐帯をたんなる未開社会の無知蒙昧と見てはならない。この法的紐帯を考察するには、彼らの所有の論理を見なければならない。彼らの所有観念の中で、近代的な私的所有という観念は成立していない。そこでは近代以前に頻繁にみられた入会や共有地などのコモンズのように、土地や事物は、共同体あるいは複数の共同体によって管理されていた。

共同体的所有が先行するなかで個人的所有は、近代的な私的所有権のような全般的な処分権が容易に許されることがない。共同体的所有が先行するので、個人が所有する土地や事物は、共同体にとって重要であればあるほど、共同体のメンバーに処分権が許されず、使用権のみが認められることになる。個人の自己保存や恣意的な所有物の占有は、共同体の自己保存のために慎まざるをえない。未開社会の贈与の霊とその法がたんなる野蛮な観念だとするのであれば、私的所有権を基礎にすることで組み上げられた近代法もまた、その所有の観念から切り離して考えるならば、不可解な妄念に陥ってしまうであろう。

このような共同体的所有の在り方から見れば、ハウは、けっして不合理なものではないことが分るであろう。共同体の集団的な自己保存を優先する霊的な法によって浸透された未開社会の共通感覚において、霊の循環を滞らせる蓄積や吝嗇への意志は、容易に生じることはない。霊性や人格性を帯びた贈物を、近代的な所有権によって排他的に占有し、自由に処分することは出来ないからだ。貨幣の支払いによって得られた商品とは異なり、贈物に対しては、「返礼する義務」がある。贈物は、商品のように、所有者の意志に従うわけではなく、贈り手やその製作者のハウ、あるいは、森のハウをまとった霊的な論理に従うモノなのである。それらの霊的なモノは、神や祖霊、森の精霊などの「聖なるもの」の存在からの贈物なのであり、霊的な共同体によって保持される所有物なのである。贈物の所有者は、一時的な使用権を得ているにすぎないのだ。

ゼロ記号としての贈与の霊

ところで、贈与の霊は、記号学的に見た場合、固有の概念を伴わない「ゼロ記号」にあたる。通常の「シーニュ（記号）」は、音響イメージである「シニフィアン（能記）」とそれによって捕捉された概念「シニフィエ（所記）」が結び付いたものとされる。それらの記号が無数に結びついた言語システムは、その成立の効果として、システムに開いた穴として概念の欠如した過剰な記号である「ゼロ記号」を存在せしめる。[22] 言語システムの内に概念の欠如したゼロ記号が存在するのは、言語システムと現実そのものとの間に根本的なズレがあるからだ。言語システムは、現実そのものを反映しているのではなく、現実そのものに対して相対的に独立した閉じた体系をなしている。

その体系としての統一が可能となるのは、現実そのものとシステムとの境界に、特定の概念を持たないゼロ記号という余剰を、言語システムが生み出すことにある。言語システムは、このゼロ記号によって意味の不在を妨げることで、自らを一つの閉域へと結界する。[23] また、この概念を欠いた特異なシニフィアンは、いかなるシニフィエをもとりうるので、他の記号に付着し、それらを結びつける働きも有する。

レヴィ＝ストロースは、このようなゼロ記号を「浮遊するシニフィアン（signifiant flottant）」と呼ぶ。この意味の不在を防ぐ作用によって、「浮遊するシニフィアン」は、言語システムの全体を可能ならしめるとレヴィ＝ストロースは指摘する（Levi-Strauss［1950］1980: 46）[24]。レヴィ＝ストロースは、モースの着目したハウやマナこそが「浮遊するシニフィアン」であるという。

このようなゼロ記号の存在は、贈与によって維持される互酬システムにとっても決定的である。集合論の観点から見た場合、集合の要素である「贈物」と集合から排除された「贈与の霊」は、「メンバー（オブジェクト・レベル）」と「クラス（メタ・レベル）」の関係にある。つまり、贈物と贈与の霊は、「種としての虎や馬」と「類としての動物」、あるいは「使用価値を有する諸商品」と「貨幣」のように論理的な水準が異なっている。

贈物の集積から排除された贈与の霊は、交換に臨む諸商品が貨幣価値という不在の中心によって結びつくように、個々の贈物を結びつける不在の中心として機能する。その不在の中心である贈与の霊を経由することによって、贈物は、贈与の霊によって結界した互酬システムの構成要素として捕捉されてしまう。その結果、贈物は、聖なる贈与の霊の課す法によって秩序だった循環運動を行うことになる。メタ・レベルとオブジェクト・レベルを結びつける同じゼロ記号であっても、貨幣と贈与の霊は、オブジェクト・レベルに対して異なった影響を及ぼすがその問題は第四章で論じる。[25]

第二節　承認の連鎖としての贈与の環

象徴財の循環

次に、メラネシアのトロブリアンド諸島におけるクラ交換と北西アメリカのポトラッチという儀礼を例に、贈与体制における、共同体間の財の循環過程を見ていこう。まず、クラ交換であるが、交換とよばれるが、「クラ（kula）」という交易は、端的に贈与の連環である（Malinowski 1922）。クラは、象徴財である貝殻を加工して作られた呪物である腕輪「ヴァイグア（vayguá）」と首飾り「スーラヴァ（soulava）」の交易である。この二つの呪力を持った象徴財が、トロブリアンド諸島の島々の間を、外海洋のカヌーに乗せて贈与されて行くことで、大きな贈与の円環運動が生じる。これらの象徴財は、ほぼ同じルートを辿って贈与されるが、スーラヴァは、時計回り、ヴァイグアはその反対方向へと引き渡される。

クラもまた、贈与体制の法である「贈与の霊の論理」に従う。クラによって贈与されるヴァイグアとスーラヴァは、象徴財であり、呪力を有するものとして崇められる。それらは、多くの場合、古くて薄汚れていたり、小さな子供に付けさせるにも小さすぎたり、或いは大きすぎたりと、装飾品としての有用性を持たない。マリノフスキーがいうように、西欧の文明人の基準から見れば、醜く、役に立たない、とても効用があるとは思えぬ無価値なものである（Malinowski 1922: 88-9=1967: 153-4）。

しかし、クラに携わる人々にとって、それらの呪物を所有することは、非常に名誉なことであり、その所有者となる首長や共同体は、威信を大いに高める。呪物は数多く存在している。それぞれの呪物が固有の名と来歴を持っており、古ければ古いほど尊重される。だが、その所有者は、この聖なる呪物を、長期に渡って保持し続けることは出来ない。というのも、彼らの共通感覚は、未開社会の法である贈与の霊の論理が浸透しており、それらの呪物を占有しつづけることを忌避するからである。共同体の成員の中でも、首長は、最も寛大で気前がよいとされており、クラを手放さざるを得ない。

トロブリアンド諸島における人格の理想は、「最も気前のよい贈与者」になることである。それは、文化人類学でいうところの「ビッグマン」にほかならない。彼らにとっての所有の目的とは、己が占有して消費するためではなく、他者に与えることにある（Malinowski 1922: 97-8=1967: 162-3）。気前のよい贈与者は、他者の承認を得、尊敬される。彼らは、個人であるというよりは共同体の成員であり、財の所有者であるというよりは、その管理者であり分与者である。

彼らの間でも財を巡る競争が存在する。だが、その競争は、私的所有権の内に閉じ込められた効用や利潤を追い求める近代経済のゲームとは異なる。その競争の目的は、「気前のよい贈与者」になり名声を勝ち取ることにある。このような未開の共通感覚にとって、最大の悪徳は、「けち」なことである。吝嗇な首長は、悪評が立てられ、その地位を追われることになる。

特に名誉と威信を与える呪物を、排他的に占有することは許されない。そのため呪物は、できるだけ長く保持しようとする欲望と、早く引き渡させようとする欲望の的となり、人々の間に様々な駆け引きを生み出す。彼らは、他の呪物や「ポカラ」「カリブトゥ」などの有用物を気前よく贈与することで、その受け手に「負い目」を与えたり、「ムワシラ」という呪術によって相手の心に働きかけることで、目的の呪物を引き渡させようとする(Malinowski 1922: 98-102=1967: 164-7)[26]。さらに、貴重な象徴財の保持者は、他の呪物や有用物などを反対給付することで、貴重なヴァイグアやスーラヴァの引渡しを遅らせようとする。

また、クラ交易は、市で行われる「ギムワリ(gimwali)」という食物などの一般的な有用物のやりとりを行う副次的な交易を伴う。クラとギムワリは、明確に分けられている。クラでは、厳密な作法にのっとり、値切りや競り合ったりすることは許されず、必ず一定の期間を置いて返礼の給付を受けることになる。他方のギムワリは、値踏みや即座の取引が可能であるが、クラの付随現象にすぎない。というのも、彼らは、自らの共同体のうちで生活必需品をほぼ揃えることができるし、多くの場合、必要性にも迫られておらず、敢えて交易をする必要はないからだ(Mauss [1968a] 1980: 173=1973 [1]: 259)。経済学的に見れば、このような現象は非合理に映るであろう。

クラでやり取りされる呪物は、トロブリアンド諸島の富の源泉であり、原初的な貨幣として機能するとモースはいう（Mauss［1968a］1980: 178-9=1973［1］: 264）。つまり、呪物は、人々を結びつける中心的なメディアとして島々を循環することで、共同体間の社会的交通の空間を活性化させ、他の様々な財の移動を促す。しかし、この原初的な貨幣は、様々な財の移動を媒介するメディアとなるが、近代的な貨幣のように、財の受け渡しを「売り」と「買い」に分離することはない。クラで結ばれる島々では、呪物に浸透した贈与の霊に基づいた義務の論理が作用し、人々を情動的に結び付けながら際限のない財の巨大な循環運動を作り出している。(27)

彼らは、ホモ・エコノミクスのような希少な財をめぐる獲得競争を発動させる効用の原理に従って交易しているのではない。彼らのエコノミーは、われわれのエコノミーとは明らかに違った原則に従っている。交易の目的は、近代経済学における効用以外のところにある。その問題を、次のポトラッチという現象の内に探っていこう。

第三節　余剰の破壊と再配分

豊かな社会と面子を賭けた戦い

未開社会の贈与行為において、近代経済学でいうところの希少な財のもたらす効用は、一次的な意義を持たない。未開社会は、経済人類学者たちが明らかにしたように、飢えの蔓延した必要性を満たさぬ社会ではなく、基本的に多くの余剰を抱えた「豊かな社会」である（Sahlins 1972）。同じように余剰を抱え込んだ未開社会の贈与体制と資本主義体制が決定的に異なる点は、余剰の処理の仕方にある。

資本主義的生産様式の論理は、余剰を禁欲的に保持し、再投資することによって生産を拡大させ、資本蓄積へと向かう。他方の贈与体制は、余剰を消費へと向ける。そのような消費へ向かう典型的形態が、北西アメリカのインディオのクワキウーツル族で行われていた「ポトラッチ（potlatch）」という儀礼である。

彼らは、春や夏場は散り散りになり、狩猟や植物の採集などに精を出し、秋場には海岸付近で鮭等を漁獲することで、多くの余剰を蓄積する。冬になると、彼らは、その蓄積した富を抱え「町」と称せられる集落に集合する。この冬がポトラッチの季節となる。

ポトラッチは、部族の宴会であるが、首長たちの富の戦いであり、身分階層の変更に結びついている。モースによれば、ポトラッチもまた、クラと同様、際限なく繰り返される非打算的な義務的贈答のシステムにほかならない。そこで真に賭けられているものは、効用をもたらす財ではなく「面子（face）」である（Mauss［1968a］1980: 205=1973［1］: 301）。モースによれば、それは文字通りの意味での「面子（persona＝人格、仮面）」であり、その面子とは、精霊を化身すること、紋章あるいはトーテムをつける権利などである。

贈る義務は、ポトラッチにおいても本質的契機をなす。貴族である首長は、祖霊や精霊の庇護を受けると同時に、それら霊性を帯びた財につきまとわれている。彼は、霊や財の管理者として、共同体の成員や他の部族に対して威信を保っている。首長が自らの威信を保つ方法は、ポトラッチにおいて、霊性を帯びた様々な財を配分し、消費あるいは破壊することで、他の人々を圧倒することにある。

ポトラッチを他の者に対して与えない首長は、面子を失い、威信を喪失することで、「汚れた面（face pourrie）」を持つとされ、時には、その地位を喪失することもある（Mauss［1968a］1980: 205=1973［1］: 301）[28]。このポトラッチを行う部族は、貴族を有する階級社会であるが、階層は固定しておらず流動的なため、その地位を巡って競争が行われていた[29]。

インディオ達は、首長の葬儀、新たな首長のお披露目、有力者の結婚式等、様々な機会を捉えては何かと贈与したがる。ポトラッチで消尽される中心的な財は、霊性を帯びた象徴財や食べ物などの一般的な消費財である。首長たちは、それらの財を消費、配分することで、他の者を圧倒しようとする。ポトラッチにおいて、財のもたらす効用そのものは、二次的なものである。そのことは、ポトラッチでは、財の消費ではなく、財の破壊が大々的に行われることから分かる。

たとえばポトラッチでは、燻製の鮭や肉等が、惜しみなく振舞われ、貴重な財が贈与される。若干の贈与の儀礼は、破壊にまでエスカレートする。たとえば火によって大量の毛布や家を焼き払ったり、あるいは奴隷の殺害にまで至る。この儀礼において、贈与は、破壊によってなされる。チムシアン族やトリンギト族では、そうした破壊行為を「財産を殺す」という（Mauss［1968a］1980: 201=1973［1］: 298）。なぜなら、財産は霊的な論理に浸透されており、実際に生命を有していると考えられているからだ。

その中でも貴重な象徴財は、トロブリアンド諸島のヴァイグアやスーラヴァと同じように、固有の名と霊的起源を持ち、霊的な特性や権威を帯びている。たとえば大きな鮑の貝殻、刺繍を織り込んだ毛布「チルカット（Chilkat）」や、盾、家や装飾された壁さえもが、生命をもつとされる。そのような貴重な財の中で最も尊重されるものが、紋章入りの「銅版（Copper）」である。モースは、この銅版が、ポトラッチの本質的な財産であり、重要な信仰の対象であるという（Mauss［1968a］1980: 221=1973［1］: 321）。インディオの全部族に存在する銅版の中でも最も貴重なものは氏族の首長の家族に属しており、その其々が、個性と名を持つ崇拝の対象であり、其々の神話を有している。

銅版は、クラ交換のヴァイグアと同じように、財の移動を促す原初的な貨幣として機能する。銅版もまた、生命を有し、よき縁を結ぶように他の銅版を引き寄せ、口を利き、贈与されることを望み、さらには、破壊されることを求めると信じられている（Mauss［1968a］1980: 221-7=1973［1］: 321-8）。この銅版の贈与は、より高い地位や精霊を与えることに結びつく。また、この銅版を贈与された者は、ポトラッチによって、同等あるいはそれ以上の価値を持つ銅版を対抗贈与することを期待される。この銅版を巡る贈与の戦いが、他の多くの富の移動を促す。そして、彼らは、驚くべきことに、気前よく、その銅版さえもポトラッチにおいて「殺害(破壊)」してしまう。

富の戦いであるポトラッチは、財の争奪戦ではなく、贈与の戦いである。ポトラッチの度に、名誉と名前を賭けて、惜しみなく莫大な富が消費され破壊される。首長達は、霊的な財を他者に与え、破壊することによって証明される物惜しみしない「気前のよさ」によって、他者から承認され、名誉と威信を保つ。

勿論、与える者は、受け手に対して優位に立つ。というのも贈物は、受け手に対して負い目を与えるからだ。また、贈与は、受け取る義務を伴う。ポトラッチへの招待を拒んだ者は、拒んだ相手に対してポトラッチをする義務が発生する。返済の義務を果たさぬ首長、すなわちポトラッチを返すことが出来ない首長は、威信を喪失する。威信を喪失した首長は、奴隷の地位に落とされることもある。

ポトラッチという贈物は、名誉と身分を賭けた挑戦なのである。未開社会における財は、たんなる経済財でもないし、効用のメディアなのでもない。それは、レヴィ＝ストロースがいうように「威力、権力、共感、身分、情動」などが託されたメディアにほかならない(Levi-Strauss［1967］2002: 63-4=2000: 139-40)。

承認の闘争による集団の自己保存の達成

さて、このポトラッチを交換形式という観点から見た場合「再配分(redistribution)」として見ることができる。

ポランニーによれば、再配分とは、一集団内で財を配分するにあたって、それらの財が一手に集中され、慣習・法・中央における臨機応変な決定などによって集団のメンバーに配分される経済原理である(Polanyi 1957, 1977)。財を徴収するやり方は、捕獲物の貯蔵、貢物、税制に至るまで多岐にわたる。

ポトラッチとして現れる再配分という交換形式は、ポランニーがいうようにコミュニティの存続を維持する、本来、経済学とは無縁な行動原理にほかならない（Polanyi 1957: 47=1975: 63）。

未開社会の首長制は、互酬システムにおける特異な存在として再配分という機能を担う。首長は、多くの場合複婚する特権を有している。首長は、無私の存在としてその権威を持ち、コミュニティの成員たちに奉仕することを主要な任務にしている。複婚という特権の結果、首長は、多くの妻とたくさんの子供達を抱えることになる。その妻や子供らが働き手となり、沢山の余剰が蓄えられることになる。その結果、首長は、コミュニティの維持を担う貯蔵システムの中心に位置することになる。貯蔵システムの管理人である首長は、蓄積された財を惜しみなくコミュニティのメンバーに贈与する。そして、反対給付としての贈物が首長のもとに還流することになる。しかし、その還流する富もまた贈与のプロセスへと投げ込まれることによって、富の循環が促されることになる。

ポトラッチの場合、最も劇的に首長という「中心性（centricity）」が社会の前面へと競りだすことで「再配分」という交換形式が出現し、惜しみなく富の消費（破壊）が行われる。

レヴィ＝ストロースも指摘するように、ポトラッチを頂点とする再配分という形式は、もちろんクワキウーツル族のような劇的な形ではないにしろ、祭りなどの形態を通じて、世界各地で行われてきた普遍的な文化モデルである(30)。

再配分という交換形式は、現代においては政治の論理の一つとして受け止められる。しかし、未開社会の首長は、多くの場合、自らの意志を他者に強制するような政治的権力をもつのではなく、コミュニティ内の争いの調停者としての役割を持つにすぎない。コミュニティの連帯と自己保存を維持する形式として、威信と名声を保持する首長は、予め無私の存在であることを義務づけられる。吝嗇であることが許されない首長は、いわばコミュニティの主人であるというよりは、コミュニティの維持と再生産を担う公僕である。公僕たるものとしての「威信と名誉をかけた承認の闘争」こそがポトラッチという形式に現れているといえる。

贈与や再配分という交換形式によって維持される互酬システムにおいて、余剰は一時的に蓄積されることになるが、その蓄積の消費は近代経済のように資本へと還流することはない[31]。というのも財の交換を媒介するメディアは、「贈与の霊」にほかならず、蓄積への意志を受け止める不死の身体を有する「価値（貨幣）」でないのが大きな理由である。それに加えて、余剰を滞留させる吝嗇や蓄積への意志は、名誉と威信を賭けた承認の闘争の論理によって、巧妙に摘み取られてしまう。

未開社会における富を巡る闘争は、近代経済学が前提とする他者に対して閉ざされた物質的効用とは異なり、名誉と威信を巡る非物質的な承認の欲望によってうながされる。未開の互酬共同体は、決して孤立した個人の集合ではない。名誉と威信を巡る承認の闘争によって、人々は交流し、余剰物は消費と破壊のために費やされ、審美的な時空間が開かれる。その結果、共同体と他の成員との交歓が図られるとともに、メンバーの自己保存もまた保障されることになる[32]。

第四節　構造と主体化

インセスト・タブーと女性の贈与

さきにも触れたモースの有力な後継者の一人であるレヴィ＝ストロースの構造主義人類学について見ていくことで互酬システムの論理をより詳しく見ていこう。レヴィ＝ストロースの構造主義、特に親族研究は、モースが切り開いた贈与と互酬システムの問題に取り組むものであった。レヴィ＝ストロースは、モースのように「贈与の霊」という力の観念に取り組むのではなく、未開社会の互酬システムの要をなす贈物を「女性」と見定め、その贈物を結びつける構造に着目した。

未開社会、現代社会にかかわらず、あらゆる文化で女性の贈与は制度化されている。その制度の名称は「婚姻」にほかならない。かつてマックス・ヴェーバーは、貨幣を媒介にした市場経済を中核とした近代社会以前の共同体は、人々の間での身分契約を基礎にして成り立っており、その中でも「兄弟契約」が重要であると指摘した（Weber［1921］1980: 401-2=1974: 121-4）。このような共同体の基盤となる兄弟盟約が中核であるというヴェーバーの指摘は正しい。しかしヴェーバーは、その兄弟盟約をたんにアニミズム的なものと見なし、そこに存在する合理性を看過してしまった。レヴィ＝ストロースは、兄弟盟約を作り出す要となる制度である婚姻のシステムと、そのシステムの形成を可能とする根源的な制度として「インセスト・タブー（近親相姦の禁止）」という現象に取り組み、その合理性を明らかにした（Levi-Strauss［1967］2002）。

レヴィ＝ストロースによれば、インセスト・タブーとは、人間が動物性の段階を超えて人間性を獲得する際の鍵そのものである。たんてきに言えば、インセスト・タブーとは、コミュニティの中で、制度的に「女性の欠如」を作り出す社会的技法である。あるコミュニティのメンバーである男性が自らの親族である近親の女性を消費（性交）することを禁ずるのがインセスト・タブーであるが、性的関係を禁じられる近親の女性は、あらゆる文化で一義的に決定されているわけではない。近親の女性が、アプリオリに決まっているのではなく、性関係を禁じられる女性が事後的に近親となる。つまり、インセスト・タブーとは、自然ではなく、文化の側に属する社会制度にほかならない。

それまで言われてきた遺伝学上の理由や様々な文化的理由による説明を避け、レヴィ＝ストロースは、インセスト・タブーという現象が、親族である母・姉妹・娘を決定することによって、家族を他者に贈与することを義務づける典型的な「互酬規則」であることを解き明かした（Levi-Strauss［1967］2002: 72-3=2000: 150-1）。

生物学的性差の上に展開される文化的性差の規則を可能にするインセスト・タブーは、普遍的に見られる内容のない「空虚な形式」であり、ある集団内で女性の欠乏を作り出す。この欠乏は、社会規則である「婚姻の規則」によって補填され、他の集団から女性を贈与されることによって満たされる。もちろん、一つの社会集団でなく、他の社会集団の男性たちも親族の女性との性交を自ら禁ずることが、この交換の条件となる。

インセスト・タブーはあらゆる文化で見られる普遍的規則であるが、その規則を補填する婚姻の規則とその結果生じる親族システムの方には、恣意性があり一義的に決定されていない。つまり普遍的規則であるインセスト・タブーは、自然から社会への移行を表現しており、恣意性のある婚姻の規則と親族構造が、文化の側に属するものであるとレヴィ＝ストロースはいうのである。いわば、自然と人間との境界を作り出したのが、インセスト・タブーという原初的禁止にほかならない。

さて、レヴィ＝ストロースが分析した交換形式は、主に交差イトコ婚を典型とする二つの集団間の「限定交換」と、並行イトコ婚にみられる複数集団間の「一般交換」である。この二つの交換形式をモデルとし、その「変換（transformation）」として様々な現実の親族システムが形成されるとレヴィ＝ストロースは考えた。

レヴィ＝ストロースのいうところの構造とは、「要素と要素間の関係とからなる全体であって、この関係は一連の変形過程を通じて普遍の特性を保持する」というものであった(33)。親族構造の場合、非経験的な抽象的レベルで限定交換や一般交換という不変の形態を持ち、その形態を変換することによって、実際に女性が交換され様々な具体的な親族システムが規定される。すなわち、構造とは具体的な親族システムを組織化する抽象的根源であり、日常的な意識を背後で規定している社会的無意識にほかならない(34)。

レヴィ＝ストロースの仮説によれば、インセスト・タブーという原初的な社会規則の成立を契機とした人間存在の文化的次元への参入は、重大な意味を持つ。というのもインセスト・タブーは、「言語」と「経済」の発生の起源でもあるとレヴィ＝ストロースが主張するからである。いわばレヴィ＝ストロースは、このインセスト・タブーを、人間性を可能にする根源的条件として捉えている。

まず、婚姻関係を確固としたものにするためには、家族間のコミュニケーションを保ち、互いが発話する音声メッセージを統一する必要がでてくる[35]。この必要性から言語が発生することになる[36]。言語をメディアにした発話によって取り交わされるコミュニケーションは、人間に固有の生の次元を付与する。というのも生物は、ユクスキュルが明らかにしたように種に固有の知覚と作用世界を基礎にした固定した閉鎖的な記号体系を生きているが、人間の言語によって開かれる記号世界は、固有の知覚と作用世界に固定されていない（Uexküll und Kriszat 1934）。それゆえ言語によって形成される象徴秩序は多様に花開き、様々な文化を形成する基盤になる。

また未開社会における本質的財である女性の贈与は、互酬システムというメカニズムを発生させる。というのも女性を贈与する社会集団は、受け手である社会集団に大きな負い目を与えることで、家畜、食物、労役などのサーヴィスを反対給付として贈与させることを促すからだ。婚姻を起点として固く結びついた贈与の円環は、首長の就任式、祭り、葬儀など他の多くの贈答儀礼として制度化され互酬システムを形づくっていくことになる（Levi-Strauss［1967］2002: 74-8=2000: 152-7）。

女性の贈与と財の循環は、互酬システムにおいて不可分に組み合わさっており、基本的にクラ交換の腕輪と首飾りと同じように、女性の流れと反対方向に財が循環していく仕組みになっている。

女性の贈与は、互酬性という経済メカニズムを成立させる要である。共同体を再生産するための本質的価値である女性の贈与こそが、受け手に強烈な負い目を与えることで、人々のコミュニケーションと財の循環を促す推進力を与える。

つまり、未開社会において「欲望の二重の一致の困難」を超えさせしめる最も有力な貨幣は、女性なのである。[37] 女性というメディアを受け入れ双方の親族が結び付くことは、両親族間が互酬的関係に入るということを意味する。

未開社会の人々は、女性を贈与のメディアにすることよって、経済の自然状態である「万人のあいだでの万物の交換」というカオスを飛び越え、平和で安定した「人間の経済」を打ち立てたのである。

贈与主体とコミュニケーションの欲望

女性の贈与を結節点として結び付けられた互酬システムを、交換形式の一つとして考察する上で重要なのは、「贈与（互酬）」が、「希少性」とその克服を目的とする「経済的交換」とは異質な「社会的交換」であるということだ。

クラ交換の際にもふれたが、未開社会では、自ら消費可能な近親との性交を禁止することで、敢えて文化的に女性の欠乏をつくりだす。それと同じように、人々は、他者が容易に自家生産・自家消費できる家畜や食物を、敢えて互酬的な財の循環過程へと投じてゆく。未開社会における贈与行為は、経済主体が自らの閉ざされた効用を追い求めるのではなく、贈与主体が抱く、他者との飽くなきコミュニケーションの欲望によって促されている。

インセスト・タブーという禁止の効果によって敢えて欠乏を作り出し、女性と他の財の交換を促すこの互酬性の原理は、効用を追い求める孤立した経済人の欲望に従っているのではない。その「目的とはなによりも精神的なもので、当事者の間に友好的な感情を生み出すことが目指されている」のである（Levi-Strauss［1967］2002: 64=2000: 141）。ニューギニアのアラペシ族の男がマーガレット・ミードに告げたように、狭いコミュニティの中で自閉的に生きるのではなく、彼らは大切な身内の女性を譲り渡してでも「義理の兄弟」を得ることを欲していた[38]。

このような感情の交流は、現代人にとっても分らぬものではない。レヴィ＝ストロースは、南フランスの安レストランで出されるワインの小瓶の例を挙げている。

そこでは、お客のテーブルに置かれる無銘のワインの小瓶の中身は、自らのグラスに注がれるのではなく、隣客のグラスに注がれる。消費されるワインの量は、経済的にみれば同じであり、なんの損得が生じたわけではない。しかし、両者の間で、一人で消費する以上の何かが生じている。

それは、われわれにとっても馴染みのことであろう。酒の席で自ら自分の杯に酒を注ぐよりも隣席の人から酌をされるほうが、コミュニケーションが、より円滑となり活性化するのは経験的事実である。

レヴィ＝ストロースは、食事の目的は体にとっての必要な野菜や肉であり、ワインは贅沢品であると述べる。本来、贅沢品は社会財であり互酬に供されるべきものであるとレヴィ＝ストロースはいう。年代もののワインや珍しいリキュール、フォワグラなどは、誰か他の者と相伴すべきものであり、それを一人で食することは漠然とした罪の意識を与えることをレヴィ＝ストロースは指摘する。

ポリネシアでは、贅沢品として交換儀礼に供される食物を、近親集団の内部で消費することを禁じ、遠方の他の集団に食させるべきものとする。人々は、その儀礼を怠ることを「自分の籠から食べる」と呼び、忌避する（Levi-Strauss［1967］2002: 67-8=2000: 144-5）。未開社会の人々は、同じものを交換するにしても、贅沢な食物を交換するにしろ、ホモ・エコノミクスのように閉ざされた効用を目的とするのではない。彼らは、「交歓」を目的とするコミュニケーションへの意志によって贈与の円環の中に投じ、互酬システムを駆動させるのである。

大文字の他者と“personnage（人物＝役割）”としての人格

レヴィ＝ストロースについてのこれまでの叙述を、一言でまとめるとするならば、インセスト・タブーにもとづく女性の贈与が、人間を動物性から人間性の段階へと引き上げたということである。

　インセスト・タブーという根源的禁止によって自然から分離した人間達は、「交歓」を目的とする互酬システムを作り上げ、文化的生活を維持した。人々は、女性を中心的なメディアにして交流することで、親族システムを形づくり、共同体の成員として位置づけられる。いわば、女性を贈与のメディアにすることで共同体の成員たちは、親族システムの要素として割り当てられた“personnage（人物＝役割）”に登記される（Mauss [1968b] 1980）。

　それゆえ、“personnage（人物＝役割）”を否定し、交歓を目的とせず「自分の籠から食べる」ことは、互酬の論理を否定する非文化的な営みとなり、システムの循環を滞留させることになる[39]。ゆえに「自分の籠から食べる」ことは、未開社会の共通感覚からすれば、許容し難い非倫理的行為となる。

　ところでポール・リクールが「超越論的主体ぬきのカント主義」と呼んだように、レヴィ＝ストロースの構造主義は、「経験的領域を規定する超越論的条件としての構造」を提示するものであると考えることができる（Domenach 1963=2004: 50）。レヴィ＝ストロース自身もこのリクールの発言に同意し、カント流の研究を親族研究に応用したことを告白している（Domenach 1963=2004: 44）。またインセスト・タブーという根源的禁止による人間の誕生を、ジャック・ラカンが見出した、エディプス的主体の産出を描きだした場面と重ね合わせて考えることができる。

　ラカンのエディプス・コンプレックスの解釈は、赤子における母子一体の未分化な想像的関係（近親相姦的状態）に、父が介入してくることによって分離され、父に従属するエディプス的主体が事後的に産出されるというものであった。この父の介入という「去勢」の効果によって、主体化以前の自然状態にある生のカオスが制せられ、言語的存在としての人間が誕生する。

ラカンのいうところの父とは、「父の名」という浮遊するシニフィアンによって結びつけられたシニフィアンの集合である「大文字の他者」にほかならない。この「大文字の他者」は、経験的なものではなく、抽象的な構造的特徴を持つとされる。(40)このようなラカンの構造主義的なエディプス的主体のモデルは、親友でもあったレヴィ＝ストロースの親族理論の決定的な影響下に形成されている（Lacan 1981=1987［上］: 159）。

リクールの発言に対するレヴィ＝ストロースの同意やラカンの思想を通じて解釈するならば、「構造」は、超越論的主体のように、経験的諸関係（ここでは親族のシステム）を規定するシニフィアンの集合である「大文字の他者」と見なすことができる。(41)母子未分化の想像的状態から分離した主体は、去勢の効果によって互酬性という社会構造へと登記され、母の代理となる女性を欲望するエロス的主体へと形成される。人間性へと飛躍したエロス的主体は、他者からの承認を得るべく“personnage（人物＝役割）”を担う主体へと自らを「主体化（＝従属化）」していく。

いわば、人間以前の段階にある動物が、インセスト・タブーという原初的な社会規則を順守することで、「大文字の他者」という不可視の構造に「従属する主体」として主体化（＝従属化）される。そして、彼らは、あらかじめ構造によって規定されていた親族の“personnage（人物＝役割）”へと位置づけられることで、一人前の人間となる。

第二章　祭祀・互酬共同体と仮面をつけた人々

前章では、「インセスト・タブー」を順守することで、女性の贈与を基盤にした互酬システムが形作られることを論じた。そこで、贈与によってシステムに参与する人々が、親族構造によって規定された"personnage（人物＝役割）"へと主体化（＝従属化）されることで、人間性を獲得することを確認した。

本章では、贈与という社会的交換形式によって成立する互酬共同体が、同時に宗教的な祭祀共同体であることを論じる。また祭祀・互酬共同体を構成する贈与主体が、いかにして宗教的な「主体＝臣民（sujet）」としての性格を帯びるかを明らかにしたい。

第一節　供犠と贈与の根源的次元

第四の法としての「供犠」

モースによれば、贈与の霊の論理である、霊的紐帯としての法は、四つの義務を人に課す。これまでの叙述の中で、既に「与える義務」「受け取る義務」「返済の義務」という三つの義務に触れた。もうひとつの義務は「神への贈与」、すなわち「供犠（sacrifice）」である（Mauss et Hubert 1899=1983）。

供犠の機能は、生贄や供物という事物の媒介によって、聖なる世界と俗なる世界の間の伝達を確立することにある（Mauss et Hubert 1899=1983: 104）。贈与体制において、やり取りされる贈物は、神々や精霊、祖霊などによって、人々に贈与されたものであると観念される。人々は、霊的なものに、自らの存在や生の糧を贈与されているという根源的な「負い目」がある。それらに対する「負い目」が、第四の義務としての供犠によって贖われる。

たとえばクラ交換で、貴重なヴァイグアがやり取りされる際、あるいはポトラッチが行われる際、また狩猟などの日々の生活における様々な機会をとらえて供犠は為される。供犠という儀礼は、未開社会の贈与体制が、宗教的なものによって包摂されていることを如実に表している。

神々や霊的存在は、日々の糧ともなる様々な存在者を、その臣民に贈与し、「負い目」を与え続ける。そのような「負い目」が強ければ強いほど、その負債を解消することが困難になり、「畏敬」や「感謝」の念も強まることになる。そして、人々は、聖別された犠牲をメディアにした供犠という儀礼によって、「聖なるもの」とコミュニケートを果たし、負債の念を祓おうとする。

レヴィ＝ストロースもまた、供犠の儀礼をモースと同じように、人が自らの願望に基づいて神とのコミュニケーションの回路を開き、充足を得ようとする際に用いられるメディアとして捉えている（Levi-Strauss 1962=1976: 267-71）。

しかしながら、レヴィ＝ストロースは、供犠を分類体系としてのトーテミズムと比較し、神々という不在の対象を介入させる「良識（正しい意味）」を欠いたものとして自らの研究対象として重視しなかった。このレヴィ＝ストロースの選択は、ハウやマナを互酬システムに付着した幻想的な余剰として扱ったのとそっくりである。

だが、同時にレヴィ＝ストロースは、ハウのようなゼロ記号や供犠のようなゼロ・タイプの制度――対象が不在という意味において、ゼロ・タイプの制度――が、社会システムの全体を可能ならしめるものであることも指摘している（Levi-

Strauss 1967: 176-7=1972: 174-5）。ここではゼロ・タイプの制度である供犠という儀礼を考察することで、贈与の根源的次元について考察しておきたい。

というのもゴドリエがいうように、レヴィ＝ストロースの構造主義の調和的ヴィジョンの中で軽視されていた、想像的な神々の領域に対する情動的な結びつきこそが人々のアイデンティティを支え、共同体の象徴秩序や物質的再生産を可能とすると考えられるからだ（Godelier 1996=2000: 46）。現実には存在しない想像的対象が生成し維持されるには、信仰や信念という人々の情動的な力が不可欠となる。

このように非感性的な不可視の神々に対して、供犠という儀礼を媒介にしてコミュニケーションを果たそうとする奇妙な動物は、人間のみであろう。動物は、おそらく非感性的な不在の神々などに祈ったりはしない。また「なぜ一体、存在者があるのか、そしてむしろ無があるのではないか」という無と対峙するライプニッツの形而上学的な問いもまたきわめて人間的な問いである。供犠や形而上学的問いは、まさにこの非在を存在させる言語の効果によって可能となる。

たんてきに「彼岸」や「無」は、感覚的に捉えられる現象世界において捉えることができない形而上学的な「奇妙な対象」である。このような奇妙な対象に憑りつかれている人間は、何らかの在り方によって感性界から抜け出ている。実際のところ、感覚世界に存在しない「彼岸」や「無」は、言語表現として存在していることは疑い得ない。この言語表現の問題を手掛かりに人間存在の贈与論的構造を解き明かしてみよう。

ゼロ記号と人間存在の贈与論的構造

言語表現として与えられる「彼岸」や「無」は、さきにも触れたゼロ記号の一種である。感覚的な次元で存在し得ない「不在」というものを存在せしめる言語記号の力に着目したのは、ジャック・ラカンである。

ラカンは、フロイトが『快楽原則の彼岸』で取り上げた「糸巻き遊び」のエピソードから、言語記号の次元で「不在」がいかにして成立するかを論じた（Lacan 1966）。フロイトの孫で一歳半になる幼児が、糸のついた糸巻きを投げて遊んでいた。幼児は、糸巻きを見えないところに放り投げ、「オー（Fort）」と言い、糸を手繰りよせ見えたときに「アー（Da）」と言っては嬉しそうにはしゃぐという遊びを繰り返しているのをフロイトは目の当たりにした。フロイトは、その糸巻きが母を象徴する記号であると解釈した。幼児は、母の不在を象徴的に繰り返すことによって、自らが母と一緒にいたいという衝動を断念する行為を反復していたのである。この「オー（いない）」と「アー（いる）」の反復は、幼児が言語のシステムに参入しつつあることを表現している。この「オー」と「アー」の音素の対立によって、「不在」という記号が存在しはじめる。このことによって、「存在」もまた言語の平面で切り分けられ存在するようになる。また、これは同時に、「不在の母」が、記号の次元で存在し始めていることを表している。これは言語による不在の対象の再現前化作用にほかならない。

この糸巻き遊びの場面は、ある動物が「言語の宇宙」に生まれることで人間へと飛躍する創造の瞬間を再演するものである。幼児は、母の不在を耐えうるものとするために、言語の平面へと跳躍することで、苦しみに満ちたカオティックな生の状態から脱出するのだ（Lacan 1966: 276）。

記号システムの余剰である「不在」というゼロ記号を手に入れることで、同時に感覚世界には存在しない「不在」そのものが、表象の次元で存在しはじめる。それと同時に、再現前化作用を有する言語記号によって、人間的なコミュニケーションの世界が構築されることになる。

「不在」を記号表現の次元で存在せしめるゼロ記号は、その不在を埋めようとする欲望を発生させ、さまざまな言語活動を誘発する。たとえば思考のレベルにおいて物象化的錯視を誘発するように促し、積極的に「不在」を存在せしめる記号、たとえば「無」"Nichts" "nothing"などとして言語表象の次元で存在せしめるようになる。さらに、その「不在」の記号を梃とすることで、転倒した観念論的な思考が可能となる。その結果、彼岸や叡智界、すなわちニーチェのいうところの「背後世界」の捏造が行われ、背後世界と人々を媒介する宗教儀礼という行為もまた可能になるといってよいだろう。

形而上学的領域や死者の住まう彼岸を実在視し、可知的な現象世界がそのような真の世界の影にすぎないとするプラトン的錯視が生じる。形而上学的領域を実在するものとして語りだす言語ゲームは、ゼロ記号を物象化的に転倒せしめた帰結であると考えられる。つまり、言語という示差的なシステムに開いた穴を言説によって覆うことによって、転倒した観念的世界を構想する展望が開けてくる。神々に対する供犠の儀礼もまた、このような非在を存在せしめる記号表現を媒介にしていると考えられる。

ところで、今村仁司は、『社会性の哲学』において、この不在の問題と供犠の存立を結びつけた、人間存在の贈与論的構造の解釈を展開している(今村　二〇〇七)。

今村によれば、人間は、原初的な悟性の力、あるいは否定性の力による「根源分割」の効果によって誕生する。このような根源分割によって形成される原初的存在構造において、人間は身体を媒介にして環境へと関わっている。こうした人間の生誕は、環境世界への投げ入れであると今村は指摘する。そして人間は、その投げ入れに対して「与えられて－ある」という存在感情を抱くことになる。

しかしながら、「世界を創造する超越者」は、そもそも人間の原初的存在構造の内に存在しないのであって、「与えられて－ある」という存在感情は、環境世界への「投入するものが存在しないところの投げ入れ」ということになる

（今村 二〇〇七：八）。しかし、今村は、「投入の働き」が不在という仕方で現前していると述べ、さらに人々が、その投入の働きを無意識の内に感じ取っているという。

このような贈り主が存在しない贈与は、見返りを期待しない「純粋贈与」であるといえるだろう。しかし、今村によれば、「与えられて－ある」という存在感情は、根源的負い目として人間に受苦的に刻印されてしまう。人々は「投入者なき投入」の場所から「呼びかけ」を感じ、この存在感情と不可分な負い目を払うべく、その「呼びかけ」の方へ自己の存在を贈与するように促されるという。(42) それゆえ、ここに供犠の論理が胚胎する。

根源的な存在感情と同時に刻印される負い目を祓うための手段として、人間は、その最大の自由を発揮し、自己をそのまま贈与することは大いにありうる。しかし、自己贈与は、自己の生命の贈与、すなわち死となってしまう。それゆえ、自己保存欲動を抱え込んだエロス的存在である人間は、自らの生命を保持しつつ代理として他の存在者を犠牲に捧げることで、その負い目を解消しようとする傾向を持つ。この自己贈与の代理による負い目を解消しようとする儀礼が供犠にほかならない。今村は、このように供犠の儀礼を、人間存在の贈与論的構造の中に位置づけた。

不在の記号と「不在の投入者」の物象化

今村によって描かれた原初的な出来事は、ニーチェがいうところの罪意識の起源であるともいえよう（Nietzsche [1887] 1990: 298-9=1964: 75-9）。ニーチェによれば、人間は苦しみに対する意味の不在に耐えられず、苦しみに意味を与えるために神々を作りだす。いわば「投入者なき投入」という意味づけようのない負い目の意識は、その意味の不在を耐えうるものとするために債権者である神々と債務としての原罪という仕掛けを構築するのだ。また、そのような想像的な宗教的構築物が多くの人々を捉えるのは、今村が指摘するような人間存在の根元に、解消不能な存在感情と根源的な負い目があるためだと考えられる。

ところで今村は、原初的な贈与論的存在構造の成立の端緒を、「根源分割」と「存在感情」の成立として解釈し、言語記号が組織される以前の出来事と見なしている（今村 二〇〇七：二一）。しかし、そもそも知覚の世界に「不在」を成立せしめるのが言語の機能であるならば、贈与を贈与として感じるためには、ましてや「不在の投入者」を感得するためには、「不在」を存在せしめる言語という媒介を経由せねばならない。ライプニッツの問いをもじっていえば「なぜ「与えられて－ある」のか、そしてむしろ無があるのではないか」ということである。「不在」が存在しはじめることによって、「存在」と「不在」の対立を内に含んだ三項関係としての「存在」が成立する。その三項関係を基礎にして、はじめて言語の枠組みが与えられるのである。

であるならば、今村のいうところの根源分割は、同時に原初的な言語への跳躍であると考えてよい。「存在」と「非存在」の線分が引かれることによって、はじめて存在を問うことができるように、言語的媒介を経ることによって贈与を贈与として分節することができるようになる。動物は、自己の捕獲する獲物を「与えられて－ある」とは受け取ることはできないだろう。たんてきに獲物は「ある」のであって「不在の投入者」を観念することはできないはずである。

レヴィ＝ストロースやラカンが指摘するように、示差的システムとしての言語の平面が一挙に与えられると考えるならば、言語の平面への跳躍と、今村がいうところの存在感情の成立は、不可分に結びついているはずである。

ゼロ記号である「不在」を存在せしめることこそが、「存在」を存在するものとして浮かび上がらせると同時に「不在」を物象化する錯視の条件も成立することになる。今村のいうところの「投入者なき投入」は、ニーチェが指摘するように、たいてい「呼びかけ」の主が事後的に想定されることで物象化され、贈与する神々として表象される傾向にある。対象の不在は、意味の不在を回避すべく、なんらかの代替的な意味作用によって補填されてしまうのだ。

ゴドリエの指摘するように、不在の場所から立ち上がる神々という想像的なものに対する信念こそが、供犠の儀礼を支えている。そして、供犠の論理によって、「投入者なき投入」という根源的な贈与論的構造が、社会的な互酬論理の内に捉えられ、神々もまた豊穣や多産性を約束する存在として、人々に制御されるかの如き体を帯びてしまう。

しかしながら、ほぼあらゆる文化で見られる供犠という儀礼は、今村の指摘するところの人間の贈与論的構造の次元に根ざしていることにかわりはない。この供犠と彼岸との係わりから、典型的な前近代的共同体である祭祀共同体の存立が可能となる。それは、「人間性が痕跡のかたちで見いだされる象徴が墓である」というラカンの指摘に関係している（Lacan 1966: 318-20）。埋葬の儀礼があらゆる文化で見いだされるのは、人間の贈与論的・言語論的存在構造にその根を持っているからだと考えられる。次節では、このような人間の贈与論的・言語論的構造を基礎にして、共同体が生成してくる場面を、荻生徂徠の社会哲学的思想を通して見ていこう。

第二節　鬼神祭祀による「自然状態」の克服

徂徠における自然状態の乗り越え

神話的・宗教的な語りは「なぜ一体、存在者があるのか、そしてむしろ無があるのではないか」というライプニッツ的な問いに対する、一つの物語的解答であると考えてよい。

哲学的・科学的思考以前の神話的・宗教的思考の段階では、あらゆる存在者は、不在の中心としての神話的な黄金時代や、彼岸の贈与する神々などに関連づけられて考えられていた。不在の中心を想像的に構築することによって、カオスは秩序だったコスモスへと転じる。人間は、「不在のもの」を表象の次元で想起するだけでなく、崇拝さえする。神々や祖霊の祭祀は、五感で捉えられる感覚的世界を超えて、「あの世」という彼岸を想像的に表象することに基づいている。ミルチア・エリアーデのいうように、宗教的人間は、「聖なるもの」を起点に、カオスを制しコスモスを打ち立てることで、現実的な生存を可能にしてきた（Eliade 1957=1969: 15）。

彼岸の存在からの贈与と負い目を感じる動物は、おそらく人間だけである。なぜなら、「超越者からの贈与」と「負い目」の観念が成立するためには、「不在」や「無」というゼロ記号を経由する必要がある。というのも「不在」や「無」という観念があればこそ、「本来、無くてもよいものが存在し、自分もまた何ものかから贈与されたものである」と想像することが可能になるからだ。

このような想像力の媒介によって、贈与する神々や祖霊が創出されると考えられる。この不在を観念論的に転倒することでコスモスを打ち立てる原初的場面が、儒家の荻生徂徠によってはっきりと描き出されている。

「聖人の未だ興起せざるに方りてや、其の民散じて統無く、母有ることを知りて、父有ることを知らず。子孫の四方に適きて問わず。其の土に居り、其の物を享けて、其の基むる所を識る莫し。死して葬ること無く、亡じて祭ること無し。鳥獣むらがりて以て殂落し、草木と倶に以て消歇す。民是れを以て福い無し。蓋し人極の凝らざるなり。故に聖人の鬼を制して其の民を統一し、宗廟を建てて以てこれに居き、烝嘗を作りて以てこれを享る。その子姓百官を率がえて以てこれに事う。……礼楽政刑是よりして出ず。聖人の教えの極みなり」(43)

徂徠は、習俗や慣習などの文化的システムを作り上げた伝説上の中華の先王である聖人たちが、廟や墓を立て、先祖の霊を祭るという儀礼の在り方を定め、それを人々に教えることによって、祭祀共同体が発生する場面を描いている。この場面を、特殊な儒家的言説の問題と考えることもできるだろう。しかし、ここでは、ラカンが「墓こそが人間性の痕跡の最初の象徴である」と述べたことに連関させて考えてみたい。

徂徠の記述するところによれば、聖人が介入する以前の人々の状態は、鳥獣と同じ生存状態、いわば動物性の生の次元にあった。しかし、そのような自然状態は、聖人が「鬼神（死霊・祖霊）」を制し、それらの祀り方を定めるという創設的行為によって乗り越えられる。この場面では、聖人の創設行為によって、非在の領域であった死者の住まう領域が表象の平面に存立せしめられることで自然状態というカオスが制せられ、動物性の段階にあった人々が、人間性の段階へと引き上げられる瞬間が描かれている。

ここでは、「不在の領域を存在せしめる墓という象徴こそが、人間性の誕生の痕跡である」とラカンの指摘した場面が、はっきりと徂徠によって記述されていると考えてよい。なおかつその場面が人間共同体の成立の瞬間と結びつけられ叙述されている。

この聖人による祭祀儀礼の制定は、「不在の投入者」を感受する贈与論的な人間の存立構造に叶っているからこそ、人々に受容されると考えて良いだろう。つまり、人々は、「不在の投入者」からの純粋贈与によって、刻印された根源的かつ受苦的な負い目を解消したいという潜在的な欲望を有している。不在であるはずの投入者が何者であるかが定められることによって、負い目を解消しようとする人々の欲望は、はじめて供物を供える祭壇を得るのだ[44]。

負い目を与えた贈与者の起源を時間軸に沿って過去へと遡行すれば、かつて生者であった死霊や神話時代の神々の領域へと向かうことになる。そのような死者の住まう領域を立てることによって、祖霊や神々を共有する祭祀共同体が存立することになる。いわば鬼神の住まう領域は、根源的な不在を物象化した、不在を隠蔽する覆いであるといえよう。

この鬼神祭祀の論理は、たんに儒家の問題ではなく、彼岸を存立せしめ祭祀を執り行うあらゆる社会に拡張しうるものである。子安宣邦が指摘するように徂徠の言説は、原初的な自然状態の記述であり、そのカオスを制することによって人間共同体が存立するという社会哲学を語りだしているといえる（子安 二〇〇二：二二）。

徂徠の社会哲学が見出した自然状態は、ホッブスやルソーが描きだした近代的な社会契約論とは異質である。徂徠が見出した自然状態は、ホッブスの導入する怪物リヴァイアサンという国家ではなく、鬼神を召喚する聖人によって乗り越えられる。聖人は、無の中から不在の中心である鬼神を起こし、鬼神祭祀の儀礼を整えることによって、自然状態というカオスを制し、祭祀を共にする祭祀共同体を作りだす。

サーリンズは、モースの『贈与論』を政治哲学的に解釈して、贈与という現象を自然状態というカオスから互酬システムという社会秩序への移行を可能とする一種の社会契約論として解読した（Sahlins 1972: 168-83=1984: 201-22）。それと同じように、徂徠による自然状態から社会状態への記述は、祭祀を執り行い鬼神に供物を捧げることによって、自然状態というカオスに垂直的な秩序が導入され祭祀共同体が成立するという、贈与論的な社会契約論であると考えてよいだろう。

このように供犠の儀礼は、祭祀共同体を可能にした贈与論的な社会契約を再認する制度だと考えてよい。こうした神々と結ばれる贈与論的な社会契約は、けっして対等な者同士の契約ではない。それは、巨大な力を持つ、超越的な存在である神々に対する一つの帰依である。この帰依による社会契約は、「信仰」という情動的な力がなければ、すぐにでも解消されてしまう。しかしながら、近代以前に信仰が容易に解消されないのは、信仰が具体的な生活実践へと連結され、互酬システムという彼らの生活基盤と結び付いているからだと考えられる。人々の生を包摂する互酬システムが支配的な段階で、信仰の外部で生存することは難事である。

また赤坂憲雄が指摘するように、供犠の儀礼は、自然の連続性に切れ目を入れることで成立する非連続性としての文化の導入を反復する儀礼でもある（赤坂 二〇〇二：二三三-四）。供犠の祭壇とそこに捧げられる生贄や供物は、カオティックな自然の連続性に対して、非連続性としての文化を導き入れる装置なのである。

反復される供犠の儀礼は、人間性の内と外との境界を維持・再認することを目的としている。つまり、供犠は、自然状態を克服した原初の時を象徴的に反復することで、人々が超越的な神々の「主体＝臣民（sujet）」であることを再認する儀礼なのである。

このような祭祀共同体の存在は、古今東西枚挙にいとまもない。インセスト・タブーの普遍性と同じように、祭祀共同体の普遍性は、祭祀の問題が人間存在の構造に深く食い込んでいることの証であると考えてよい。死という観念に憑りつかれた人間は、知覚し得ない想像上の領域を構想することによって、不可解な出来事である死に対する不安を覆い隠そうとするのだ(45)。

第三節　祝祭と過剰の処理

聖なるものと侵犯

祭祀のもう一つの側面を辿ることで、人間存在の贈与論的構造の別の側面に触れてみよう。それは祝祭の論理についてである。この祝祭の論理を考察することで、人間存在の贈与論的構造における「聖なるもの」の問題について明らかにしたい。

これまでの叙述から分かるように前近代的な互酬的コミュニケーションの流れは近代的ヒューマニズムとは一線を画しており、感性的な領域を超えた超越的諸力との間にも開かれていた。実際のところ前近代的な祭祀・互酬共同体では、人間同士の互恵的なつながり以上に、「贈与する超越者」とのコミュニケーションが重んじられていた。モースがいうように原初的なコミュニティにおける彼らの生は、贈与する超越的諸力によって包摂されていると観念されていた。贈与の円環は、俗なるこの世に住まう生者の間だけでなく、あの世に存在する死霊や神々として表現される超越的な諸力との間にも、開かれねばならなかった。それゆえ、惜しみなく贈与する超越者とコミュニケートするためのメディアが必要とされ、そのメディアとして犠牲が捧げられることになる。

贈与する神や死者の霊とのコミュニケーションを軽んずることは危険な事態として考えられていたので、祝祭は周期的に執り行われた。さきにも触れたポトラッチは、その典型であり、同時に濫費の時でもあった。祝祭は、聖別された供物をメディアにして「聖なるもの」とコミュニケートする時であり、集団的なものである。

ところでデュルケムは、「聖なるもの」がそれ自体で存在するのではなく「俗なるもの」との関係において存在することを指摘している（Durkheim 1912）。たとえばオーストラリアのアボリジニーや北アメリカのインディオ達は、俗なる日常生活の中で「聖なるもの」とのかかわりをタブーという消極儀礼によって切り離すことで、つつましやかに狩りや栽培などの日常生活を行っていた。しかし、いったん祭りの季節が訪れると、人々は供犠という積極儀礼によって「聖なるもの」とコミュニケートすることで祝祭の時空間を切り開く。タブーは侵犯され、人々は興奮状態に陥り大々的な破壊・消費行為が行われる。デュルケムの「集合的沸騰（effervescence collective）」という概念は、そのような祝祭の際の集団の沸騰状態を表現したものである。

デュルケムやモースなどのフランス社会学、あるいは彼らの強い影響下にある柳田国男の民俗学などが指摘するように祝祭の時空こそが、象徴的に神々や祖先の霊などの次元へとコミュニケートする回路をつくりだす。祝祭の時空は、「聖なるもの」に触れる機会を確保することで、周期的に伝統的なコミュニティを活性化し、その持続可能性を担保する機能を果たしていた。

デュルケムは「聖なるもの」を社会の実在を象徴的に表現したものであると捉えた。日本の民俗において村に豊穣を約束する「田の神」や「山の神」が、もともと穢れを祓うことで浄化された先祖の霊であると観念されていたことを柳田は指摘した（柳田 一九四六）[46]。そのような「聖なるもの」が、人々に日々の糧を贈るとともに、彼らが守るべき規範を授ける源泉であると考えられていた。つまり、前近代的なコミュニティの多くは、聖なる諸力からの贈与に報いるべく祭を執り行い、象徴的に超自然的な存在と交流を果たす祭祀・互酬共同体でもあった。

デュルケムや柳田が描き出す神々や祖霊は、本質的に社会的存在として捉えられている。しかし、この「聖なるもの」のリアリティを社会的実在や想像的領域を超えてより広大な生命の次元に見出そうとするならば、供犠という儀礼を端緒にして、贈与の根源的次元を考察したモースのもう一人の弟子でもあるジョルジュ・バタイユの業績を繙く必要がある。

バタイユは、友人の人類学者アルフレット・メルローからモースが講義で度々述べていた「タブーは侵犯されるべきものである」という言葉を聞き、インスピレーションを受け侵犯の問題に取り組むことになる（Clifford 1988=2003: 163）。この侵犯の問題は、デュルケムの積極儀礼と集合的沸騰の問題に直結している。日常生活においてはタブーを侵犯することに対する畏れが浸透している。だが積極儀礼において性や食などに関するタブーなどを侵犯する際、その畏れは払拭され侵犯の当事者に肯定的な感情を生み出す。この侵犯の際に生じる肯定的感情の問題を解くことがバタイユの関心事となる。

この問題を考える上で供犠という儀礼は重要である。モースとユベールは、『供犠』の中で「すべての供犠には、自己犠牲の行為が含まれる」と同時に「祭主は自己の何ものかを捧げるが、自己全体を捧げるのではない。彼は用心深く自己を保留する」ことを指摘している（Mauss et Hubert 1899=1983: 107）。この記述は、供犠で捧げられる犠牲が、自己贈与の欲望と自己保存の欲望を託した二重の欲望のメディアであることの指摘であるといってよい。モースとユベールの見るところ供犠で捧げられる犠牲は、贈与者の代理なのである。これは先ほどの今村の議論とも符合する。また赤坂は供犠儀礼の機能を境界を定めそれを反復することに見たが、その境界を維持・反復することだけでなく、境界を超える侵犯を可能にするメディアでもある点もまた重要である。

供犠に託された二つの欲望と企て

バタイユによれば、この二つの欲望は、「企て」による二つの行為領域の成立に直結している（Bataille 1954: 35=1998: 66）。自己保存の欲望は「企て」という行為となり、理性によって言語的に組み上げられ、現在の充足を延期し未来の果実を得ようとする。その典型は、労働である。この行為領域はやがて近代の分業のシステムへとつながっていくものである。

もう一つの欲望は、前述の「企て」を突き破ろうとする「企て」である。この「企て」は、生命の消費であり沸騰へと向かおうとする。バタイユによって、後者の自己保存を突き破ろうとする欲望が「内的体験（expérience intérieure）」の問題系へと展開される。

この供犠という儀礼の内に「二つの欲望と企て」という人間存在の二重性が現れているといってよい。この二重性は、バタイユの知的源泉の一つであったフロイトの『快感原則の彼岸』の問題圏に重なってくる（Freud 1920）。

フロイトによれば、人間的な生は「エロス」と「タナトス」という二つの基本的な欲動を抱え込んでいる。前者のエロスは、生命を維持し保存しようとする性衝動と自己保存欲動であり、後者のタナトスは、自己を生み出した根源へと回帰しようとするデーモニッシュな衝動である。タナトスという欲動が目指す根源とは、生の故郷であり、生を生み出した非生命の領域である。無機的な非生命の領域は、すなわち死にほかならない。

フロイトによれば人間は、この二つの欲動に引き裂かれた生き物である(47)。このフロイトの知見をバタイユの議論に重ねあわせるなら、供犠に捧げられる犠牲は、エロスとタナトスという二つの欲望のメディアであるといえる。

供犠の儀礼は、なんらかの犠牲を神に捧げるものである。バタイユによれば、犠牲に選ばれる身代わりは、自己以上のものである(Bataille 1957=2004: 131-43)。バタイユは、最古の供犠に供される犠牲が、人間ではなく動物であったという。この段階では、動物と人間との境界線はより曖昧で、人間以上に動物の方が神聖であると考えられていた。よって神々に奉納されるのは、人間以上に神性の宿っていると考えられた動物であった。供犠の儀礼で神聖な動物は殺害される。犠牲の殺害は儀式のクライマックスであり、身体を破壊された動物が死に至る際に、その身体の内部を支配する神的力が全面的に顕わになると考えられた。供犠の儀礼において、この暴力的な神的力を引き出すことが重要であるとバタイユは考える。

供犠の儀礼において、破壊される生命は、人間によって手を加えられることでモノ化された労働の所産でもある。バタイユによれば、モノ化された労働の所産であった生贄は、死を与えられることによって、個体として分たれていた一個の生命としての殻を破り存在の神聖な連続性へと贈り返される。

もともと「客体＝対象」は、存在の連続性の内にあり、人間に従属するものではない。人間は、もともと存在の連続性の内にあった動植物を、道具などの媒介によってモノ化することで有用な財へと転じ、自らの生存のための手段にする（Bataille 1973: 36-57=1985: 32-53）。

供犠の儀礼は、そのようなモノ化された供物を濫費し打ち砕くことによって、モノ化された状態から解放し、非人間的で切れ目のない連続的な自然の流れに贈り返す。動物を破壊する祭主もまた、神的な力の奔流に触れることで、俗な時空において自らの身体に閉ざされた状態を脱し、永遠の連続性を失神的恍惚の内に体感することになる（Bataille 1976: 58-84=1985: 54-74）。

このように犠牲を個体の生の次元を超えた存在の永遠の連続性へと贈り返すことを劇的に演出することによって、個体として分離されていた見物人たちもまた感化され、存在の無窮の連続性の内へと誘われる。その結果"communion（一致＝交感）"と呼ばれる集合的沸騰状態へと陥り、祝祭の空間が開かれ、飽食、性行為、舞踏、詩、音楽などの技芸や他のさまざまな消尽の在り方が投入されていく。

ここで重要なのは、俗なる時空間で個体の身体に分たれていた人々の意識が、その神的な力に触れることで個体性の殻を破り「一致＝交感」という共鳴状態に至ることである。日常的には個体として活動することを余儀なくされる人々は、供犠によって開かれる祝祭の空間の中で、生命の連続的な流れへと融解するエロティックな至高なる体験を達成することになる。

供物をメディアにして開かれる祝祭は、自己保存に徹する自我の働きを解体し、その働きが介入する以前の生の在り方へと遡行しようとする試みである。バタイユによれば、供犠の儀礼と祝祭の時空間の内で、自己保存的欲動によって分たれた主観と客観が融解した状態となり「内的体験」が成立する。

「聖なるもの」それ自体が客観的な対象として存在しているわけではないとバタイユはいう。「聖なるもの」とは、あくまで自己保存的かつ言語的な行為としての「企て」の廃棄を目指すもう一つの「企て」によって生じる内的体験にほかならない。「聖なるもの」とは客観的な対象ではなく、主客未分の「非－知」「非－意味」の体験なのである。とはいえ供犠は一つの演劇的な表現であって、それによって開かれる祝祭の空間は俗なる世界を破壊するわけではない。祝祭というハレの時空はいずれ収束し俗なる日常が回帰してくることになる。また演劇的表現が採用される理由は、人々が自らの個体性の内に自閉した状態を避けるために、個体性の殻を破る内的体験を共有しようとするためである（Bataille 1954: 23 =1998: 38-9）。

祝祭と内的体験

モーリス・ブランショがバタイユに言ったように「内的体験はそれ自体が権威」であり、人々の内的体験を超えた外的な権威が存在するわけではない（Bataille 1954: 19=1998: 30）。ところがニーチェも指摘したように、人々は多くの場合、体験や苦痛が激烈であればあるほど「非－知」や「非－意味」に耐えることができない。ほとんどすべての場合、人々は、非意味を有意味化しようとする。結果、神的力を有する「聖なるもの」は、内的体験の外部に存在する神々として表象されるようになる。内的体験は物象化され、人々はフェティシズムの虜になってしまう。

バタイユの解釈する「聖なるもの」と、それとの交流としての「祝祭」は、人間中心的なヒューマニズムを超えた生命と、その根源にある非生命を含んだ存在の連続性的な流れへとつながるものである。このようなバタイユの記述は、労働によって「モノ化」された生命過程の硬直性を突き破ろうとする美的体験の一つの極を描いたものであるといえるだろう。このような観点からすれば、今村やモースとユベールの供犠の見方は、現代人の共通感覚に捉われているといえるかもしれない。

とはいえ現代の世俗化された科学的な共通感覚からすれば、供犠は象徴行為であり、実際に不可視な超越的な存在が供物を受け入れるわけではない。構造主義者レヴィ＝ストロースが指摘したように、実際には存在しない神々への贈与である供犠は「良識」を欠いた共同幻想が成り立たせしめる偽りの現象であるといえるかもしれない。

しかしながらレヴィ＝ストロースが見出した神話や親族を条件づける構造は、現代の人々の知的営為や交換行為を規定するものではない。未開社会の生活を条件づけていた構造は、何らかの力によって変容あるいは解体してしまったのだ。それゆえ、バタイユのように、調和した構造主義のヴィジョンを超えて、レヴィ＝ストロースが隠蔽した「情動的な力」の次元を見出し、その力の軌道を追わねばならない。

フロイトが表層的な合理性では捉え難い神経症や反復脅迫などの心的事実から、無意識という潜在的な意識過程の次元を手繰りよせたように、知的には幻想として把握可能な供犠の儀礼が、古今東西の文化で普遍的に見られていたという事実を認め、その論理を確かめることは重要である。

バタイユは果敢にも、その領野を虚偽として切り捨てるのではなく、重要な知的探求の場として重視した。その探求の結果、供犠によって開示される祝祭という場は、たんなる知の次元を超えた内的体験という非知の心的事実として生命の連続性を想像的に体験させることで人々の内的自然の充足を可能にし、前近代的コミュニティを活性化していたと推論したのだ。

供犠という儀礼によって開かれる祝祭の時空は、労働によって支配されることで「モノ化」した外的自然と人間の内的自然の分離を克服し、分離する以前の無窮の自然の連続性に参入したいという人間の根源的欲望に応えるものだった。

祝祭という現象は、フロイトが指摘した無意識のタナトスという欲動の原理を社会的制度の内に確保することで、その欲動を発揮するための回路を開くものであったと解釈できるだろう。前近代的な祭祀・互酬共同体では、このような「聖なるもの」とのつながりを不可欠なものとしており、内的体験を共有する祝祭の場を制度的に組み込んでいたのだ。

伝統的な祭祀・互酬共同体の成員達は、現代の消費者のように相互排他的で閉鎖的な小部屋の中で自己の欲望を満たす財と戯れているわけではなかった。彼らは、承認を巡る他者との贈与の戦いを繰り広げると同時に、大いなる自然へと象徴的に回帰することで、存在の連続性から切り離された自らの内的自然が抱え込む欲望を慰撫していたのである。

聖と俗の交代劇

ところでバタイユによれば、聖と俗という侵犯と禁止の交代劇は、経済的側面から見たときに明確な姿を現す。禁止によって労働と生産をもっぱらとする俗なる時間が区切られ、生活資源の蓄積へと向かう。他方の侵犯によって聖なる時間が切り開かれ祝祭が行われる。経済的に見れば、祝祭はたがの外れた過剰な浪費であり、労働と生産によって蓄積したものを蕩尽する。

バタイユは、供犠によって開かれる祝祭の時空を中心にしていた経済のことを「普遍経済（économie générale）」と呼ぶ（Bataille 1949）。この経済過程は、日常的な生活の規則を侵犯する富の濫費によって「聖なるもの」の次元を押し開く。聖と俗が循環することで、浪費と蓄積が繰り返され、前近代的な祭祀・互酬共同体の秩序は維持されていた。

他方、財の希少性に基づき、余剰を再投資することで拡大再生産へと向かう近代的な資本主義経済を「限定経済（économie restreinte）」とバタイユは呼んだ。そこでは、貨幣という無限の蓄積を可能にするメディアが人々の欲望を捉え、禁欲的な意志の力によって富を蓄積すべく拡大再生産へと向かう。

歴史学的・文化人類学的に見ても、利潤を追い求め、拡大再生産を良しとする経済合理性を中核にした経済システムは、西欧近代に固有なものである。財の希少性にもとづき資本蓄積へと向かう限定経済よりも、人類史において一般的であったのは、バタイユのいう普遍経済の方である。

かつての祭祀・互酬共同体における余剰物は、貨幣によって表現される剰余価値のように蓄積へと向かわず、「聖なるもの」との交流を果たすために、大らかに「蕩尽（富の消費・破壊）」される。この蕩尽によって、非禁欲的な内的体験という審美的時空を押し開くと同時に、コミュニティの成員たちの自己保存もまた達成されたのである。バタイユのいうように「侵犯は禁止を否定するのではなく、禁止を乗り越え、禁止を補って完成させる」のだ（Bataille 1957=2004: 104）。すなわち侵犯と禁止のリズムによって生み出される聖と俗の交代劇は、祭祀・互酬共同体の再生産を条件づける基本原理なのである。

第四節　イデオロギー装置としての神話と「呼びかけ」

神話と物語的自己同一性の獲得

前節では、供犠の論理を辿ることで祭祀・互酬共同体の再生産を規定した聖と俗という二つの原理の交代劇について述べた。次に祭祀・互酬共同体の内に住まう人々のアイデンティティを支えていた「神話の機能」と、「聖なるものの物象化」という問題について考えることで、神話の語りによる主体化（＝従属化）の論理を叙述する。

まず、レヴィ＝ストロースの仕事である神話分析から見ていこう。レヴィ＝ストロースによれば神話の次元は、未開社会の思惟の在り方である「野性の思考（pensée sauvage）」を典型的に示すものであり、声をメディアにしたコミュニケーションを基盤にして生じる[48]。神話分析においても、構造言語学における音韻システムや親族システムと同じように、抽象的な組織原理である構造が、その表現の様々なヴァリアントとして具体的な神話を生み出すとレヴィ＝ストロースは考える[49]。

神話とは「動物と人間が区別されず、互いがコミュニケーションを行い、さらには人が動物になり、動物が人へと変化しうる時代」の物語である。その世界観は、一神教的な宗教が描く世界とは大きく異なる。神話の時代は動物と人間の境界が曖昧な原初の黄金時代として表象されている。神話の語りは、そのような神話的過去から如何にして現在に至る事物や社会規範が生じたかを描きだす。

そのモチーフは、世界の成り立ち、男女の誕生、死の発生、生と死の対立、狩猟や農耕の起源、戦争や氏族の来歴など始源にかかわる事柄である。神話的思考はそれらのモチーフを、数学などの抽象的操作ではなく、日常的な感覚的諸要素に「二項対立」や「転換」などの操作をほどこすことによって、様々な神話を作り出す。

神話によって自らを表現する神話的思考は、個人によって生み出されるというよりは、諸個人の発話を媒介にして展開される非人称的なものであるとレヴィ＝ストロースはいう。神話の語りは、集団の共同作業にほかならない。それは科学的探究が学者の共同体によって支えられているのと似ている。科学的業績も誰かに生み出されるとはいえ、その理論は非人称的な次元を含んでいる[50]。

秩序への欲求に促された会話というコミュニケーションの中から、神話は立ち現れ、科学的な厳密性はもちえないにしろ、器用仕事によって、世界に秩序がありそれを理解しうるという幻想を与えることができる。そのような神話という象徴秩序を組み上げることで、人々は自らの知的意欲に解答しようとしてきた。

神話の物語と人々の結び付きを考察するために、ポール・リクールの物語論を参照してみよう（Ricœur 1983, 1985）。というのもレヴィ＝ストロースの構造主義は、ヤーコブソンの構造言語学の強い影響を受けているために、諸個人による解釈過程を捨象する傾向にある。さらに、レヴィ＝ストロースの構造主義は、ソシュールに由来する「共時的構造」の解明に焦点を合わせているため、構造の歴史的変容や解体という問題について上手く扱えないという欠点を持っているからだ。

リクールによれば、歴史的共同体は、自らの起源や創設に対する物語づくりを宿命づけられている（Ricœur 1985: 354-9＝1990: 448-53）。物語は、出来事の契機のなかから共同体にとって重要な要素を取り上げ、それを「筋（プロット）」に組み入れ、概念のネットワークに作り上げる。そのような共同体の起源や創設にかかわる物語は、それに聞き従う者によって受容され、彼らに「物語的自己同一性（identité narrative）」を与える。記号システムはたんに共時的に存在するのではなく、システムの要素を解釈によって媒介する人間によって担われている。人間は、そのような受容可能ないくつもの物語を解釈することで「物語的自己同一性」を獲得し、物語の語り手となる。この語り手による発話や書記という実践こそが、記号システムの再生産を可能にする。

このようなリクールの解釈学的観点から見た場合、神話世界の住人達は、神話の語りに聞き従うことによって、神話的な物語的自己同一性を獲得する。その共有された物語自己同一性に依拠した語りによって、コミュニティが記号レベルで再生産されることになる(51)。

また、コミュニティの記号レベルでの再生産過程が諸個人の解釈によって媒介されているということは、新たな創造をなす解釈の詩的機能によって、コミュニティの在り方が常に変容する可能性にさらされているということでもある。

レヴィ＝ストロースの構造主義を「超越論的主体なきカント主義」と批判したリクールの「物語的自己同一性」という概念は、隠喩や筋の案出という言語の詩的機能を重視しているため、創造的解釈によるコミュニティや人々のアイデンティティの変容を許容するものである[52]。

このディスクールの次元を跳躍台にして、レヴィ＝ストロースの「冷たい」構造主義のヴィジョンから離脱し、近代へと向かう社会変動と自己同一性の変容の問題へと歩みを進めていかねばならない。

聖物のイデオロギー的効果

次に、リクールと同じように言語行為の水準を重視するモーリス・ゴドリエの「聖物」に関する理論を見ていくことで、聖物のイデオロギー的効果を明らかにしたい。ゴドリエのように、イデオロギーによって覆い隠される権力関係の存在を指摘しておくことは、未開社会を理想化しかねないロマン主義的傾向に対する批判として有効である。

またゴドリエの理論は、「行為遂行」と「想像的なものに対する情動の次元」の重要性を指摘している。この「行為遂行」と「想像的なものに対する情動の次元」は、本書にとってこれ以降、不可欠な論点となる。

ゴドリエによれば、「聖物」は、目に見えないものを具象化し、表象できないものを表象する機能を最も完全に遂行するモノである（Godelier 1996=2000: 158）。聖物は、神々から祖先へと贈与された始源的出来事である想像上の起源神話を帯びている。この起源の出来事は、けっして過去のものではなく、現在の中に現存する永遠の宇宙的・社会的秩序を創出したものとして観念されている。その起源の出来事の物証として聖物が存在しているのだ。

タブーによって守られている聖物は、儀礼の際などでなければ、容易に人々の前に現れることがない。それらの聖物は、各氏族の信念の源となる「想像上の核心」を含んだモノにほかならず、氏族の成員たちのアイデンティティの不可欠な部分となっている(Godelier 1996=2000: 158)。

神話的起源とかかわる遺物である聖物は、彼らの「物語的自己同一性」を保証する機能を果たす。それゆえ、聖物は、譲渡不可能なものとして、クラやポトラッチにおける象徴財の流通過程から引き上げられ、正当な保持者のもとで世代を超えて継承されてゆく[53]。とはいえ、正当な保持者といえども聖物の管理者に過ぎず、聖物の真の保持者は神々や祖霊であると観念されている。

象徴財の流通過程から引き上げられた聖物は、イニシエーションの儀礼などで用いられ、その想像的な効果が部族の成員たちに配分される。この聖物に対する信仰は、想像上の神々や祖霊たちとのつながりを保証し、当該の社会秩序を正当化する。聖物への信仰がもたらす正当化の機能によって、未開のコミュニティの観念的・物質的再生産が条件づけられている[54]。

ゴドリエによれば、聖物と象徴財の関係は、金と貨幣の関係に似ている。この指摘は重要である。というのも聖物と金は、流通から引き上げられることによって、逆説的に財の流通を促すメディアとなる。それらの流通から引き上げられたモノと、それらに対する信念は、社会秩序の存立と再生産を可能にしている条件にほかならないからだ。

近代社会では、金との兌換可能性によって支えられていた貨幣という想像的なモノに対する信頼が、紙幣の発行を可能にした。流通過程から引き上げられた金との兌換可能性によって、商品世界を基盤にした近代市民社会の発展が可能となった。それと同じように貴重財の流通過程から引き上げられた聖物が、観念論的・物質的にも祭祀・互酬共同体の再生産を条件づけている[55]。

つまり、聖物と金は、システムを構成する他の諸要素から排除されることによって、その排除された地点から垂直的に個々の事物や商品に取り憑くことで、それらを要素とする集合を一貫性のあるシステムとして機能させることを可能にするゼロ記号の現実的な代理物にほかならない。

ゴドリエのいうように、聖物によって象徴される「想像的なものに対する二重の信仰」、すなわち「宇宙の進行秩序を司る目に見えない存在や力が現存する」という信仰と「その存在や力に祈りや供犠によってその上に働きかけうる」という信仰、この二つの情念の力によって祭祀・互酬共同体の秩序は支えられている。不透明な権力関係を内包する信仰世界は、信者の信念の力によって聖化されることで吊り支えられている（Godelier 1996=2000: 41）。

認識の欲求や社会的秩序の起源に対する解答を含んでいるとはいえ、タブーによって隠匿される聖物は、批判を許容することのない聖性を帯びていた。近代社会における討論に媒介された「真理」や「規範」という開かれたコミュニケーション・メディアと異なり、タブーによって隠匿された「聖物」は、予め批判を許容することのない「規範的合意」を表現する象徴的メディアにほかならない。人々の信仰を集める聖物は、支配的な社会秩序を永遠化するイデオロギー機能を発揮していた。このような役割を果たす聖物は、ハーバマスが指摘した「強制された規範的合意」を象徴するメディアであるといえる（Habermas 1981 [2]: 69-117=1986: 248-300）[56]。

「呼びかけ」による「主体化＝従属化」

未開社会を理想化しかねないレヴィ＝ストロースの構造人類学のヴィジョンに抗し、ゴドリエは、現実を誤認させることで権力関係を温存する神話のイデオロギー機能と、想像的な神々や祖霊に対する信仰という「情動的な力」の次元の重要性を強調することになった[57]。

ゴドリエが提示した聖物に関する理論は、ルイ・アルチュセールのいうところのイデオロギー諸装置を媒介にした「呼びかけ（interpellation）」による「主体化（＝従属化）」の論理を持っている（Althusser 1995）。

アルチュセールのイデオロギー論は、人々が、国家の支配を正当化するイデオロギーを含んだ様々なディスクールによって呼びかけられ、国家の権威に従属する主体へと事後的に形成されるというものであった。

抽象的なイデオロギーは、物質的な支えがないと機能しない。そのため、人々にイデオロギーを注入するための具体的な諸装置が必要となる。アルチュセールによれば、学校、葬儀、教会、会社、政党の集会、スポーツの試合など様々なイデオロギー装置が存在する。それらの実践的諸装置を媒介にして、人々は呼びかけられ、イデオロギーを注入された「主体＝臣民（sujet）」へと形成されていく。

アルチュセールは、イデオロギー諸装置が主体に接続してゆく「呼びかけ」の範例を、パスカルの言葉を引用しつつ描きだす。それは、唯一の絶対的主体である「神の名」においてなされる語りによって、諸個人が「キリスト者」として主体化（＝従属化）される場面である。

パスカルの言葉は、「ひざまずき、唇を動かして、祈りの言葉を唱えなさい、そうすればあなたは神を信じるだろう」というものであった（Althusser 1995: 221=2005: 259）。アルチュセールは、この言葉を借りて、記号体系に対する儀礼的実践の論理的な先行性を説くとともに、儀礼の実践こそがイデオロギー装置の一端をなしていることを示した。この儀礼の実践によって、人々は神の「主体＝臣民」となる。また、儀礼の不断の反復こそが聖なる象徴秩序を再生産するのである。

神々に対する信仰心は、予め存在するのではなく、儀礼的実践の事後的な効果として信者の内に芽生えてくる。キリスト教の儀礼的実践において唱えられる宗教的ディスクールに聞き従うことによって、人々は、想像的な神との関係の中に自己を認めることになる。このような「呼びかけ」の効果によって、人々は情動的な信仰心を獲得し、宗教的な救済の道筋を見出すことになる。

ということは、儀礼的実践のないところに信仰は存在しないし、儀礼の在り方が変容すれば、信仰内容も変わってくることになる。このような記述は、ゴドリエの「象徴的なものに対する想像的なものの優位」という発想と儀礼論に重なっている。

ところで、アルチュセールの「呼びかけ」による主体化（＝従属化）の論理は、フロイトやラカンの精神分析を下敷きにしたものである。精神分析によって描かれる主体化論では、幼児が「語る主体」として主体化する際に、必然的に他者である「鏡像」という理想化されたイメージを媒介にすることが指摘されている。

寸断された身体状態にある幼児は、自らの身体を統合できず苦痛の最中にいる。その寸断された不快な状態にある自己は、自らの身体の統一が映し出された鏡の中のイメージにほれ込み、自分自身の理想像を鏡像の内に見てとる。ここで幼児は、自らの他者であるはずの鏡像と自己自身を必然的に取り違えてしまう。ラカンは、これを「想像的同一視」と呼ぶ。そこで獲得されるアイデンティティは、自己ならざる鏡像の上に描かれる「疎外的自己同一性」にほかならない。他者であるはずの鏡像という理想化された自己像を媒介にすることで、幼児は自らのアイデンティティを獲得するのだ。この疎外ゆえに、主体が自己同一化しようとするアイデンティティの内容は、真の自己を表現することが不可能になる。

このズレゆえに、主体のアイデンティティは、範列的（パラディグマ的）に変容しうるし、常に自己喪失の可能性にさらされてしまう。この疎外された自己同一性の獲得という場面は、ある動物が社会的な人間存在へと形成されるために経なければならない原初的イニシエーションの場であるといえる。

また、ラカンは、鏡像の世界を「象徴的培地」と呼ぶ。この象徴的培地において獲得された「想像的同一化」によって得られた自己像は、エディプス・コンプレックスという試練を潜り抜けねばならない。幼児は、エディプス・コンプレックスという試練をくぐり抜けることで、シニフィアンのネットワークである象徴界へと参入する。この象徴界への参入（去勢）によって、社会的記号に媒介された自己像に対する同一化である「象徴的同一化」が生じる。いわば、幼児は、想像的・象徴的に二重の疎外を経た「疎外的自己同一性」を獲得することで、社会的存在となる。

人々は、声というメディアを通じて語りだされる「聖なるもの」にまつわる存在の真理と規範を表現する神話的ディスクールに呼びかけられることで、祭祀・互酬共同体が提示する「物語的自己同一性」を持った「主体＝臣民（sujet）」として召喚されるのだ。

本章の最終節となる次節では、祭祀・互酬共同体の主体（＝臣民）を規定する、鏡像に書き込まれる"persona（人格＝仮面）"の在り方について考えるとともに、本章を総括したい。

第五節　仮面劇と追憶の共同体

"commūnis"と"persona"

われわれが何気なく使用する"community"や"communication"という言葉の中に、贈与と互酬システムの痕跡が留められている。"community"や"communication"という単語は、「共通な、公的な」という意味のラテン語の形容詞"commūnis"という語根を持っている。この"commūnis"とは、もともと「義務・公的負担」を意味する"munus"の派生語である。この"munus"は、社会的性格を反映しており、首長が義務として負わされている見せ物やゲームを指していた。実際、首長という名誉ある職務は、見世物の給付を義務づけられていた。

エミール・バンヴェニストは、"commūnis"の意味を「職務上なされる贈与を共に負う」ことであると解釈し「職務と贈与によって結ばれた互酬システムが、同一集団の内部で機能するとき、相互的に結ばれた人間集団としての共同体が実現する」と結論づけた（Benveniste 1969: 96-7=1986: 90-1）。この職務を部族の神話劇やポトラッチという形式に結びつけて考えるならば、バンヴェニストの解釈と結論は、これまでの本書の叙述と符合する。

また、本書のキーワードとなるもう一つの語である"person"もまた神話劇やポトラッチという形式と結び付いていたと考えられる。そもそも"person"とは「人格」を意味するものではなかった。"person"の語源は、「役者の声を通す仮面」を意味するラテン語の"persona（ペルソナ）"や、ラテン人の先住民族であるエトルリア人が、仮面を意味する"πρόσωπον（プロソポン）"というギリシア語を借用してきたことに由来すると言われる（Mauss［1968b］1980: 350-4 = 1973［II］: 101-8）。

モースによれば、この"persona（ペルソナ）"は、古代ギリシアやラテン文明の起源にある「氏族の仮面の制度」に由来する。たとえばエトルリア王国の遺跡では、多数の仮面が発見され、ローマの元老院は祖先の名と祖先の仮面を用いる権利と栄誉をもった氏族の家長の集まりであることをモースは指摘している。

いずれにしろ"persona"とは、人ではなく仮面を意味するものであった。そしてこの"persona"と"commūnis"は、不可分に結びつくものであり、その関係もまた祭祀・互酬共同体の論理の内に位置づけられていた。

仮面劇とミメーシス

共同体における仮面の機能を理解するために、仮面をつけた人々によって演じられる神話劇について考えてみよう。神話劇は、人々と過去の共同体の記憶を結び付け、教化する重要な働きを持っている。たとえばギリシア悲劇における語り・歌謡・舞踏は、詩人の「ミメーシス（模倣）」という能力と不可分である。ミメーシスは、対象の模倣的理解を可能にする。その理解の在り方は、主観と客観を峻別し、対象を客観的に理解しようとする観照的態度とは異なる。ミメーシスは、対象そのものと同一化しようとする心の働きにほかならない[58]。

プラトンは詩人の能力であるミメーシスをあまり評価しなかったが、アリストテレスはその能力を「ミュトス（mythos）」を可能にするものとみる。劇作家のミメーシスの能力は、悲劇や喜劇にかかわらず劇中の人物は、その優劣にかかわらず性格が際立ったものとして把握される。それは、そのままの現象を捉えるのではなく、生ける人間の本質を際立たせそれを高めて捉える。それゆえ、ミメーシスは、ドラマの必然的な筋を組み立てる要素とその構造をつかみだす役割を果たす。リクールも指摘するように、ミメーシスとはたんなる模倣ではなく、「ポイエーシス（poisis）」を含んでいる。それは、一つの根源的な構成であり、物語的な案出なのである（Ricœur 1975, 1983）。

ミメーシスが対象とする「自然（physis）」は、主観から切り離された客観的自然ではなく、人間の感情をも含んだ生ける自然である。その対象は、受苦的に享受される生ける自然であるがゆえに、詩人の感情や道徳的な生の全体性を含む模倣が行われることになる。それゆえ、神話劇で示される悲劇作家の洞察力は、民族の在り方を示す普遍的物語として表現されることになる（Ricœur 1975: 51-61=1984: 43-58）。

ニーチェによれば、ギリシア悲劇の鑑賞は、近代的な芸術鑑賞とは異なるものである。舞台から切り離された近代的な鑑賞者とは異なり、その鑑賞者は、魔術的な熱狂に侵されることでデュオニソス的人間となり、その個体の殻を突き破り、根源的存在との融合へと誘われる。悲劇という本質的に高められた物語は、デュオニソス的熱狂を「カタルシス（Katharsis）」に到達させるまで高める（Nietzsche［1872］1990: 119-29=2004: 53-74）。

芸術の機能は、まずもってミメーシス的認識であり、芸術家は感覚のカオスから受苦的に刻印された対象の細部を認識し、それを芸術作品へと仕上げる。芸術作品の鑑賞者は、受苦的に印象をその感覚に刻みこまれる。ミメーシス的な認識とは、感覚のカオスに対して秩序を導入することであり、その所産である芸術作品は、それを享受するものにその経験や記憶の共有を可能にする手段でもある（村上隆夫　一九九八）。そのようなミメーシスの能力によって把握された神話劇を鑑賞することによって、その観客は、民族の記憶と在り方を自らの感覚に受苦的に刻み込む[59]。

プラトンが『国家』の中でソクラテスに語らせているように、文芸や音楽による教育は、ポリスの存続にとって決定的に重要であった（Plato 1976a: 219）。仮面を通して語られる文芸と音楽のリズムは、人々の感覚に刻みこまれ、その魂を力強く掴みとる。神話劇の舞台とは、文芸と音楽を通じて、民族の過去の記憶や経験の共有を可能にする劇場であった。

未開社会の研究においても、モースは、名と仮面について触れている。プエブロ・インディアンや北西部アメリカのインディオの間で、氏族毎に、祖先の霊や精霊を表す一定の名と仮面が存在していた。人々の間で贈与されるそれらの仮面や名は、正確な配役表に位置づけられており、その所有者に、名と仮面に由来する特権や義務を課す。モースは、そのような名や仮面は、宗教劇において果たされる〝personnage（人格＝役割）〟として伝承されることを指摘している。

また、レヴィ＝ストロースは、『仮面の道』の中で、祭祀の際に執り行われる「氏族の仮面劇」が、環境や歴史が与える事実や情報を、神話という物語のコードに組み入れ、仮面劇として上演するものだと述べている（Levi-Strauss 1975）。すなわち神話劇の上演は、共同体の起源にまつわる認知的・規範的な物語の上演にほかならない。

神話は「輝かしい過去（黄金時代）」を模範的なものとして表象・反復し、過去から未来へと一方向的に流れる歴史を廃棄する装置であり、神話劇は神話の語りを人々に刻みこむ劇場であった。名や仮面は、神話的過去と現在をつなぐメディアであり、人々によって共有される記憶装置であった[60]。

仮面などの象徴財は、文字以前の彼らの経験やそこから得られた情報を封じ込めたコードであると考えてよいし、文字文化以前の教育のための教材でもある。いわば仮面劇の舞台は、祭祀・互酬共同体の教室でもあった(61)。

仮面をつけた贈与主体によって営まれる追憶の共同体

さて、これまでの論述をもとに、神話あるいは宗教的なものに包摂された祭祀・互酬共同体における人格形成の問題についてまとめて考えてみよう。ジンメルは、「人格（Persönlichkeit）」について『社会学』の中で以下のように述べている。

「生の諸要素のそれぞれは社会的に成立し、あるいは社会的に織りあわされているが、われわれはそのような個々の生の諸要素から、われわれが〈優れて〉主観性と名づけるもの、つまりは、文化の諸要素を個性的な仕方で結びあわせる人格を構成する。主観的なものの総合が客観的なものを生み出したのち、いまや客観的なものの総合が、新たな高次の主観的なものをつくりだす。――これと同様に人格は社会圏に自らをゆだねてそのなかに没却しながら、やがて自らの中で社会圏を個性的に交差させることによって、ふたたび自らの特性を取り戻す。こうしてともかくも人格の合目的的な規定が、いわば人格の因果的規定の反映となる」（Simmel［1908］1992: 467=1994［下］: 21）

このような観点からすれば「人格」とは、常に社会的な諸関係によって条件づけられている。それは、カントの超越論的哲学が想定するような形而上学的本質において存在するわけではない。このようなジンメルの形式社会学的なパースペクティブから見た場合、贈与体制における「人格」とは、いかなる性質を持つか。

これまで述べきたことから分かるように、未開社会の人々は、「欲望の二重の一致の困難」とそれが招来する経済の自然状態というカオスを、贈与という交換形式によって切り抜け、互酬性を基礎にした「人間の経済」を打ち立てた。

贈与は、近代経済学が前提にするようなホモ・エコノミクスが追い求める効用や利潤への欲望ではなく、贈与の霊なるものの法的圧力によって促された。ハウという名で呼ばれる贈与の霊は、贈物に付着し、富の循環を促し、人々を情動的に結びつける不可視のメディアであった。贈与の霊は、「与え・受け・返す」という三つの規範を人々に課すことによって、贈物を人々の間で循環させた。

その中でも、女性は、互酬共同体において財の循環を促す最重要のメディアであり、貨幣的な〝personnage（人物＝役割）〟をあてがわれることを宿命づけられていた。インセスト・タブーという原初的な法の力によって、女性達は、交換のメディアに仕立て上げられていた。婚姻という制度に基づいた女性の贈与は、未開社会の社会構造の基礎をなす親族システムを作り出すことになった。

だが、未開社会の人々の情念や意識の上で、贈与を促したのは、女性への欲望ではなく、あくまでも贈与の霊であった。贈与の霊の根幹にあるものとして観念されていたのは、生活の糧を贈与する生ける自然を象徴する神々であり、彼らの生活の礎を築いてきた先祖（社会）やその偉業等であった。それゆえ、神々として表象された生ける自然や先祖（社会）に対する人々の負い目は、強烈なものであった。

その負い目を祓うべく、対抗贈与である供犠の儀礼を執り行うことが、人々に要請された。周期的に行われる供犠の儀礼は、未開社会の生活のリズムの基調をなす聖と俗の循環を促し、象徴システムを維持・反復することを可能にした。

祝祭時における神話劇の上演や、神話的コンテクストに位置づけられた象徴財の循環は、人々の伝統的なアイデンティティを維持させる教育的機能を果たした。祝祭や象徴財の循環は、人々を共同体のコンテクストに位置付けてゆくとともに、物質的次元においても人々の生活を潤していった。日々折々の贈与は、経済的にも象徴的にも、不断に共同体的なコンテクストを維持することで、祭祀・互酬共同体を再生産する機能を果たしていた。

そのため祭祀・互酬共同体の住人は、独立した個人というべきものではなく、祭祀・互酬共同体のシステムに位置づけられた成員であった。人々は予め固定された役割によって構成される祭祀・互酬共同体というコミュニティに埋没したままで、個性を育むことは困難であった。祭祀・互酬共同体では、ジンメルが指摘した社会圏の交差によって、個性を育むことは困難であったといえるだろう。そのコミュニティの成員達は、首長という職務を名誉あるものとして尊敬し、その座を賭けた威信を巡る闘争に明け暮れていた。

しかし、承認の闘争は、多くの場合、凄惨な暴力を伴わず、富の消尽によって果たされる。いわば、経済の自然状態である「万人による万人の交換」というカオスがもたらす「万人による万人の闘争」という凄惨な帰結を避けるべく、人々は、消尽へと帰結する名誉と威信を賭けた承認の闘争を行った。その闘争の結果、集団の自己保存もまた達成されていた。

承認の闘争を彩る登場人物たちは、結局、モースのいうところの〝personnage（人物＝役割）〟を担うものであったといえよう。したがって、祭祀・互酬共同体は、神々という「大文字の主体」によって授けられた仮面を被った「小文字の主体」達によって維持・再生産される「追憶の共同体」であった。

そして、最後に強調しておかねばならぬことは、日々の贈与や供犠の儀礼の遂行が、神々との原初的な契約を再認する行為であり、祭祀・互酬共同体を再生産するために不可欠なものであったということである。

ゴドリエが指摘したように「想像的なもの」に対する二重の信仰という情動的な力によって、祭祀・互酬共同体の秩序は支えられていた。その信仰の内容は、「宇宙の進行と秩序を司る目に見えない存在や力が現存する」というものであり、もう一つは「その存在や力に祈りや供犠によってその上に働きかけうる」というものであった。

供犠の儀礼の実践は、この二重の信仰の表現であり、神々との契約を更新する行為にほかならなかった。この供犠の儀礼の反復こそが、祭祀・互酬共同体を再生産する要の位置にあったといえる。

仮面を被った小文字の主体達は、共同体に従属する主体であったが、その従属は信仰という情動的な力によって確保されていた。それゆえ、「想像的なもの」に対する信仰の力が失われてしまえば、人々は別の主体へと転じてしまう運命にある。

実際、近代化のプロセスの中で「神々への信仰」が「貨幣への信頼」に置き換わることによって、祭祀・互酬共同体は、解体・変容することを余儀なくされ、人々は別の主体へと形成されることになる。

第三章　祭祀・互酬共同体から貨幣空間の拡大へ

本章では、贈与を基礎にした祭祀・互酬共同体から、貨幣を媒介にした等価交換が、いかにして発生し、祭祀・互酬共同体を圧倒していったのかという問題に関して、幾つかの重要な局面を明らかにしたい。

まず、その手掛かりとして、貨幣の発生を扱った『資本論』の「価値形態論」における価値形態の構造的変化を、社会的交換形式と結び付けて考え、いかにして貨幣が生成してくるかを系譜学的に考察する。その試みは、未開社会における「単純な、個別的な、または偶然的な価値形態」にはじまり、古代国家の段階における「全体的な、または展開された価値形態」から「一般的価値形態」への移行、そして古代ギリシア世界における「貨幣形態」の発生の問題を論じるものとなる。また、近代社会を準備した、祭祀・互酬共同体としてのキリスト教共同体と貨幣経済の進展とのかかわりについても考察する。

第一節　「単純な、個別的な、または偶然的な価値形態」と未開社会

商品交換のはじまり

マルクスが『資本論』で論じた価値形態論は、偶然に出会った二つの商品が等値される「単純な、個別的な、また

は偶然的な価値形態」から、「全体的な、または展開された価値形態」「一般的価値形態」「貨幣形態」へと順次展開してゆく形式的な論理構造を明らかにするものである（Marx［1867］1979）。

価値形態論におけるマルクスの記述は、商品同士の相互交流についての形式的考察である。だが、諸商品の相互交流と価値形態の展開は、同時に歴史的・社会的に実現されたものであると考えることができる。マルクスは、西欧近代を切り開いた商品交通を念頭に置いていると思われるが、祭祀・互酬共同体について本書の叙述と結び付けて考えるために、文明史的に遡行して原初的な価値形態のはじまりから考えてみたい。

マルクスは「商品交換は、共同体の果てるところで、共同体が他の共同体またはその成員と接触する点で、はじまる」と交換過程論で述べている（Marx［1867］1979: 102=1968: 118）。

単純に考えれば、この原初の交換の場面における価値形態の水準は、マルクスが述べた「二〇エレのリンネル＝一着の上着」という二つの商品が出会う「単純な、個別的な、または偶然的な価値形態」という価値形態の水準にあるといえる（Marx［1867］1979: 63=1968: 65）。

マルクスがいうように、価値形態論の記述と違って、実際に商品達は、独力で市場に赴き交流するわけではない。商品達が交流するためには、その交流を媒介する商品所有者達を必要とする。

最初の価値形態の水準にある「単純な、個別的な、または偶然的な価値形態」が成立する場面を商品所有者の側から見た場合、まずもって共同体と共同体が分離した併存状態の中から、商品所有者達は現れることになる。

最初の価値形態の水準が生じるのは、歴史学的・社会学的に考えた場合、部族や氏族レベルで成立する祭祀・互酬共同体間の併存状態であると考えてよい。このコミュニティの水準では、インセスト・タブーによって家族の内と外が発生するとともに、より広いコミュニティである氏族や部族が発生する。

そのような水準にある複数のコミュニティが、相互に切り離されていると同時に、近接して生活している場合、しばしばその間で接触が生じることになる。マルクスが取り上げる原初的な交換から生成する「単純な、個別的な、または偶然的な価値形態」とは、そのような共同体間の接触の表現の一つにほかなるまい。

ところで、諸々の祭祀・互酬共同体の併存状態を考える上で、マルクスの価値形態論や交換論で触れられることのない、もう一つの重要な交通形態の表現がある。それは「戦争」という交通形態にほかならない。実のところ原初的な諸共同体間において「交換」と「戦争」という交通形態は、不可分なものである。というのも戦争という形式がなければ、そもそも諸共同体の併存状態が存在しえないからだ。

戦争によって分たれた「交換に抗する社会」

ブラジル西部のナンビクァラ・インディアンの小規模な漂泊バンドについて論じた際に、レヴィ＝ストロースは、複数の小さなバンドが互いに避け合いながらも接触を望んでいるのは、敵対関係と互酬関係の間に連続性が存在しているためだと述べている。

このケースからレヴィ＝ストロースは、「交換とは平和的に解決された戦争であり、戦争とは不幸にして失敗した商取引の帰結である」と未開社会における交換と戦争との関係を一般化している（Lévi-Strauss［1967］2002: 78=2000: 157）。

レヴィ＝ストロースは、交換と戦争を交通形態の両極として把握している。その関係は二項対立的であり、交換という第三項によって戦争が包摂されていると考えてよい。よって、レヴィ＝ストロースの場合、戦争は、交換の体系の中に位置づけられており、コミュニティを形成する積極的な原理として捉えられていないことになる。

未開社会における戦争という形式を深刻に受け止めたピエール・クラストルは、未開社会の形成原理として戦争が不可欠であることを強調している（Clastres 1997=2003）。

クラストルによれば、未開社会のコミュニティは、独立性と自律性を維持しようと極力努める。互酬関係によって形成されるコミュニティ内の秩序は、成員間の対称性を重んじ、なんらかの「一者」によって代表されコントロールされることを拒絶する。彼らは、常に「われわれ」として語り得ることを望んでいる。

未開社会の首長たちが政治的権力を持たないことは既に述べた。彼らはけっしてコミュニティの主権者、命令者ではない。彼らは、誉れ高き使用人に近い。未開社会の法の設立者は、神々や神話的祖先であると観念されており、首長はその代弁者の役割を引き受けるにすぎない。

クラストルによれば、あるコミュニティが「われわれ」として自らを表象しうるために不可欠な二つの条件がある。その二つの条件とは、コミュニティが内的に「分化していないこと」と外的に「独立していること」、これである（Clastres 1997=2003: 107-8）。

戦争という形式は、それぞれの共同体の政治的独立状態の維持を可能にする。未開社会の人々が、自らの共同体の自律性と独立性を維持するために、戦争という形式が必要となる。常に他の共同体と戦争状態にあるために「われわれ」以外の他者は、常に「よそ者」として表象される。

面子を重んじる戦士達は、栄光を求めて死へと突き進む。戦争という交通形態における承認の闘争は、戦士達を栄誉ある死へと導くのだ。

戦争という形式による戦士達の栄誉ある死こそが、諸々のコミュニティを切り離し、分散化した併存状態へと凍結させ、あらゆる共同体を唯一無二の独立した存在とする。

この戦争という形式がなければ、冷たい未開社会はその秩序を失ってしまう。いわば未開社会は、戦争遂行能力のある戦士を不可欠とする、好戦的な諸共同体の永続的な併存状態にあったのだ。

このような好戦的な未開社会において、交換とはいかなる意味を持つのであろうか。自主独立を重んじる社会は、経済的な自主独立である「自給自足」という反交易的な理想を抱く「交換に抗する社会」であるとクラストルは述べる（Clastres 1997=2003: 91）。

クラストルによれば、交換とは、人々の同質化を促す同一性の原理である。コミュニティの独立性という差異を墨守しようとする「われわれ」にとって、交換の全般化は自らの自己同一性を失うことに通じかねない。未開社会の人々は、できれば交換を避け、自給自足の内に留まることを欲している。

それでも交換は不可避的に生じてしまう。というのも、永続的な戦争状態を生き抜く上で他のコミュニティとの同盟関係が必要となるからだ。コミュニティの外交戦略として、同盟関係の締結の証である女性の交換がなされる。女性の交換によって、未開社会の人々は、同盟関係にある他のコミュニティの住人と「義理の兄弟」となり、他のコミュニティとの戦争に備えようとする。未開社会における「義理の兄弟」は、たんなる親族関係ではなく「同盟者」の別名でもある。その同盟関係を基礎にして、他の物財も交換されるようになるのだ。

不調和に終わった交換が戦争であるとしたレヴィ＝ストロースに抗して、クラストルは、戦争こそが交換と同盟関係を戦術的にもたらすといいたいのだ。つまり「戦争の戦術的結果が交換なのである」（Clastres 1997=2003: 94-5）。クラストルの説では、レヴィ＝ストロースとは反対に、交換が戦争の論理の中に包摂されることになる。

クラストルは、インセスト・タブーという人間社会一般を創設する「交換」と、異なるコミュニティ間における相互作用の形式としての「交換」を分けて考えるべきだという。レヴィ＝ストロースは、異なった次元にある交換を同一視することで、未開社会における戦争という原理の重要性を見誤ったと、クラストルはいう（Clastres 1997=2003: 95-8）。

一者に抗する社会

クラストルの論理からみれば、未開社会の内政は、特権的な政治的一者を排除するとともに互酬性の論理によって蓄積を不可能にする。だが、特権的な一者を排除し「われわれ」の自主独立を維持するために、外交において同盟の証として女性が犠牲として贈与される。また自らのコミュニティの存続のために、男達は、戦士という"personnage（人物＝役割）"を被り、自らの生命を犠牲として捧げることになる。この内政と外交の論理によって、未開社会は常に、国家という「一者」に抗し、分散化した「多」の併存状態を実現する。

クラストルの描く未開社会は、政治的な独立を重んじ自給自足を理想とするゆえに、「国家に抗する社会」であると同時に「交換に抗する社会」であるということになる。

ここではレヴィ＝ストロースとクラストルの論争の成否は問わず、未開社会が戦争と不可分であり、交換を恐れるほど諸共同体が相互に分離していたことを確認しておけば十分である。独立を重んじ、戦争状態によって相互に切り離されている祭祀・互酬共同体が交流することは難事であるがゆえに、同時に財の交換もまた難事となる。ここにも「欲望の二重の一致の困難」は、露呈している。

共同体間に発生する交換とは戦争状態にある他者との容易ならざるコミュニケーションであり、一つの平和状態の実現であった[62]。このように、交換のはじまりは、好戦的な未開の祭祀・互酬共同体の併存状態からはじまると考えてよいだろう。

この「交換に抗する社会」の水準における「単純な、個別的な、または偶然的な価値形態」から「貨幣形態」へと価値形態が高まるには、マルクスがいうように、交換過程に投げ入れられる商品の数と多様性とが増大し、交易が活性化する必要がある。

第二節　「全体的な、または展開された価値形態」から「一般的価値形態」へ

新石器革命と国家の出現

商品交換にともなう人間とその社会的在り方を系譜学的に明らかにするという課題をさらに推し進めてみよう。商品同士の出会いの端緒となる「単純な、個別的な、または偶然的な価値形態」は、未開社会の分離した祭祀・互酬共同体というコミュニティの併存状態と連動していた。であるならば、諸商品の併存状態である「全体的な、または展開された価値形態」という状況が成立するためには、未開社会の凍結された併存状態が破られる必要がある。つまり、価値形態の変化とともに、商品を交換する人々の在り方や社会の様相が変わっていなければならない。この価値形態の変化をもたらすのは、新石器革命と、その生産経済の革新に連動することで成層化することになった国家の出現にほかならない[63]。

自主独立を重んじる「交換に抗する社会」である未開社会が、交易を活発化させ「全体的な、または展開された価値形態」へと至るには、そうした未開社会の構成を可能にした、内政における「権力集中の排除」という基本原理が解体されねばならない。この基本原理の解体は、まずもって権力を欠いた中心であった首長が、政治的な中心である王へと転じることを契機にしている。

王という政治権力の中心によって取りまとめられる国家とは、未開社会が恐れた「一者」によって統治される権力

が集中した、成層化した社会である。王を戴く伝統国家の発生は、新石器革命による農耕と牧畜の発生に連動している。ここで過去に遡って、国家の発生を考えてみたい。

王を戴く伝統国家の原型は、古代の都市国家にある。よく知られているように最初の古代の都市国家は、オリエントの大河流域に発生した。大河流域の都市国家は、それ以前の天水農耕とは異なる、大規模な灌漑農耕を基盤にしている。

生産性の高い灌漑農耕を押し広げるために、大量の労働者と彼らを強制・監督する権力機構との分離を必要とする。未開社会は、特権的な「一者」を排除したために、他の部族を征服し捕虜を得たとしても拡大することはない。ある一定の数の人員に達したら、人々はその部族から分離し、別のコミュニティを立ち上げようとする基本的傾向があった（Clastres 1997=2003: 104）。それゆえ、大量の人員の動員を必要とする灌漑農耕を遂行するためには、一者を排除する組織原理を打ち破り、新たな成層化した人間組織を創出する必要がある。[64]

国家神話の形成と拡大した再配分

灌漑農耕を基盤にした人間組織である原初の国家は、多くの人員を取り込み、彼らを労働力として活用しなければならない。そのため国家という新たな共同体は、水平的な共同体の併存状態から突出した、垂直的な権力関係を生みだすことによって、下位の諸共同体を包摂しなければならない。

この成層化した社会の権力の中心に、王という「一者」が現れる。その出現と呼応するかのように労働組織を監督し行政を執り行う官僚組織が誕生する。国家という拡大したコミュニティの行政や軍事活動を円滑にする必要から、「声」というメディアでなく「文字」という時間と空間の制約を超えたメディアもまた発明される。[65]

しかしながら「一者」を拒絶し、自主独立を重んじてきた人々を国家という拡大した共同体の内部に留めるためには、イデオロギー的・物質的にも一つの共同体として維持・再生産するための仕掛けが必要となる。まず国家は、王を中心にして成層化した階級秩序とその権力関係を、被支配者に強制として意識させてはならない。ジンメルが指摘したように、支配と被支配の関係が持続するには、その権力関係に従属する主体の積極的同意が必要となるからである（Simmel［1908］1992:160-9=1994［上］: 149-57）。被支配者達の同意を取り付けねば、権力関係は持続しえない。この同意を取り付ける形式こそが、シンクレティズムによって変容した祭祀という形式であり、その宗教的権威ということになる。

メソポタミアの都市国家は、神殿を中心にしたものであり、国家規模での祭祀を不可欠なものとした。この祭祀は、未開社会における祭祀と異なり、祭祀を司ると王と祭祀階級という特権集団によって担われることになる。しばしば、征服された部族の神々は、支配部族の神を頂点とする階層システムの中に位置づけられる。たとえば古代バビロニアの都市神であったマルドゥク神が、ハンムラピ王による征服によってシュメール、アッカドの神々の上に君臨することになったことを考えてみればよかろう。

このように他の部族や都市を征服する国家の水準にある拡大した共同体において、「国家神話」を担う、神々の秩序が生じることになる。そして、それらの神々にまつわる国家神話こそが、その支配をイデオロギー的に正当化する論理を伝統国家に提供することになる。

支配を正当化するイデオロギーは、もはや未開社会における「動物と人間との明確な区別のなかった時代の物語」としての神話ではない。それは、創世神話と国創神話を含んだ、より人間的な生々しい国家神話となる。この国家神話という物語の「呼びかけ」によって、人々は、国家の臣民として召喚されることになる。

もう一方の物質的な仕組みは、「再配分」という交換形式が、拡大されたかたちで行われることにある。たとえば都市国家の中心にある宗教センターである神殿は、物資の貯蔵と再配分を担う行政のセンターでもあった。人々は、国家を形成した段階においても、その集団を一つの共同体として機能させるに「再配分」という交換形式を手放さなかった。このような複数の被征服部族の上に君臨する原初的国家は、支配下の部族に労役や貢納などを課すが、多くの場合、下位の部族社会の互酬性を解体することはなかった。

原初的国家と交易の拡大

このように新石器革命によってもたらされた生産力の高まりが、成層化された伝統国家を生み出すが、それと同時に交換関係もまた変容する。まず内政の面で見れば、かつて首長を中心とした財の再配分システムが、王を中心とする伝統国家のもとで大規模なかたちで再編成された。

また社会構造の変化に伴い共同体の外政でもあった交易の形態も変容する。自給自足を理想とした「交換に抗する社会」では、交換は活発なものではなかった。しかし、伝統国家の段階では、飛躍的に高まった農業生産力を背景に、手工業生産が活発化する。(66)

その結果、大量の労働生産物である手工業品が交易へと投じられるようになる。活性化した交易は、商品同士の出会いの機会を飛躍的に増大させる。この段階で「全体的な、または展開された価値形態」の発生から「一般的価値形態」への移行が見られるようになる。

もちろん国内の諸コミュニティの間だけでなく、原初的な国家は、同時期に複数発生し乱立しているから、それらの国家間でも交易が活性化されることになる。

つまり国家の出現によって、未開社会の永続的な戦争状態によって切り離された祭祀・互酬共同体の併存状態では、結びつくことのなかった人々の交通が生じることになる。新石器革命によって高められた生産力の増大を背景にして、商品同士の交換（等置）の機会が格段に増大することになったと考えてよいだろう。

このように伝統国家と、その成員に担われることで活発化した諸商品の流通こそが、「全体的な、または展開された価値形態」を出現させたといえる。そして「全体的な、または展開された価値形態」から諸商品がスムーズに交流するために、その水平的な関係の中から、ひとつの商品が排除されることになる。

その排除された商品こそが、ゼロ記号として機能し、諸商品の秩序を一つのシステムとして完成させることになる。その排除された「一般的等価形態」に位置するのが貨幣商品である。諸商品から排除された貨幣商品が、商品世界の媒介者となりシステムが円滑に機能するようになる。

メソポタミアで最初に「一般的等価形態」に位置した貨幣商品は、金ではなく銀であった。もちろん貴金属が「一般的等価形態」に位置するのは、理由あってのことである。

マルクスがいうように、まず価値の抽象的な表現の尺度として、どの一片をとっても均質な素材でできている物質であること。次に比重が重く、運搬が容易であり流通手段に適していること。さらに、耐久力があり腐食せず容易に溶解しないことによって蓄蔵手段に適していること。価値尺度、流通手段、蓄蔵手段として最も適している価値の表現手段として、金と銀という貴金属が貨幣素材の最も有力な素材として選択される（Marx［1934］1964: 128-32=1966: 200-7）。

第三節　貨幣形態と古代ギリシア

東地中海世界における交易の活発化と鋳貨の誕生

新石器革命と連動した原初的な都市国家の出現によって農業や牧畜が広がり、急速に交易が活発化した。交易の活発化にともない、メソポタミアにおいて、価値形態が、一般的等価物である貴金属としての銀へと結晶した。一般的等価形態という中心を得た商品世界が次の発展段階に至るのは、現代の西欧型貨幣の直接的な原型となる鋳貨、リディア王国の「エレクトロン貨幣」の鋳造にある。そして、このコインの創出を契機に貨幣経済の急速な広がりと、それにともなう社会変動が生じる。その延長線上の先端部分に、貨幣経済と深く結びついた古代ギリシア社会が出現する。

この古代ギリシアにおいて、「社会的交換形式による共同性の形成と諸個人の主体化」という問題を考える上で重要な出来事が生じたと考えられる。[67] それゆえ、本節ではメソポタミアや東地中海世界から連なる交換形式の高まりの重要な局面として、古代ギリシア社会を考察したい。

古代ギリシアに先行するミケーネ文明は、二〇〜三〇ほどの小国からなる宮殿経済であり、祭祀と再配分システムによって結びつけられた互酬的な共同体であったと考えられている（周藤 二〇〇六：五八－七一）。この宮殿もまた祭祀の場であるとともに再配分を司る物資の貯蔵センターであった。古代ギリシアの栄華は、これらの宮殿経済の崩壊をもたらした「前一二〇〇年の破局」とそれに続く暗黒の時代の後にはじまる。

古代ギリシアの栄華のはじまりは、紀元前千年頃に冶金術の革新によって鉄が増産されたことを契機にしている。それ以前の青銅器は、主に贅沢品や武器に使用されていた。ところが前七二〇年ごろに生じた冶金術の革新によって大量に増産された鉄が、農業と工業に使用されることで生産性が飛躍的に高まる。その結果、多数の専門化された職人が生存できるようになり、分業が進展する。この製鉄という技術革新によって経済領域に革命的変化が生じ、局地的な人口爆発と植民が行われ、東地中海世界の交易が活発化する。(68)

このような技術革新による交易の活発化を背景にして、前六八〇年頃、金銀に富むイオニア辺境の交通の要衝であるリディア王国で最初のコインが発明される。そのコインは、金と銀を含有したエレクトロン貨幣であった。この鋳貨の鋳造については、詳しいことは明らかになっていないが、ミダス王の伝説などに、コインの誕生という画期的な出来事に対する記憶の痕跡が残されている。

もちろん、この刻印鋳貨の誕生の背景には、国家の発生と冶金術の技術革新によって高まった交易の高まりがある。増大した財の流通が、ある金属を選び出し、ついには法定の刻印鋳貨という貨幣形態をとることになった。

法定の刻印鋳貨であるコインの誕生は、それまでの自然形態に従属していた価値形態が、自然形態から切り離された「不死の身体」を手に入れることと同義である。なぜなら、コインの刻印は、金や銀という自然的形態が摩耗しようが、それを一定の額の価値として扱うという約束にほかならないからである。この約束こそが自然形態とは離れた抽象的な価値の自律性と無限の蓄積の可能性を開くことになる。このコインの発明とともに二重化された商品世界の運動は、イオニアを経由してギリシア諸都市へと急速に広まってゆく。

古代ギリシアにおける貨幣化

ここで問題にしたいのは、東地中海世界における交易の活発化が、それまでの交換形式からの質的飛躍を生じせしめ、それと同時にコミュニティの形態と人々の人格の在り方を変容させていくことである。

ポランニーが指摘するように、古代ギリシアは、貨幣経済に基礎を置くようになった最初の社会であり、近代の産業革命に唯一匹敵する変動の時代を経験した。まさにホメロスの時代の紀元前八世紀から紀元前五世紀の時代は、激動の変化の時代であり、大量の商品と貨幣が入り込み、互酬経済の制度を解体していった。それは、ポランニーのいうように部族的秩序の崩壊によって「村の隣人や市民が次第に親族にとって代わる歴史」であった（Polanyi 1977: 150-1=2005: 273）。その当時のギリシアでは、小売商人だけではなく、両替商や銀行家さえも出現する。(69)

もともと人々が議論を交わした集会場であるアゴラは、次第に商業化された露店や屋台が立ち並ぶ市場にもなった。そこでは貨幣がやりとりされ、政府から市民に貨幣が支給されることもしばしばであった。ここでは、ポランニーのいうように「実践的民主主義と市場の勃興の奇妙な結びつき」が生じた（Polanyi 1977: 164 =2005: 296）。

ところで、ギリシアにおける都市化と貨幣化が、ギリシア本土からではなく、植民地から生じたことを見逃してはならない。最初期に都市化が生じたのは、西方植民地の拠点であったエレトリア、黒海やエジプトへの交易の拠点であった東方植民地の拠点であるミレトス、シチリアのメガラ・ヒュブライア、ナクソスなどであり、それらの地域の都市化は政体としてのポリスの成立に先行していた（周藤 二〇〇六：一五三－六四）。それらは前七世紀に急速に都市化されていく。ギリシア本土の都市化は、それに遅れる。

古代のギリシア世界における商品の使用価値は、実際のところ市民ではなく、奴隷によって生産される。商人たちは奴隷労働の所産である労働生産物を商いし、そこから利潤を引き出そうとする。古典期のギリシアでは、貨幣経済と奴隷労働とが結びつくことによって、近代社会とは異なったかたちで、精神労働と肉体労働の分離が確固としたものとなっていた。ほとんどの労働力は、戦争によって獲得した奴隷か奴隷へと落とされた没落した市民達である。古典期のギリシアの市民社会は、奴隷労働という犠牲の上に成り立っていた階級社会であった。

彼らの市民社会は、部族の互酬性を引きずるとともに家政を異にする家長の連合体であったが、彼ら市民の生活を支える下部構造は、貨幣によって媒介された商品経済に大きく侵食されることになる。その侵食の結果、上部構造の変化がもたらされる。

貨幣経済の浸透と哲学的思惟の生成

祭祀・互酬共同体の論理のなかで、自然は生ける存在であり、人々の生存を可能とするものとして表象されていた。しかし、貨幣の流れは、そのような贈与する自然や祖先を象徴する神々と、人々との情動的なつながりを切断してしまう。

とくに具体的な自然との距離が大きくなり、交換価値の扱いに習熟していくことになる商人や、労働を免除された市民に、その傾向が強くなる。

祭祀・互酬共同体を包摂した生ける自然からの切断によって、神話的思考から離れた哲学的・科学的思考が誕生することになる。(70) 古代ギリシアにおいてミュトスからロゴスへの移行を後押ししたのは、社会的交換形式から見た場合アルフレート・ゾーン＝レーテルやジョージ・トムソンが指摘するように貨幣経済の浸透にほかならない（Sohn-Rehtel 1970, Thomson 1995）。

これまで述べてきたように、人々が商品を持ち寄り交換するプロセスの中から、貨幣が生じてきた。交換のプロセスから生じてきた貨幣は、具体的な自然形態とはかかわりのない、抽象的な価値対象性を有している。

ゾーン＝レーテルは、交換によって結晶する貨幣の超感覚的な価値対象性を、「思考抽象（Denkenabstraktion）」から区別し、「実在抽象（Realabstraktion）」と呼んでいる（Sohn-Rehtel［1970］1973: 38=1975: 54）。この貨幣の性質については、第四章で詳しく扱うが予め述べておけば、実在抽象としての貨幣の本質は、具体的な自然的形態としての通貨にあるのではなく、具体的な自然の変化を免れた純粋にイデアールな形態にある。

ゾーン＝レーテルによれば、この実在抽象としての貨幣の出現が、人間の思考に合理性と論理性を可能にする抽象の水準を与える。貨幣の流通を押し広げる商品経済の進展が、抽象的かつ合理的な思考を育み、旧来の感性的な水準に依拠した野生の思考にとって代わることになる。

たとえば最初期の哲学者達の多くは、旧来の部族社会の生業から大きく離れた商業とかかわっていた。彼らのほとんどが、商業都市であった植民地の出身であることが知られている(71)。最初の哲学者とされるミレトスの賢人タレスは、商人化した名門貴族の出身であり、彼自身も商才に長けていたとされる。タレスと弟子のアナクシマンドロスの自然哲学は、その観想的態度によって、社会と人間から切り離された外的実在として自然を捉えた。

また、クロトンのピュタゴラスとその一派は、まさに商業活動に必要なもの以上に数の研究を押し進めた。それだけでなく、彼らは、土地貴族から権力を奪取することで政権を握り、貨幣の発行にも深くかかわった。彼らは、さらに「無限」と「空虚」という観念を手に入れる。彼らは、「無限」が自らを限定することによって数という物質的実体が生じ、数量的な集合体としての宇宙が形成されると論じた。この抽象的な哲学的観念論は、具体性を捨象した無限としての実在抽象とその量的規定が反映されていると考えてよいだろう。

エレア派のパルメニデスの「一者」は、ゾーン＝レーテルの指摘するところでは、実在抽象である貨幣の反映にほかならない。あらゆる生成変化を免れた「不動の一者」という性質は、実在抽象としての貨幣そのものの性質であるとゾーン＝レーテルはいう（Sohn-Rehtel［1970］1973: ＝ 1975: 20）。

また、エフェソスのヘラクレイトスのいうところのロゴスは「会話」「理性」「比率」を意味する。まさにこのようなロゴスこそが、神話的思考を脱ぎ棄てるとともに、実在抽象と、それに由来する抽象的概念という武器を装備した知性の在り方である。そしてヘラクレイトスは、生成を規制する世界法則としてロゴスを見出すことになる。

トムソンの指摘するように、「対立物の闘争」という法則によって「万物が自己規制的に循環する」というヘラクレイトスのコスモロジカルな生成論は、自己規制的な商品生産にもとづいた商品経済を反映したイデオロギーであると考えられる。その宇宙論において生成を促す「火」という象徴は、ゼロ記号の如く、対立する他のあらゆる物質へと取り憑きそれらの生成を促す。「万物は火と交換され、火は万物と交換される、あたかも商品が黄金と交換され、黄金が商品と交換されるように」というヘラクレイトスの言葉は、たんなるアナロジーではなかろう（Thomson 1995: 337）。

ジンメルのいうように、貨幣は、交換を媒介することで、それまで容易に結びつくことのなかった質的に異なった事物を瞬時に結びつける（Simmel［1907］1989: 304-7=1999: 244-6）。貨幣は、ニコラウス・クザーヌスがいうところの「反対者の一致」という神の御業とされた離れ業を実際にやってのける。実のところ、貨幣は、クザーヌスの神やヘラクレイトスの宇宙原理が唱えられる以前から、古典期のギリシア世界の日常生活の中で、当たり前のように人々の目前で反対者を一致させていたのだ。

貨幣経済の浸透は、市民と奴隷という階級的支配関係を基礎にして精神労働と肉体労働の分離を促した。この分離によって意識形態もまた二重化し、市民階級の間に純粋な知的労働の活動領域を押し広げることになった。しかし、奴隷の労働力によって生産を行っていたため、知と労働が結びつく可能性が、あらかじめ狭められていた。それゆえ科学技術が発達する可能性もまた限りなく閉ざされていた。したがって多くの場合、かれらの知は、あくまで精神労働のレベルに留まった。

ちなみに、アリストテレスは、貨幣と利子を嫌悪しておきながら、奴隷制に何ら疑いをもたなかった。それゆえ、マルクスは、アリストテレスは、価値形態の謎にあと一歩のところまで迫りながら、実体としての抽象労働という正体を見過ごしたと考えた（Marx［1867］1979: 73-4 =1968: 79-81）。

貨幣経済の進展と古代ギリシアにおける市民革命

社会的交換形式とのかかわりという観点から見ると、ゾーン＝レーテルやヘーリッシュが指摘するように、ギリシア世界にロゴスと主観性が生じたのは、けっして偶然ではないことが分かる（Sohn-Rethel［1970］1973; Hörish 1997）。ロゴスとは神話的コンテクストから切り離された知性の在り方である。ロゴスを担う哲学という営みは、祭祀・互酬共同体のリアリティの崩壊の後に出現した、貨幣を紐帯にした商品経済という社会的土台の上で生じる知的営為にほかならない[72]。

いわば、古典時代のギリシア人の生存の土台に革命的変化が生じることによって、旧来の祭祀・互酬システムと不可分だった神話という表象体系と、彼らの実存との間にズレが生じた。表象体系と実存のズレは、必然的に彼ら自身の「物語的自己同一性」に亀裂を走らせる。

古典期のギリシアにおける知の爆発は、野生の思考が紡ぎあげた象徴秩序の論理を拒絶する貨幣経済の浸透があったからだと考えられる。古典時代のギリシア人は、神話時代の神々のリアリティを見失うことで、主が不在である世界へと投げ出され、自ら思考することを強いられたといえるだろう。その際、感性的な自然との調和を喪失した、裸形の知性が装備した武器が、実在抽象である貨幣の刻印を帯びた抽象的概念にほかならなかった。象徴秩序の軛《くびき》から解き放たれたロゴスの運動は、もはや神話の語りによって鎮めることができなかった。

哲学者達の同時代的な出現、いわば「知の爆発」は、古典期のギリシア以前の部族の祭祀・互酬共同体の解体の上に生じている。貨幣という炎によって生成・循環する商品世界は、野生の思考を拒絶し、「価値（貨幣・交換価値）」と「使用価値」という二重性によって、精神労働者に観念的・数学的知性を要求する。また、肉体労働者に対しては、器用仕事ではなく、専門人として、生命を喪失した物質的自然を労働によって操作・改変することを要求する。

意識と実存の分断をもたらす商品の二重性は、貨幣経済の浸透とともに、新たに勃興した商人階級と、農耕に従事した市民と旧来の土地貴族の没落によって特徴づけられる、古代ギリシアの民主革命への道程を準備する。有力な商人の一族の出身であったソロンの改革から、寡頭政治に対抗し居留外国人や奴隷にも市民権を与え、五〇〇人会議を定めたクレイステネスによって先導された民主化の軌道は、貨幣経済の進展に伴奏されていた。

とはいえ、彼らの共同体の統一性は容易に失われることはなかった。家父長である市民達は、商品経済の浸透によって分離した家政によって、自ら戦備を整えその身体を養った。しかし、古代からの遺制である部族の再配分システムを堅持したことで、市民レベルでの互酬性を維持し得た。さらに、「一者」を避けようとする部族の合議制が、競争的なアゴーンとしての討論を促し、民主化を推し進めることに一役買ったのである。[73] しかし、アテナイの民主主義の枠組みは、近代の民主主義とは異なり、部族的共同体の外部に広がるようなものではなかった。

また、ソクラテスは、自然の原理を探究するのではなく、人間の徳を問題にし、倫理や正義を問い続けた。その弟子プラトンも感性的世界を超えて、理念的世界を問題にしようとした。貨幣化された没落期のアテナイにおいて、感覚的に捉えられる生ける自然ではなく、主観性と理念的世界への関心が先鋭化することになった。

このように、それまで妥当していた徳や倫理が問いなおされ、主観性が先鋭化したということは、貨幣経済の浸透によって、それ以前の祭祀・互酬共同体が育んできた集団的エートスと、彼ら自身の実存との間にズレが生じたということを示している。[74] 徳や倫理を問いなおしたアテナイの哲学者であるソクラテス、プラトン、アリストテレスは、それでも愛国者としてポリスの再建を果たそうとした。その理由は、ポランニーが指摘したように、アテナイというポリスが、貨幣経済に浸透されながらも社会主義的・部族的な再配分システムを維持していたからであろう。堅持された再配分という交換形式が、彼ら市民達に継続的な負い目を与えたのである。

その中でもアリストテレスは、貨幣の起源と、貨幣が孕む危険に対する重要な洞察を書きとめている。アリストテレスによれば、貨幣の起源は、もともと国と国との間で、欠けているものを輸出するという相互扶助にあった。しかし、交易する財の量が拡大すると、具体的な財を運ぶ困難に対処すべく、貨幣の使用が工夫されることになる。はじめは鉄や銀が貨幣として用いられたが、重量を測る面倒を省くため、量を示す刻印が押された鋳貨が発明されることになった（Aristotle 1961: 52-3）。

貨幣が発明される以前は、自然の自足性に則った蓄財術である「家政術（oikonomia）」にもとづいた必要不可欠な交換が行われていた。しかしながら、貨幣の発明によって、労働を介さず、財の交換によってのみ得られる貨幣利得を目的とする、際限のない蓄財術である「商人術（caperike）」が生じることになる（Aristotle 1961: 45-57）。アリストテレスは、この"**nomisma**"である貨幣を危険視した。

アリストテレスは、共同体の自然的必要性から切り離される傾向にある、貨幣を目的とする商人術を危険視し、"**koinonia**（共同体）"に対する脅威と見た。貨幣の発明と利子の発生にともなう商人術の出現は、共同体の維持の原理であった自足性の原理を歪め、共通善の実現を目的とする「ポリスの秩序」を脅かす恐れがあると、アリストテレスは考えたのである。[75]

このように述べるアリストテレスにとって、貨幣は、慣習あるいは"**nomos**（ノモス）"という法的合意によって通用する人為的な"nomisma（ノミスマ）"にほかならない。共同体へと悪影響を及ぼすならば、貨幣は共同体の人為によって制御されるべきだとアリストテレスは考えたのである。(76)

第四節　キリスト教と貨幣空間の拡大

祭祀・互酬共同体としてのキリスト教

さて、ここで目を転じて西欧近代を切り開くことになったキリスト教と市場経済とのかかわりについて考えてみたい。というのも、近代市民社会の母体となったヨーロッパ中世社会におけるキリスト教と市場との関係が、近代市民社会を切り開くための重要な転換点を形作ったからである。

まず、教会を中心にして結びついたキリスト教共同体が、拡大した祭祀・互酬共同体にほかならないことを確認しておこう。

キリスト教の母体となったユダヤ教の共同体は、唯一神エホバを信仰する部族集団であり、もともと天水農耕を基盤にした祭祀・互酬共同体であった（湯浅 二〇〇八）。ユダヤ教の神は、他の農耕神と同じように犠牲を要求する神であるが、偶像崇拝を拒否する唯一神であることにおいて、宗教史上例外的なものであった。

キリストは、ユダヤ教という部族の神を、より普遍的な人類の神へと拡張しようとした。その新たな教えは、唯一神に対する信仰を、ユダヤ教の厳格な律法主義から解放し、救済への道筋を人類へと解放することで、普遍的な世界宗教へと飛躍せしめるものとなった。

キリスト教にもまた、明確な供犠のモチーフが存在している。それは、「人々の原罪を贖うために自らを犠牲に捧げたる神」というものであった。キリストの復活を信じる信者たちは、この神の贈与（供犠）を受け入れることでキリスト教の信者となる。

ところで、キリスト者もまた、従来の祭祀・互酬共同体と同じように、積極儀礼によって聖なる時空間を共有することで信者達の一体感をつくりだしてきた。その中でも中心的な儀礼である「聖餐（Eucharistia）」について考えてみよう。

キリストの血と身体を象徴する「葡萄酒」と「パン（聖餅）」をメディアにすることによって、キリストの受難を再認・反復し、信者たちを宗教的コンテクストに参入させる。葡萄酒とパンは、宗教的な語りによって聖化された象徴財である。信者達は周期的に贈与された葡萄酒とパンを共食することで、物語の記憶を共有し集団の結束を高める。

葡萄酒とパンの拝領は、最後の晩餐でイエスが命じた「私を食べなさい」という言葉に応えようとするものである。神の供犠を受け入れる信仰者にとって、「葡萄酒」と「パン」はイエスの言葉によって実際に「血」と「肉」へと化体すると観念される[77]。

信者にとって、それらを聖餐の儀礼で共食することは、文字どおりに聖体を拝領することにほかならない。パンと葡萄酒は、第一章から第二章で述べた祭祀・互酬共同体を結びつける象徴財としての聖物にほかならない。

ヘーリッシュによれば、近代以前の西欧社会を考える上で、最も重要な結び付きを実現せしめた象徴的メディアが「パン」と「葡萄酒」であり、このメディアが信仰者たちを不断に結びつけることでキリスト教という祭祀・互酬共同体が維持された（Hörish 1992）。

そして、ローマ帝国の国教としてキリスト教が採用されることになる。宗教的権威であるローマ教会は、宗教的権威と世俗的権力を峻別した「カエサルのものはカエサルに、神のものは神に返すがよい」というイエスの言葉に依拠し、世俗的権威としての帝国の秩序を尊重した。

パウロ以来、キリスト教共同体は、自らを「キリストを頭とし、教会を中心とした信徒の集団をその身体とする」四肢の有機的な連帯において互いに支えあうものとして観念してきた。

西欧中世におけるキリスト教共同体は、「ローマ教皇」と「神聖ローマ皇帝」という聖と俗に分かれた二つの「職分（officium）」を頂点とし、神から課せられたオフィキウムの相互補完的全体として中世のヨーロッパを秩序づけていた（鷲見 一九九六）。

神聖ローマ皇帝は、帝国の平和を維持する権利と義務を、ローマ教会は、重要な宗教儀礼である「秘蹟（sacrāmentum）」を「ゆり籠から墓場まで」取り仕切ることで、信者達の「救済における安全性（securitas）」を確保する権利と義務を神に負うことになる。

オフィキウムの思想によれば、神は、人間にそれぞれ異なる能力を与え、単独では不完全なものとして、一つの相互に補完しあう共同体を形成するように創造した。[78] このような職分によって連帯するキリスト教もまた、前近代的な仮面文化の伝統に数え入れることができる。

キリスト教における最大の仮面は、もちろん、三つのペルソナを持つ神である。その「大文字の主体」である神の仮面に対して「小文字の主体」たる信徒達が被っていた仮面は、カトリシズムにおける「職分（officium）」だといえるだろう。このような仮面・職分の文化において、一切の仮面や職分を剥ぎ取られた裸形の顔をした「自我」や「個人」は存在し難かった。

煉獄による魂の浄化と適切な利子の発明

ところで、キリスト教は、貨幣利得に対する嫌悪をユダヤ教と共有していた[79]。中世のカソリック教会は、ミラノ司教のアンブロシウス以来、原則的に「ウスラ（利子）」を禁止し、高利貸しを許さなかった。労働を媒介にせず、時間を売り物にする高利貸しは、「無からの創造」である神の御業に対する瀆神行為を行う者にほかならず、救済の道は予め閉ざされていた。他方、度重なる迫害やヨーロッパの都市構成の変化から両替商や金融業に追い込まれていく傾向にあったユダヤ教徒たちは、「対内道徳」と「対外道徳」を使いわける。ユダヤ教共同体は、この二重道徳によって、同胞から利子を取ることを禁止するとともに、異教徒から利子を取ることを許可した。キリスト教共同体は、自らが迫害し続けてきたユダヤ教の二重道徳を利用することで、その必要を満たしていた。

ところでキリスト教の利子に対する嫌悪は、理由なきことではない。というのも利子の発生は神に対する冒瀆であると受け取られてきただけでなく、雪だるま式に増大する利子に対して人々は恐怖を抱いてきた。だが、利子を生む貨幣に対する嫌悪の理由はそれだけではない。マーク・シェルが述べたように「その価値が普遍的に等価で、また神人イエスがそうであるように、観念的なものと現実のモノを同時に顕現させる」その性質において、貨幣と神は、きわめて類似した存在である（Schell 1995=2004: 6）。また「金銭は、悪魔の言葉である。神が真の言葉により世界を創造するように、悪魔はこの言葉により世界の万物を創造する」とルターが述べたように、神と貨幣は世界を構成する二つの有力な原理である。

実際のところ神と貨幣は、きわめて類似した存在であり、その類似性ゆえに、貨幣はキリスト教的思考にとって常に問題含みの対象であった。

もちろん中世ヨーロッパでは、後者の世界の構成原理としての貨幣は、貨幣や利子に対する教会の規制や人々の嫌悪によって、容易に社会の表面へと浮上することができなかった。だが、度重なる十字軍の遠征や商業活動の活性化とともに、次第に利子に対する規制が解かれてゆく。そして、貨幣が資本として機能することをローマ教会が容認することによって、世界構成原理としての貨幣は、新たな象徴財となる。それゆえ貨幣は、パンと葡萄酒という象徴財によって結びつけられたキリスト教共同体の秩序を侵食していくことになる。

貨幣を十全に機能させるための規制緩和を考える際に重要な点が二つある。それは「煉獄」と「適切な利子」の発明である（Le Goff 1981, 1986）。

ローマ教会は天国と地獄の中間領域に不浄な魂を浄化する「煉獄（purgatorium）」を誕生させる。煉獄の役割の一つは、地獄を免れることができなかった部類の人々に、救済の可能性を与えることにある。高利貸業者もまた、救済の可能性を与えられた(80)。この煉獄の発明は、救済を予め拒まれていた金貸し業への疚しさを緩和することになった。

貨幣利得に対する心理的な規制緩和は、資本主義経済を基礎にした近代へと至るヨーロッパ心性史を考える上でどうしても通過せねばならない一つの関門であった。その関門は、煉獄の炎によって焼き払われたのだ。

第三回ラテラノ公会議（一一七九）では、ウスラを「法外な利子（usura）」と「適切な利子（interest）」へと分割することによって、前者を禁止するとともに後者の「適切な利子」を是認するに至った。利殖活動の障害であった「ウスラ（利子）の禁止」という規範は、ヨーロッパ近代を切り開くために、どうしても解体されなければならなかった。この聖書には書かれていない「適切な利子」の観念をローマ教会が公認することによって、キリスト教の信仰共同体の内部で利殖活動が一般化していくことになる。

新たに発明された「煉獄」による救済という心理的緩和と、「適切な利子」という実質上の規制撤廃は、貨幣をたんなる交換の媒体のメディアとしてではなく、資本へと容易に転化するメディアとして機能させることを可能にした。

そして、トマス・アクィナスもまた「単純な貸付」と「資本投資」を区別し、前者を否定し、後者を肯定するに至った(Sombart 1913=1990: 329)。そして、ヨーロッパに貨幣経済が浸透する過程で、カルヴァンが現れる。

カルヴァンは、利子について書かれた「エコサムパディウスへの手紙」の中で、「もし人が畠を貨幣で買うならば、年々貨幣を生み出すのではなかろうか。私から金を借りようとする者は、それを遊ばして何ものも得ないというはずはない。利潤は貨幣自身の中にはないが、その使用から生まれてくる」。「私は結論する。徴利は聖書のある章句によってではなく、ただ衡平法によって判断されるべきである」と述べた[81]。この利子付貸借の公認によって、キリスト教共同体内で、貨幣が完全に商品化される。

ヴェーバーが指摘したように、このような利殖さえ勧める宗教指導者によって牽引された苛烈な宗教改革が、近代への扉を押し開くことになる。だが、一連の商業活動の活発化と連動した、数世紀をかけたカソリックによる「ウスラ(利息)」に対する規制緩和によって、すでに近代へと向かう扉の鍵は開けられていた。それゆえ、プロテスタントたちが、その集合行為によって重い扉を開き、近代資本主義の雛型を造り出すことができたのである。

ゲーテと錬金術の完成

ヨーロッパを席巻してゆく商品世界の奔流を眺め、稀有な洞察力を示したゲーテについて触れておきたい。ゲーテもまたルターと同じように、「神」と「貨幣」が、二つの有力な世界構成原理であることを見抜いていた。ゲーテは、貨幣を紐帯にした商品経済が近代というプロジェクトを押し進める在りように警鐘を鳴らしていた。ゲーテの洞察は、貨幣を媒介にした商品経済の核心に存在する非合理性を暴きだしている。

ヴァイマル公国の枢密院顧問官でもあったゲーテは、二十年以上の長い期間に渡って税制と財政問題に深くかかわり、銀山開発や製塩所の設立、水利工事や道路工事などの陣頭指揮を執った。それゆえ、ゲーテは、きわめて経済事情に明るかった。そのような実際的経験から得られた知見が注ぎ込まれた戯曲『ファウスト』は、近い未来に生じるであろう商品経済がもたらす混乱に対する卓見に満ち溢れている。

『ファウスト』の第二部は、一見合理的な近代経済が、錬金術の嫡子であることを物語る寓話である。中世ヨーロッパでは、自然状態にある複数の物質が、数千年、あるいは永劫の時をかけて熟成し金へと変化すると考えられていた。錬金術とは、それらの自然状態にある複数の物質を「賢者の石」という触媒によって化学反応を起させ、わずかばかりの時間で金に熟成させようとする技であった(Binswanger 1985: 11-14=1992: 11-4)。近代経済が勃興する以前は、このような錬金術師が宮廷などに数多く召抱えられていた。戯曲の主人公ファウストもまたそのような錬金術師の一人であった。

ゲーテの見るところ近代経済の核を成す新たな錬金術の特質とは、まず第一に金を担保にした紙幣の発行という魔術的行為である。第二に魔術的な紙幣を媒介にして投資された貨幣が、資本として機能し、神の手から離れた人間の手による新たな世界秩序の構築を促すということにある。

ハンス・クリストフ・ヴィンスバンガーによれば、ゲーテにとって貨幣資本とは「賢者の石」にほかならない(Binswanger 1985: 45-50=1992: 46-51)。それは、自然や労働力などの他の物質に触れたとき、新たな金を産出する触媒なのだ。産業に投資された貨幣は、それまで無価値であった自然や労働力を結びつけ付加価値のついた商品を生みだし、その商品を売り払うことによって、元本以上の貨幣量を創出することが可能になる。

大量の紙幣を発行しインフレーションを引き起こした錬金術師ジョン・ロー以降、錬金術師たちは次第に消えてしまう。しかし、それは錬金術が廃れたからではなく、実際に錬金術の野望が達成されたからである。錬金術師ファウストこそが、その成功した錬金術の在り様をわれわれに垣間見せてくれる。

ファウスト的衝動の解放と近代というプロジェクトの始動

「もちろん両手、両足、頭とかお尻とかは、あなたのものだ。だが私が新しく手に入れたものも、それは新しいからといって、私のものじゃあないということはないでしょう？　私が六頭立ての馬の代金を払ったとすれば、そいつらの力は私のものだと言えないでしょうかね？　私はどんどん駆けてゆく。まるで足が二十四本あるかのようにね。私は人かどの男になるわけですよ」(Goeth 1969: 183)

この言葉は、メフィストフェレスがファウストに告げたものであり、マーシャル・マクルーハンのいうところのメディア論的な響きを持っている。その内容は、貨幣がどのようにして「身体の拡張としてのメディア」として機能するかをはっきりと示している。

メディア論的に見た場合、貨幣の支払と引き換えに事物を購入し所有することは、購入した事物の力能を自らのものとすることと同義である。いわば、事物の所有は、所有者の身体とその力能を拡張するものである。買い取られた六頭の馬は、将来の産業労働者たちの姿を先取りしている。ファウストは、自らの力能の拡大を可能にする貨幣の錬金術によって「ひとかどの男」になろうとする。

ファウスト的衝動の性質は、地球上に驚嘆すべき偉大な仕事を成し遂げようと決意した際に述べた「支配権を得るのだ、それに所有権。行いが全てで、名声は空なるものだ」(Goeth 1969: 431) というファウストの言葉によって表現されている。

ここでは、近代以前の「名誉と威信」の獲得を追い求めた「承認の闘争」への熱情は消え去り、支配権と所有権によって世界を構築しようとする「ファウスト的衝動」に取り憑かれた、新たな人格の理想が語り出されている。

ところで、近代的な所有権を最初に思想的に基礎づけたとされるジョン・ロックは、『統治論』の中で、以下のように述べている。

「大地と人間以下の全ての被造物は、すべての人々の共有物であるが、しかし全ての人間は、自分自身の身体に対する所有権を持っている。これに対しては、本人以外の誰もどんな権利も持っていない。彼の身体の労働と手の働きは、まさしく彼のものであるといってよい。そこで、自然が準備し、そのままに放置していた状態から、彼が取り去るものは、何であれ、彼はこれに自分の労働を混交し、またこれに自分のものをつけ加え、それによって自分の所有物とするのである」(Locke 1690=1968: 208)

ロックによって表現された身体の所有を基礎にした私的所有権の在り方は、現代のリベラリズムからリバタリアニズムへと受け継がれてきた私的所有の観念の核心にほかならない[82]。

このような発想から考えるならば、貨幣というメディアは、いわば「手の延長」であり、より本質的には「労働の延長」であるといえるだろう。このような近代的な私的所有権の前では、生ける自然は、たんなる物財として扱われることになる。貨幣との交わりによって、人々は、「私的所有権の主体」として主体化され、相互排他的に分離する。それと同時に、抽象的無限である貨幣というメディアの働きに魅入られることによって、人々の内に「ファウスト的衝動」、すなわち世俗内的支配への無限の衝動が芽生えてくる。

人間の手によって新たな世界の構築を目指す「近代というプロジェクト」は、貨幣という抽象的無限の媒介なしに成立し得ない。なぜなら、個人の所有する身体のみでは、世界の領有を目指そうとする無限の欲望は生じえない。抽象的無限である貨幣というメディアへの接続こそが、ファウストをして未曾有の大事業を行う欲望を生じせしめたのである。

ファウストは、貨幣に媒介された私的所有権によって、自己の身体という自然的制約を突破する。貨幣というメディアの働きによって、ファウストは、自らの欲望を完遂しようとする。

ファウストの貨幣をメディアにした支配は、「千本の手を指図する一つの精神」(Goeth 1969: 469) という言葉に如実に表現されている。貨幣による支配は、精神と労働の分離を現している。ここには、はっきりと精神労働と肉体労働との分離が見てとれる。

貨幣は、商品と化した他者の労働力を買い取り、物財と化した自然を領有することを可能にする。このような働きによって、貨幣は、「人間による人間支配」と「人間による自然支配」を未曽有の規模で可能にする。ゲーテにとって、ファウスト的衝動によって牽引される近代のプロジェクトは、大量発行される紙幣を媒介にした完成された錬金術による、飛躍的な私的所有権の拡大であり、神の秩序から離れた新たな人間世界の構築にほかならなかった。

パンと葡萄酒をメディアにした信仰共同体から離れた人々は、貨幣に対する信頼によって結合する近代市民社会を構築する。貨幣は、新たな抽象的無限へと人々の欲望を接続せしめ、世俗の神として君臨し、隣人であった他者をも手段として支配しようとする無数のファウスト達を生みだしてゆく。

隣人に対する贈与や献身によって名誉や威信を獲得した「祭祀・互酬共同体における人格の理想」とは逆に、「ファウスト的人格」は、隣人や自然をもたんなる手段へと転じることで自らの欲望を成就しようとする。このように他者との互酬的関係から切り離されたファウスト的人格は、私的所有権を基礎にした近代市民社会において可能になる人格の形態にほかならない。

第四章　等価交換による“bürgerliche Gesellschaft”の形成と主体化

貨幣に媒介された市場経済と私的所有権によって基礎づけられた近代市民社会は、神の秩序から切り離された人間を中心とした新たな世界の誕生である。この新たな人間世界の構築を牽引したのは、貨幣というメディアによって可能となる、世俗内的な無限の人間支配と自然支配の欲望に憑りつかれた「ファウスト的人格」であった。

本章では、より詳細に第二層の交換形式である等価交換における主体化の在り方について論じたい。特にジンメルとゾーン＝レーテルの貨幣論を基礎にして「等価交換による共同性の形成と諸個人の主体化の在り方」を、市民社会の物質的側面である“bürgerliche Gesellschaft”とのかかわりにおいて明らかにしたい。

第一節　等価交換と主体化

等価交換と二重の主体性

第一章の冒頭でも述べたように、あらゆる財の交換には、「欲望の二重の一致の困難」が伏在している。この困難にそのままつきあたれば、経済の自然状態である「万人のあいだでの万物の交換」というカオスを招来してしまう。人々は、このカオスに秩序を導入し、弱肉強食の動物性の段階を超えた「人間の経済」を打ち立てねばならない。

モース、レヴィ=ストロース、バタイユ、ゴドリエらの互酬性についての考察は、まさにこの動物性の段階を如何にして超えるかという難問に対して一つの解答を与えるものであった。

彼らの解答から本書が見てとったのは、神々への「二重の信仰」を基礎に、互いに贈物を贈答することによって「欲望の二重の一致の困難」を乗り越え、祭祀・互酬共同体という「人間の経済」を打ち立てたということである。

それでは宗教人であった彼らと異なり、神々に対する信仰心を弱体化させ続けている近代社会の住人達は、いかにして「欲望の二重の一致の困難」を飛び越えているのであろうか。その跳躍は、端的にいえば世俗内的な「貨幣への信頼」と貨幣をメディアにした「等価交換（商品交換）」によって果たされる。貨幣という想像的対象を媒介にすることで、近代社会の住人は、祭祀・互酬共同体とは異なった「人間の経済」を打ち立てる。

しかしながら、貨幣というゼロ記号によって結びつけられてゆく象徴秩序は、もはや歴史を廃棄する不動の秩序ではない。貨幣というメディアを媒介にすることで、原初の黄金時代を理想化した神話的時間意識は解体し、冷たい象徴秩序もまた変化を常態とする記号過程へと変容する。人々は、貨幣という世俗の神に対する信頼によって交流するが、祭祀・互酬共同体を一つのものとして結びつけた祝祭という「一致=交感（communion）」を可能とする聖なる時空を失う。

貨幣を信頼する人々は、等価交換によって互いの欲望に仕え、「欲望の体系」としての"bürgerliche Gesellschaft（市民社会）"を成立させる。人々は、等価交換の効果によって、「欲望の体系」としての市民社会を成立させるとともに、教養主義的な「個性的人格」と普遍的な「抽象的自我」へと、自らの主体性を二重化させる。以下に、等価交換による「抽象的自我」の生成と「個性化」へと向かう二重の主体化の在り方を明らかにしたい。

貨幣を媒介にした宗教的・道徳的規範を排した機能的結合

近代社会における日常的な財のやりとりは、貨幣に媒介された等価交換を基盤にして営まれる。貨幣に媒介されることによって、交換される財は、贈物とは全く異質な商品となる。近代社会の住人は、ホモ・エコノミクスとして、互いに商品を交換することによって合理的な経済活動を行っていると考えられている。

もちろんわれわれが日々やり取りする商品には、もはや贈与する神々に由来する「贈与の霊」なる想像的対象は付着していない。ところがマルクスのいうように、前近代的な想像的余剰物にかわり市場に売りに出される商品は、「使用価値（Gebrauchswert）」という具体的形態を持つだけでなく、「交換価値（Tauschwert）」という「一分子の自然素材も含まない」神学的で形而上学的な奇妙な余剰が付着している（Marx［1867］1979: 62=1968: 89）。

実際のところ、現代の資本主義社会の住人であるわれわれは、未開の社会の住人が「贈与の霊」という想像的対象を媒介させていたように、「交換価値」とその結晶である「貨幣」という想像的対象を媒介させることで、「欲望の二重の一致の困難」を不断に切り抜けている。この事態は、実際のところ単純な合理性を超えた非合理性を孕んでいる。まず、この「交換価値」と「貨幣」の価値対象性について考えてみよう。もちろんこの価値対象性に鋭い批判のメスを入れた最初の人物は、マルクスにほかならない。

マルクスの価値形態論によれば、二つの商品同士を等置した「単純な価値形態」を端緒とする抽象的な「商品形態（Warenformen）」は、まず、使用価値と交換価値の二重性を持った商品として現れる。そして、商品が自己を二重化させ「交換価値」が物的に自立してゆき、他の商品の交換価値を一身に表現する「一般的等価形態」としての代表者を選びだす。そして、価値形態の運動は、「一般的等価形態」に位置する商品として、金や銀などの貴金属を選びだし最終的に「貨幣形態」へと結晶する。

この交換価値の結晶ともいうべき貨幣こそが、商品世界を一つのシステムとして取りまとめ、あらゆる商品交換を媒介することで、システムの運動を円滑に機能させる（Marx［1867］1979: 62-85＝1968: 64-96）。

貨幣という特権的商品は、諸商品の水平的な関係から放逐されることによって、システムを吊り支える中心点となるゼロ記号である。貨幣という第三項による媒介がなければ、商品世界は、「欲望の二重の一致の困難」を露呈させ、その秩序を失い「万人のあいだでの万物の交換」という経済の自然状態という混沌へと陥ってしまう。交換価値の具体的な結晶体ともいうべき貨幣を媒介にすることによって、交換過程に投げ込まれる具体的な有用物は、交換価値を有する商品となる。近代社会の住人は、貨幣によって媒介された商品交換によって、経済の自然状態というカオスを不断に乗り越えている。

ところで貨幣という第三項は、現象世界に現れた量的に分割可能で均質な抽象的普遍でありながら、労働力商品と並んで、商品世界の他の商品とは異なった水準に位置する奇妙なモノである。あらゆる個別的で具体的形態を持った使用価値としての商品に付着した交換価値は、価値実現することによって貨幣へと結晶する。未開社会において贈答行為を結びつける第三項である「贈与の霊」は、あらゆる贈物に付着しながらも、それ自体が一つの結晶体として他の贈物とともに流通し蓄積されることがなかった。

多種多様で具体的な使用価値をもつ財は、貨幣という具象化した抽象的普遍と交わることで、同質の価値対象性へと均質化され、「価格（Preis）」を有する商品へと転形される。すなわち、貨幣は、商品を均質化した「価値（Wert）」へと通分し、使用価値の質的差異とは無関係な数え上げられる量へと仕立て上げる。

こうした貨幣を媒介にした商品交換が生み出す人と人との相互作用の在り方は、贈与の霊を媒介にした贈物の生み出す相互作用と大きな違いがある。

たとえばわれわれは、大都市の雑踏で見知らぬ人々とすれ違う際なんら問題を感じないが、前近代的な社会で見知らぬ人々が同じ空間を共有するのは、今日のようにはいかなかった[83]。近代以前の神々を奉じる祭祀・互酬共同体では、外部の他者は異人として扱われ、多くの場合隣接する共同体とは敵対関係か同盟関係、つまり「敵か味方か」という切り分けに従っており、現代のような匿名的な生活領域が存在し難かった[84]からである。

現代の大都市などで見られる「匿名的な見知らぬ人々の共存」という現象は、けっして普遍的なものではなく、近代的な現象である。大都市という生活空間の中では、かつての神々に対する信仰や親族関係などの重要性は急速に低下する。というのも大都市に住まう匿名的な人々を結びつける基本的な紐帯は、貨幣であり商品だからである。貨幣への信頼を媒介した人々の関係は、旧来の信仰による結びつきとは、大きく異なる。

人々が商品交換を行う具体的場面では、具体的な使用価値や交換の当事者達の動機は様々であるが、その結合を形式的に見れば、貨幣を媒介にした商品交換は、「何ができるか」「何を持っているか」「幾ら払うか」という当事者相互の利害によって結びつく機能的な結合様式である。それ以外の要素は、交換の当事者達の関心の外部の領域へ追いやられる。その結合形式は、互酬的・宗教的な「お前の父親は誰か」「お前の神は何か」を問うような全人格的結合が要求するものより遥かにシンプルである。機能的結合は、宗教的・道徳的規範を要求することがない。

貨幣に対する二重の信頼

ジンメルによれば、このような機能的結合を可能にする貨幣が通用するためには、匿名的な他者に対する「信頼（Glaube）」の次元が不可欠である。ジンメルは、その典型的で具体的な現れを、中世のマルタの鋳貨に刻印された「銅でなく信頼（non aes sed fides）」という刻銘に見ている。図らずも鋳貨に刻まれた文字に、貨幣が機能する上で、もっとも重要な次元が浮かび上がっている（Simmel［1907］1989: 215=1999: 170）。

つまり、この銅貨に浮かび上がった文字は、貨幣が人々のあいだで相互主観的に「妥当（Geltung）」し流通するためには、銅という金属の実質的な使用価値よりも、「信頼」の次元こそが不可欠なことを表現している。もちろんジンメルは、貨幣が「効用のメディア」であることを否定はしないが、それが機能する上で信頼の次元に着目したのだ。[85]

ジンメルによれば、貨幣が流通するためには、ゴドリエが指摘した神々に対する「二重の信仰」ならぬ、他者に対する「二重の信頼」が不可欠である（Simmel［1907］1989: 214-7=1999: 170-2）。それは、まず第一に「貨幣が同様の交換価値量を持った商品の対価として受け入れられること」、次に「その支払われた貨幣が再び支出される」という二つの信頼である。それは、特定の他者に対する限定された信頼ではなく、貨幣の通用する経済圏への信頼にほかならない。このことは貨幣が実体的な価値を欠いており、その「妥当性」が、まさに二重の信頼による支払という日常的な実践の連鎖によって吊り支えられていることを指し示している。[86]

このシンプルな信頼の在り方に、近代的な脱規範的社会統合（システム統合）の形式が現れている。匿名的な他者に対する信頼さえあれば、親族関係を持たぬ赤の他人であろうが、信仰や言葉を異にする異教徒であっても、貨幣は人々を容易に結び付けることができる。この貨幣に対する信頼によって、「欲望の二重の一致の困難」を解消した商品所有者達は、等価交換によって、自己調整的な価格メカニズムを持った市場を成立させる。[87]

ところでジンメルは、貨幣に対する社会学的な「信頼」が、神に対する論理を超えた「信仰」と同じ次元を有する情動的な力であることを指摘している。

ジンメルによれば、「信仰」は、人間の「宗教心（Religiosität）」によって創り出されるものであるが、他者や集団に対する「信頼」と連続性がある（Simmel［1912］1995: 68-9=1981: 57-8）。

ジンメルがいうように、信頼は、子供の親に対する信頼、部下の上司に対する信頼、友人の友人に対する信頼のようなかたちで、ごく普通の社会生活においてもその効力を発揮している（Simmel［1912］1995: 1981: 70=1912: 60）。社会学的に見た場合、このような信頼という情動的力なくして、われわれの日常生活は機能しえない。

ジンメルによれば、信頼という心的事実は、身近な他者に対してだけでなく、部族や民族などの集団の統一に対する信頼へと到る。たとえば古代の神々に対する信仰は、特殊な共同体の統一性に対する信頼の表現であるとジンメルはいう。そのような特殊な集団への信頼が、より抽象的で普遍的なものに昇華し存在を統一する理念へと転ずるや、立証や反駁を超えた絶対者としての神に対する信仰へと結晶する（Simmel［1912］1995: 104-5=125-7）。

このようなジンメルの信頼・信仰論から見れば、貨幣や贈与の霊などのメディアに対する「信仰・信頼」という情動的な心的作用なしに、祭祀・互酬共同体や貨幣経済が有効に機能しないことがわかるであろう[88]。

ゴドリエのいうところの二重の信仰、すなわち「宇宙の進行秩序を司る目に見えない存在や力が現存する」という信仰と「その存在や力に祈りや供犠によってその上に働きかけうる」という信仰が、祭祀・互酬共同体を吊り支えていた。それと同じように、ジンメルがいうところの二重の信頼、すなわち「貨幣が同様の交換価値量を持った商品の対価として受け入れられる」という信頼と「その支払われた貨幣が再び支出される」という信頼によって、貨幣経済は吊り支えられている。

公正のメディアとしての貨幣

ジンメルは、自明だと思われる貨幣を媒介にした交換が、「所有変更を公正と結び付ける第一の手段、しかも、その単純さにおいてまことに驚くべき手段」であることを指摘している（Simmel［1907］1989: 387=1999: 310）。

貨幣を媒介にした交換は、財の所有変更の在り方を、それ以前の贈与や略奪という主観的かつ情動的なものから、より客観的な評価や熟慮に基づいた相互承認と主観的な欲望の慎みを要求する釣り合いの取れた「公正（Gerechtigkeit）」なものへと転じせしめることになるとジンメルはいう（Simmel［1907］1989: 387=1999: 310）。これは後に自然科学が達成する実質的な客観的世界像に先行する、機能的進歩であり、人間が「客観的動物（das objektive Tier）」（Simmel［1907］1989: 385=1999: 309）であることの証でもある。

この「公正」という現象を達成させる上で必須となる貨幣の特質が二つある。それは、貨幣の「分割可能性」と「無制限な利用可能性」である（Simmel［1907］1989: 388=1999: 311）。前者の「分割可能性」が財の交換価値を計量可能とし、給付と反対給付の間に「客観的な等価」が成立する。また後者の「無制限な利用可能性」は、商品を購入するためには、常に貨幣が必要とされることに由来する。貨幣は、その量を度外視すれば、市場に提供されたあらゆる商品の購入を可能にする特権的な権能を持っている。

さらに、客観的等価という現象を超えた交換の成立の効果として、当事者の主観的意識のレベルで相互の満足度が高まることをジンメルは指摘している。貨幣所有者は、商品を欲し、商品所有者は、常に貨幣を欲している。ゆえに、商品交換が成立した後、両者の満足度は、交換以前と比べ高まることになる。このようなジンメルの記述は、「欲望の二重の一致の困難」を解消せしめる貨幣の優れた働きを指摘するものであるといってよい。

貨幣の妥当性に対する信頼は、財の流通を容易にし、たんなる主観的な価値から独立した相互主観的に妥当する客観的な価値のシステムを出現させる。相互主観的に妥当する価値宇宙が拡大してゆく背後で、それらを生産する分業のシステムもまた拡大・深化していく。貨幣を紐帯にした市場は、その背後に分業のシステムという相互依存的な機能的連関を作り出す。その結果、市場と分業のシステムに直接的にかかわりの無い宗教的要素、血縁関係、その他の人格的要素が社会化の背景へと追いやられることになる。

ところでレヴィナスもまた、ジンメルと同じように貨幣の作用について重要な指摘をしている（Lévinas 1954=1999）。レヴィナスによれば、貨幣は自由に使用できるその機能によって、諸個人を市場システムの全体の外に置くとともに、商取引によって諸個人を全体に包摂する。すなわち、貨幣は、両義的なメディアとして、商品の次元に人々を組み込むと同時に、彼らの自由な人格を維持することを可能にする。さらに貨幣は、数量的平等の作用によって「復讐と赦しの地獄の循環に取って代わる贖いの正義」を、人々に垣間見せる（Lévinas 1954=1999: 432）。これは、貨幣の司る正義が、贈与によって結びついた祭祀・互酬共同体では存在し得なかった新たな正義であり、人々を互酬性の論理から離れた別の生存状況へと飛躍させることの指摘であるといえる。

この「正義のメディア」としての貨幣は、アリストテレスが危険視した共通善を脅かす「商人術のメディア」、あるいはゲーテが指摘したファウスト的衝動を焚きつける「欲望のメディア」とは別の側面である。この正義のメディアとしての貨幣は、祭祀・互酬共同体を秩序づけてきた特殊な善を脅かし、それらを超えた正義へと人々を結びつけてゆく。

選択の自由の拡大と個性化の進展

社会的交換形式から見た場合、アプリオリに自由な主体が存在するのではなく、貨幣という商品世界を維持する「大文字の他者」によって去勢されることで、事後的に自由な主体が産出される。

数多くのタブーを課した神々という「大文字の他者」は、祭祀・互酬共同体を構成する固定した役割へと人々を拘束した。他方の貨幣という「父の名」によって結びつく商品世界という「大文字の他者」は、等価交換に関係する要素以外の宗教的・道徳的拘束を解除し、人格内部の分化を促進することになる。

もはや機能的結合にかかわらぬ人格の諸要素は、社会関係にとって二次的意義しかもたなくなってしまう。貨幣によって可能となる機能的結合において、言語・性別・血縁・宗教など、従来の贈与において要求された人格的要素が要求されることはない。異人、異教徒、敵と味方、男と女、あるいは赤の他人であろうとも、貨幣は、人々を容易に結びつけ、商品交換を実現させる。

かつての西欧の中世的生活共同体では、身分制を基礎にした物納や夫役などの人格的服従関係によって存在と所有の結びつきは固定されていた。しかしながら、貨幣経済の進展とともに、それらの貢納や夫役の義務が、貨幣地代や税の徴収などの貨幣支払に変更される。これによって人々は、特定の人格的服従関係の結び付きから解放され、行為の選択可能性を大幅に増大させる（Simmel［1907］1989: 375-83=1999: 301-8）。その結果、中世的な生活共同体の拘束から解放された諸個人は、自らの自由な選択を行使することで、複数の社会圏へと多重所属することが可能となる。

その結果、複数の社会圏から得られる諸要素を独自に交差させることで、個性的な人格が形成してゆくことになる。貨幣経済の浸透によって、匿名的な機能的結合は、それまでの信仰や血縁・地縁関係と不可分であった全人格を拘束する前近代的結合に置き換わり、社会生活の全面へと押しあがる。

このような匿名的な貨幣主体によって営まれる社会は、“bürgerliche Gesellschaft（市民社会）”にほかならない。市民社会を構成する人々は、貨幣を媒介にした等価交換によって、お互いが対等な私的所有権の主体として相互交流することになる。

貨幣を媒介にすることで、交換における等価としての「交換の正義」が可能となり、その正義によって人々の共通感覚は貫かれる。そして、その共通感覚を共有する貨幣主体によって、契約が取り交わされ、商品世界における正義が維持されていくことになる。このように社会的交換形式から見た場合、自由で平等な私的所有権の主体達がアプリオリに存在するのではない。貨幣を媒介にした等価交換の効果によって、自由に商品交換を行う私的所有権の主体が事後的に産出されるといってよい。

使用価値を喪失した想像的対象である貨幣は、特定の使用に応じる具体的な形態を有する使用価値を持つ商品と異なり、他のあらゆる商品へと通じる純粋な手段である。貨幣の所有は、その所有者に、支払の能力と特定の生活形式を指示しない「選択の自由」を与える。この自由が、「無数の選択肢の中から、何物かを選び取る」という課題をその所有者に与えることになる。

実際の貨幣の支払は、無数の可能性の中からの選択を表す。この貨幣を媒介にすることで飛躍的に拡大した「選択の自由」こそが、過去の黄金時代に準拠した神話や宗教的な語りによって打ち消されていた、不確定な未来へと向けられた進歩的な歴史時間を開始させる。いわば貨幣の支払いの連鎖は、歴史を推し進める推進力である。

分業の進展と市民的人格

労働によって自然を領有する人々は、貨幣というメディアを紐帯にした「分業のシステム」を形成することで、他者の欲望に仕える「専門的な職業人」として、自己の「人格（Person）」を形成するようになる。このような経済的分業を基盤とする“bürgerliche Gesellschaft（市民社会）”は、ヘーゲルのいうところの「欲望の体系」にほかならない。

この欲望の体系の要素である市民は、「公民（citoyen）」ではなく、私的利害を追求する「有産者（bourgeois）」である（Hegel 1824-5=2000: 365）。欲望の体系は、原理的に見れば、家族が有する情緒的な絆の存在しない、貨幣を媒介にして依存し合う人々の機能的なつながりである。

貨幣を媒介にした人々の信頼関係には、洗礼から死後に到るまで信徒の魂を管理した教会や、「与え、受け、返す」という三つの義務を課す贈与の霊のような規範を要求する超越的な存在は介在しない。だが等価という契約的側面以外は何も要求しない貨幣という世俗的な想像的対象を介しての人々の交流は、商品世界をダイナミックに変転させてゆく。

貨幣を媒介にした欲望の体系の内において、人々は自らが所有する商品を市場に投げ入れて売買する。人々が市場で商品を交換するのは、主観的な効用や利潤を目的とする利己心にほかならない。利己心から発する諸商品の売買は、必然的に市場の価格調整メカニズムの作用によって競争圧力にさらされる。たとえ、いったん競争に勝ち抜いた商品といえども、さらなる技術発展によってその優位は崩されてしまう。

それゆえ、貨幣に媒介された"bürgerliche Gesellschaft（市民社会）"は、閉鎖的な共同体の象徴秩序に位置づけられた固定化した"personnage（人格＝役割）"とは異なり、選択可能であるが絶えず変化にさらされる市民的な"person（人格）"を、人々に要求することになる。

第二節　等価交換と抽象的自我の生成

等価交換による独我論的自我の生成

次に、社会的交換としての等価交換から生成する、哲学的な"moi（抽象的自我）"の問題について論じる。(89)

ゾーン＝レーテルは、貨幣の使用による相互排他的な「独我論的自我」の生成と、カントの超越論的主観性の起源が商品形式にあると主張した。

まず、貨幣使用による「独我論的自我」の生成について見よう。貨幣というメディアを紐帯にして交流する経済主体は、相互排他的な私的所有権の主体として交流する。私的所有権の主体は、経済学的に言えば効用と利潤を最大化しようと目論むホモ・エコノミクスであり、政治的に見れば市民的主体であり、観念論的に言えば自律的な理性能力を誇りとする啓蒙の主体である。

このような近代的主体が、合理的手段である貨幣を使用し、経済活動を営んでいると考えられてきた。しかし、ゾーン＝レーテルは、このような考え方をメディア論的に反転させる。ゾーン＝レーテルにとって、貨幣をたんなる手段とする見方は、物象化された意識でしかない。ゾーン＝レーテルによれば、貨幣というメディアの使用は、その効果によって、交換の当事者達を、相互排他的な「独我論的自我」へと分離する（Sohn-Rehtel［1970］1973: 64-8=1975: 81-5）。

その際、ジンメルと同じように、ゾーン＝レーテルも等価交換という現象に着目する。ジンメルは、交換における公正が、質的に一様で、量的に分割可能な貨幣のお陰で、交換の当事者達の間に、間主観的に承認しうる客観的等価が成立することに着目した。それはたんに価格どおりに支払われるということに過ぎない、非常にシンプルなものだ。

ジンメルは、その交換によって事後的に近代的個人が成立することを論証した。他方のゾーン＝レーテルは、この等価交換の原理を「私のもの――だから君のものではない。君のもの――だから私のものではない」として表現し、その効果によって、事後的に近代的主体が生成すると主張する（Sohn-Rehtel［1970］1973: 64=1975: 81）。

貨幣を媒介にした等価交換という場面では、商品所有者と貨幣所有者は、自己の所有物を排他的に所有する存在である。交換の成立以前、商品所有者と貨幣所有者は、相互排他的に対抗した状態で併存している。そして、貨幣と商品の交換が成立した後も、両者の関係は、切り離された併存状態へと立ち戻ることになる。

交換の当事者同士の相互排他的な対抗関係が可能になるのは、等価という関係ゆえに「私のもの（mein）」と「君のもの（dein）」が明確に分離されたまま、しかも互いの財産の状態を侵害することがない財の移転が成立するからである。ここでは、贈与行為によって営まれる互酬システムでは容易に生じることのなかった相互排他的な分断線が、互いの所有物の間に発生することになる。

ジンメルもいうように等価交換は、公正この上なく両者の間に客観的に妥当する。等価という関係によって生じた所有物の間の明確な境界線が、交換の当事者達をして、彼ら自身を相互排他的な孤立した自我としての感覚を与える。これが貨幣を使用する際に発生する論理感覚の一つである。(90)

ゾーン＝レーテルのメディア論から見ると、貨幣を媒介にした等価交換という実践的行為をなす度に、商品所有者と貨幣所有者は、自己と他者を相互排他的な私的所有者として相互定立していることになる。その結果、相互排他的な所有物の保有者である個人を基点にして、明確な境界を持つ相互排他的な所有概念が成立する根拠が与えられる。つまり、確固とした相互排他的な私的所有権の圏域が予め存在するのではなく、貨幣というメディアの使用の効果によって、確固とした私的所有権の圏域を定めることが可能になる。このような貨幣使用の効果によって、希少な財を巡って相争う、相互排他的な複数の私的所有権の主体が産出されるのだ。(91)

モースは、私的所有者としての法的な〝personne（人格）〟を、たんに法的事実とみなしていた。(92)しかしながら、社会的交換形式から見た場合、人々は、貨幣による支払いの度に、自己と他者を互いの所有物を排他的に占有する法権利の主体としての〝personne（人格）〟として定立していることになる。

つまり、貨幣を媒介にした等価交換の効果によって、商品を排他的に占有する相互に独立した私的所有者としての法的な〝personne（人格）〟が成立可能になる。ゾーン＝レーテルが指摘するように、たんなる占有や所持としての「保有（Besitz）」と区別された、一般的な権利としての「所有（Eigentum）」概念が成立するためには、貨幣という社会的存在と等価交換という事実が先行しなければならない（Sohn-Rehtel［1970］1973: 64-5=1975: 83-4）[93]。

崇高な物質としての貨幣

ゾーン＝レーテルは、さらに貨幣の本体をなす物質が、現象世界の只中で実際に流通する具体的形態を欠いた「抽象的なモノ」という「自己内パラドックス」であるという（Sohn-Rehtel［1970］1973: 73=1975: 90）。貨幣の本体をなす物質は、マルクスのいうように「一分子の自然素材も入っていない」奇妙な神学的・形而上学的モノである（Marx［1867］1979: 62=1968: 89）。

貨幣の本体をなす不死の身体である「崇高な物質」は、交換という社会的相互行為から事後的に生成してきた、色も匂いも形もない超感覚的な抽象物である。

ゾーン＝レーテルによれば貨幣の起源は、人々の思考における抽象作用にはない。彼らの社会的行為、商品を等置する彼らの相互の振る舞いが、事後的に貨幣を結晶させるとゾーン＝レーテルはいう（Sohn-Rehtel［1970］1973: 41=1975: 57）。

ここでゾーン＝レーテルは、マルクスの価値形態論における「商品抽象（Warenabstraktion）」、すなわち諸商品相互の値踏みの過程が、商品形態を二重化させ、貨幣形態へと物的に自立化してゆく記述をなぞっている。

すなわち、二〇エレのリンネルと一着の上着という二つの商品が出会う「単純な価値形態」から、「全面的な価値形態」と「一般的な価値形態」を経て二オンスの金という「貨幣形態」へと至る価値形態の論理的変化である（Marx［1867］1979: 62=1968: 89）。マルクスの記述は、諸商品が商品語を語らうなかで、事後的に貨幣が産出されるというものになっている。商品世界が個々の人間の活動を超えた相対的に自律した論理構造を持っていることを強調するために、もちろんマルクスのこの記述は有効である。

しかし、当然、価値形態論の中に登場することのない、価値の媒介者である商品所有者達による交換という実践的な社会的行為の積み重ねによって、価値形態の構造転換は生じている。日常的な交換行為の積み重ねが、交換価値を発生させ、その交換価値を貨幣形態へと結晶させるのである。これは思考による抽象ではなく、交換という社会的行為によってもたらされる抽象である。

商品相互の抽象化は、孤立した人間による概念的抽象ではなく、実在的な人々の交換という相互行為なくしては生じ得ない。実際に、貨幣という抽象物は、交換という相互行為の場において実際に実在している。ゾーン＝レーテルはこの交換の働きを「交換抽象（Tauschabstraktion）」、交換によって産出される抽象物を「実在抽象（Realabstraktion）」と呼び、その働きと性質を分析した（Sohn-Rehtel［1970］1973: 30-92=1975: 45-116）。

交換の当事者達は、相互に異なった具体的な労働生産物を使用行為から切り離して、互いに等置する。彼らは、交換に際し、互いの労働生産物を、物質的に不変の対象であるかのように取り扱う。ゾーン＝レーテルがいうように、この不変性は、交換する際の一つの社会的要請であり、実際には擬制である。しかしながら、労働生産物が使用行為から切り離されることで、時間と空間それ自体が抽象化されるとゾーン＝レーテルはいう。互いの所有物を不変のものとして扱う交換行為が、時間と空間を抽象化することによって、自然の物質代謝関係から独立した、価値という一つの抽象的な社会領域を生じさせる。それと同時に、このような交換行為による等置は、労働生産物に対象化された労働をも、価値の規定基盤である均質な「抽象的人間労働」へと通分する。

このようなプロセスを経ることで、形而下的な交換行為へと投入された労働生産物は、事後的に具体的形態を持つ「使用価値」と非経験的な抽象的存在である「交換価値」へと経験的‐超越論的に二重化される。ゾーン＝レーテルやマルクスにとって「交換価値」は、抽象的人間労働の表現にほかならない。この交換価値は、諸商品の仮想された不変性の徴であるが、この抽象的な価値対象性が結晶化したものこそが貨幣にほかならない。

すなわち商品を等置する交換行為のなかから、価値形態の変化が生じ、やがて貨幣商品としての金や銀などの貴金属が選びだされる。商品世界は、貨幣を産出することによって、自らを商品と貨幣へと二重化する。貨幣形態は、商品世界が自ら事後的に生み出した統覚ともいうべきものである。この貨幣の出現によって商品世界は、システムとしての閉域を完成させる。

ゾーン゠レーテルのいうように、交換によって生み出される交換価値や貨幣は、消費や生産などの物質的代謝関係から見れば空虚な存在でありながら、現実的に機能している社会的連関である。人々は、形而上学的な抽象物を生みだす交換の行為を、半ば無自覚的に遂行している。「彼らはこのことを知らない。しかし、彼らはこれをなす」（Marx［1867］1979: 88=1968: 134）わけだ。

ゾーン゠レーテルは、交換抽象によって結晶化する貨幣の超感覚的な価値対象性を、「思考抽象（Denkenabstraktion）」から区別し、「実在抽象」と呼ぶ（Sohn-Rehtel［1970］1973: 38=1975: 54）。その実在抽象としての貨幣の本質は、具体的な自然的形態としての通貨にあるのではない。それは、時間の中で生成変化する自然的形態ではなく、変化を免れた純粋なイデアールな形態にある。ゾーン゠レーテルは、それを、「実体」もしくは、パルメニデスの変化する偶有性を排した「存在する一者」に比し、スラヴォイ・ジジェクは、物理的な実体が崩壊した後でも破壊されることのない「崇高な物質（sublime material）」と呼んだ（Žižek 1989: 18=2000: 32）。

貨幣は、自然の物質的性質を欠いた「実在抽象（Realabstraktion）」であるがゆえに、それが現実に通用するためには、具体的な素材で作られた通貨のような自然的形態に付着せねばならない。交換価値の結晶物である貨幣が、なんらかの自然的形態に付着し現象世界に登場することによって、数量的に換算される均質な限界のない富の可能性が押し開かれる。

さらに実在抽象である貨幣が、それが何ものであるかが一切把握されることもなしに「社会的総合（gesellschaftliche Synthesis）」の働きをなしていることをゾーン＝レーテルは指摘する（Sohn-Rehtel［1970］1973: 14-28=1975: 29-44）。社会的総合とは、ゾーン＝レーテルが、カントの超越論的主観性による「先験的総合（transzendentale Synthesis）」に対置した概念である。この概念は、思考ではなく、諸個人による実践的行為が、事後的に社会的連関を統一された全体へと総合するということを表現している。

貨幣を媒介した商品交換が社会的総合の要となる場合、商品交換の連鎖に巻き込まれた自然や労働力は、身体的制約を越えた超感性的で抽象的な貨幣という連絡基盤を経由することになる。労働生産物は、貨幣に媒介されることで、貨幣を紐帯とする価値体系に参入する。労働生産物は、商品として価値体系の中に自らを位置付けることで量的な価格によって表現されるが、実際には個々ばらばらに取引される。個々ばらばらに取引されながらも、諸商品は、貨幣という統覚によって結びつけられることで、商品世界というシステムを構成する一つの要素となる。

このような崇高な物質である貨幣の出現により、人々の労働力とその成果である労働生産物は容易に交換可能なものとなる。生産と消費の連関は、貨幣を経由することで、多様な職務が連結した分業のシステムという相互依存の体系へと社会的に総合され、生存能力のある商品生産社会が成立する。

超越論的主観性の社会的土台としての貨幣

ゾーン＝レーテルは、さらにカントの超越論的主観性もまた、貨幣というメディアの使用の効果によって生じる

「派生的な現象形態」であることを論じていく。[94] 交換抽象という論理からゾーン＝レーテルが導き出す帰結は、驚くべきものである。というのも、マルクスの価値形態論における商品抽象の背後に隠された交換抽象が、カントの「超越論的主観性」の社会的根拠であるとゾーン＝レーテルはいうからだ（Sohn-Rehtel［1970］1973: 57-122=1975: 74-139）。

カントの認識論は、受容性の能力である感性の形式（時間・空間）が、現象を捉え、それを自発性の能力である純粋悟性によって因果論的な自然へと概念規定するというものであった。いわば、その認識論は、機械論的な思惟の能力によって、具体的自然から機械論的自然を抽象することを要諦としている。ジンメルも指摘したように、カントが『純粋理性批判』で明らかにした認識作用は、現実そのものではなく、計量可能性の内に与えられる自然科学的現実のみを対象にするにすぎない（Simmel［1921］1997: 108=1976: 130）。

貨幣の本体である実在抽象は、自然科学的認識を可能にする純粋な数学的思考に土台を与えるところの「抽象的無限」である純粋量にほかならない。また、商品の二重性は、形而上学的実体であるところの価値という、普遍で不滅の非自然的素材とともに、実際には具体的な自然形態をもつ通貨へと結びつくことによって現象する。

ゾーン＝レーテルによれば、商品の二重性は、「実体」と「偶有性」という概念の二重性を帯びている。実在抽象としての貨幣は、五感で捉えうる具体的自然の中に発生した、具体的形態が捨象された抽象的自然にほかならない。これらの実体や偶有性、抽象的量というカテゴリーは、カントの超越論的主観性の純粋悟性のカテゴリーにほかならないとゾーン＝レーテルはいう。

交換によって労働生産物に対する抽象が行われ、人間労働が価値という均質な量的規定へと還元される。量的規定へと還元された抽象的人間労働は、生成変化を免れる無時間的な価値実現の法則へと捉えられる。つまり近代自然科学を可能にする純粋な抽象的量という概念や、それによって描きだされる抽象的な幾何学法則に先んじて、金や銀などの貴金属に憑依し、現象世界の只中で価値法則によって規定された運動が生じていた。いわば思考作用のあずかり知らぬところで、後に科学的思考によって把握されることになる抽象的秩序が、社会的実践の中で先行的に実演されていた。

要するにゾーン＝レーテルは、「超越論的主観性の閉じた抽象的回路」を「商品形態（貨幣形態）の抽象的回路」に対置することで両者をショートさせる。その結果、ゾーン＝レーテルは、「超越論的主観性の閉じた抽象的回路」の社会的起源が「商品形態（貨幣形態）の抽象的回路」にあることを示した。これがジジェクのいうところのゾーン＝レーテルが暴露した超越論的主観性のスキャンダルである（Sohn-Rehtel［1970］1973: 17=1975: 30）。このスキャンダルの張本人である実在抽象とは、ジジェクの言葉で言えば、「超越論的主体の無意識であり、客観的・普遍的な科学的認識の社会的土台」であるということになる（Sohn-Rehtel［1970］1973: 18=1975: 31-2）。

このように貨幣の形而上学的本質は、「抽象性」「普遍性」「客観妥当性」において、カントの理論理性の超越論的カテゴリーとの類似性を示している。現象世界を超えた普遍性を誇りとする超越論的理性にとって、商品交換に際し、あらゆる多様な具体的形態を有する使用価値としての商品から、交換価値という抽象的普遍を抽出する貨幣の存在自体がスキャンダルであるとジジェクはいう（Žižek 1989: 17=2000: 30）。

このような貨幣を媒介にした商品交換が生活の隅々に及ぶことによって、人間の思考様式も悟性的なものになっていく。ゾーン＝レーテルの主張によれば、そのさきに古代ギリシアにおけるピュタゴラスに代表される数学的な自然考察への始まりがあり、古代ギリシアのテクストを保存したイスラムを経由したルネッサンスにおいて、トスカネリとブルネルレスキによる数学と技術の邂逅が生じ、ガリレイやデカルトさらにはカントの超越論的論理学の形成へと向かう軌道が成立することになる。[95] つまり貨幣経済の進展が、哲学的・科学的思惟において用いられる抽象力を育んだのである。

ゾーン＝レーテルは、ニーチェの系譜学的な理性批判を、フーコーとは異なった形で引き継いだといえる。ニーチェとフーコーが、カント的な実践理性に対する系譜学的批判を遂行したとするならば、ゾーン＝レーテルは、カント的な理論理性に対する系譜学的・メディア論的批判を遂行したといってよい。

カントは、「総合的判断は、ひとつの能力によって可能となる」と述べ、ニーチェに嘲笑された。ゾーン＝レーテルに言わせれば、ニーチェの嘲笑は正当なものである。というのもカントは、説明されるべき能力の起源を問わず、説明されるべき能力が予めそれ自体で存在することを前提としていたからだ。ゾーン＝レーテルは、ニーチェと同じようにカントの無時間的な超越論的主観性とそのカテゴリーを歴史的・社会的存在の地平へと引きずり下ろす。ゾーン＝レーテルの論理から見れば、厳密な科学的思考を保証するものは、超越論的主観性に備わる諸能力ではなく、その外部にある社会的存在である実在抽象である。

カントの超越論的主観性は、自らの悟性概念が反映している社会的根拠を知らず、自らの自律性を高らかに宣言する。「未成年とは、他人の指導なしには、自分の悟性を使用し得ない状態にある」「敢えて賢かれ」「自分自身の悟性を使用する勇気を持て」と（Kant 1784=1974: 7）。しかし、カントによる自律の宣言は早すぎた。というのも商品世界の中で成立した抽象的カテゴリーを、現象的自然へと無自覚的かつ他律的に適用しているに過ぎないからだ。

カントの理論理性は社会的労働と商品世界に媒介されており、交換抽象を反映した純粋悟性は他律的なものでしかない。いわば貨幣の性質を「反映（Reflexion）」した理性が、貨幣の性質を自然の理解へと適用しているといえるだろう。「観念的なものは、人間の頭のなかで置き換えられ翻訳された物質的なものにほかならない」のである（Marx［1867］1979: 27=1968: 22）。

第二のコペルニクス的転回による社会的存在への帰還

カントは、コペルニクス的転回という発想の転換によって、主観性の内側で、その機械論的自然観を可能にする能力を探しもとめた。ゾーン＝レーテルは、アドルノのいうところの「第二のコペルニクス的転回」によって、自閉した意識を社会的なものへと旋回させたといえる（Adorno 1969: 155=1971: 207）。第二のコペルニクス的転回を経た眼差しから見れば、カントは概念のフェティシズムに陥っている。ここではジンメルのいうところの、観念論に対する唯物論からの批判が遂行されているといってよい。超越論的主観性は、アプリオリな先験的能力のみではなく、歴史的・社会的に生じた商品交換社会に根ざしている。

さらにカントの統覚の社会的起源についても述べておこう。カントによれば、超越論的主観性の自己同一性を保証するのは、「私のすべての表象に随伴しなければならない我思う」という超越論的統覚の同一性にあった。そしてカントは、実際のところこの統覚の働きの同一性を可能にする条件を、それ以上遡って見出すことができなかった。というのも、カントの超越論的反省という手法からすれば、統覚の働きを「背後に遡って見出すことのできないもの」として「最後のもの」とするしかなかった[96]。

しかし、ゾーン＝レーテルは、カントのいうところの統覚の同一性が、超越論的主観性の意識の外部である現象世界で作用する「私のもの――だから君のものではない、君のもの――だから私のものではない」という交換の当事者達を「独我論的自我」へと分離する等価交換の原理によって吊り支えられているというのである。

このゾーン＝レーテルの「実践的独我論（praktischer Solipsisumus）」から見れば、カントの超越論的主観性は、貨幣の効果によって生じる相互排他的な「独我論的自我」を観念的に転倒したものである。カントの超越論的反省は、「超越論的統覚（die transzendentale Apperzeption）」の背後にある根拠を見出しえなかった（Kant 1787）。その理由は、超越論的統覚こそが現象の根拠であるからでも、ハイデガーのいうように「超越論的構想力（die transzendentale Einbildungskraft）」の奥に潜む自己触発する「不可知なもの」に、カントが慄いたからでもない（Heidegger［1929］1991=2003: 159-69）。それは、ゾーン＝レーテルの主張どおり、超越論的統覚の同一性を可能にする根拠が、超越論的主観性の外部にある等価交換を可能にする貨幣の働きにあるからだ。カントの「私のすべての表象に随伴しなければならない我思う」という超越論的統覚の働きは、あらゆる交換に随伴する「私のもの――だから君のものではない、君のもの――だから私のものではない」という、当事者達を独我論的自我へと分離する「等価交換」の原理的帰結なのである。[97]

このゾーン＝レーテルの論理は、西欧形而上学の伝統を規定してきた「形式」と「質料」という二項対立的思惟の転倒を目論んだマルクスの「最終哲学」の試みの延長線上にある。すなわち「意識が生活を規定するのではなく、生活が意識を規定する」のだ。（Marx und Engels［1848］1953=1978: 35）。

啓蒙理性は、カントの理説を介して、自律的な「超越論的自我」として自己主張した。すなわち、神という「大文字の主体」に対して、現象世界の中に投げ入れられた臣民であった「小文字の主体」としての人間を、現象の下に投げ入れられた根拠としての「大文字の主体」であるところの「超越論的自我」として自己定立させた。

カントによって研ぎ澄まされた啓蒙の刃である『純粋理性批判』の試みは、ハインリヒ・ハイネのいうように「超越論神の首」を切り落とすことによって、コペルニクス的転回をもたらし、啓蒙理性を玉座に就かしめた（Heine 1834=1973: 165）。しかし、社会的存在、特に貨幣に媒介された交換抽象による事後的な効果によって条件づけられていることに無自覚であるために、この宗教的な夢物語からの目覚めは、フーコーのいうように「人間学的眠り」という別の白昼夢への没入なのである（Foucalt 1966=1974: 362-4）。

第三節　機能的社会化と貨幣主体

祭祀・互酬共同体の解体と機能的社会化

前近代的な祭祀・互酬共同体が、「欲望の二重の一致の困難」を贈与の霊に満たされた象徴財を媒介にすることで解消し、交換の当事者達を威信の増した「贈り手」と負い目を受けた「受け手」という情動的な関係に置き、人格的・霊的に結びつけることで切り抜けた。これ対して、貨幣というメディアに媒介された等価交換は、その不断の支払いによって、交換の当事者たちを「売り手」と「買い手」という契約的関係に置き、その「売り」と「買い」の間に客観的等価という交換の正義を成立させることで、「欲望の二重の一致の困難」を解消する。

ニクラス・ルーマンも指摘するように、財の交換過程に貨幣が入り込むと、等価交換によって生じる水平的な「交換の正義」によって、互酬的な経済システムを稼動させていた「感謝の義務」が解消してしまう（Luhman 1988: 45-51=1991: 41-6）。この感謝の義務は、同時に負い目の感情にほかならない。「感謝」や「負い目」の感情は、互酬システムを編み上げる贈物の循環を促す情動的な力であった。だが貨幣による媒介は、その推進力となる情動の力を解消することによって、人々の共通感覚から贈与の霊を締め出してしまい、互酬的関係を解体する。(98)

商品経済の推進力は、実在抽象である貨幣の支払にほかならない。商品に対して支払われた貨幣は、次の支払いの能力として保持され、さらなる商品交換を促していく。このような貨幣の支払を推進力にした財の流れは、祭祀・互酬共同体のコンテクストから切り離された行為領域を出現させる。

社会的総合の働きをなす貨幣の使用は、次第に祭祀・互酬共同体とは異なった、生存能力のある持続可能性を持った別の社会を出現させる。そして経済過程が互酬の期待から分化しきったところで経済が自立的となり、自己調整的になる（Luhman 1988: 45-51=1991: 41-6）。つまり、貨幣の使用が、前近代的な互酬システムを解体し、近代的な自己調整的市場システムを立ち上げたのである。

貨幣に媒介された行為領域は、等価という契約的なつながりを要請するが、「お前の神はなにか」「お前の父親は誰か」という問いを必要とせず、「お前は何を持っているのか」「何ができるか」「幾ら払うか」という機能的な結びつきを要求する。その結果、貨幣に媒介された行為領域では、霊的・人格的な結びは偶然的なものになる。言語的了解の重要性は低下し、人々は、貨幣の支払いによって連結する商品世界へと参入し、旧来の宗教的・道徳的規範を介することなく、その生存の維持を可能とする。この世俗化した商品世界とは盲目的に機能する「第二の自然」としての市場経済の論理が支配する領域にほかならない。

マクルーハンによれば、身体の拡張であるメディアには、それぞれ独自の論理感覚を使用者にもたらす（McLuhan 1964）。貨幣というメディアを使用する際の論理感覚の一つは、それを媒介にした交換の当事者達の間に、「威信」や「負い目」を発生させない量的な等価、すなわち「交換の正義」を成立させることで、自己と他者とを分かつ明確な境界を作り出し、その両者をして、各々の所有物に対する排他的な所有権を有する主体として自己を経験させるといえよう。ゾーン゠レーテルは、このような貨幣を媒介にして推進される社会化の過程を「機能的社会化（funktionalen Vergesellschaftung）」と呼ぶ（Sohn-Rehtel 1985: 40）。

このように貨幣を媒介にした商品交換によって、交換の当事者達は、贈与や供犠によって結び付けられた祭祀・互酬共同体の再生産過程から解き放たれる。交換によって結ばれる人々は、祭祀・互酬共同体を秩序づけた象徴秩序のネットワークから離脱し、新たに生じた遊動する記号体系のネットワークを張り巡らしてゆく。

ミュトスからロゴスへ

この地点は、「神話（ミュトス）」と「理性（ロゴス）」の境界線でもある。神話のコンテクストに位置づけられた聖物や象徴財は、神話の語りと不可分であった。未開の祭祀・互酬共同体の成員たちは、神話を語る声が聞き取られ、女性が贈り届けられる圏域の中こそが、かれらの生活空間であった。それは、レヴィ＝ストロースのいうところの「真正の水準（niveaux d' authenticité）」にある社会であったといえよう（Lévi-Strauss 1958: 400-3=1972: 407-10）。

レヴィ＝ストロースのいうように、声と女性を基礎的なコミュニケーション・メディアにした社会は、野生の思考を担った器用人たちによって営まれた「冷たい社会」であった。その社会は、神話をモチーフとした仮面劇によって培われる記憶を共通感覚の内に刻みこんだ人々のコミュニティであった。神話的記憶は、過去の黄金時代を理想化する循環的時間意識によって、一方向的に流れ去る直線的時間意識を廃棄した。

野生の思考は、感覚的素材と全体的な感覚の論理と彼らの物語的自己同一性を保証する神話を語り出した。しかしながら抽象的・数学的思考の先験的条件である貨幣というメディアに接続した人間の思考は、ゾーン＝レーテルのいうように、感覚的具体性から切り離された数学的・自然科学的思考へと一挙に飛躍することになる。(99) いわば貨幣に媒介されることで人間の思考は、感覚世界と深く結びついていた野生を失う。

社会的交換形式という観点からみた場合、実在抽象としての貨幣と結びついてしまったがゆえに、感覚世界との調和を喪失した知性が、失われた世界とのつながりを取り戻そうとする運動を開始する。この感覚世界との調和を失った知性の働きこそがロゴスの働きにほかなるまい。そしてロゴスの運動が、数学的・自然科学的な抽象的思考と結びつき、技術へと応用されていった場合、自然や人間に対する非感覚的な機械的処理が可能になる。(100)

よく知られるように原初的な貨幣は、かつて神話的衣装を身にまとった聖物であった。(101) しかしながら交換過程から自らを位置づけてきた神話の語りを振り払った貨幣の本体は、あらゆる祭祀・互酬共同体のコンテクストから切り離された抽象的存在である。神話的記憶を脱ぎ捨てた貨幣というゼロ記号は、日常生活から引き上げられた神話的コンテクストをまとった聖物と異なり、ごくありふれた日常に姿を現す。

今村仁司が指摘するように、日常的に循環する聖物である貨幣は、日常を聖化すると同時に非日常と日常との切れ目を消失させる（今村 一九九二：一五三－七）。毎日がいわば聖物と交わる侵犯の時となってしまう。しかしながら、使用価値を喪失した実在抽象である貨幣との交わりは、集団的なものではなく、二者関係的な個別的なものであり、「一致＝交換（comunion）」と呼ばれる個体性の殻を突き破る共鳴状態を人々に与えることがない。

貨幣は、自らと交わる人々を機能的に結びつけると同時に情動的に切り離すことによって、情動的なプロセスを個々人の内面へと閉じ込めてしまう。貨幣という聖物の全面化は、コミュニティを活性化し集合的記憶の場を継承する契機でもあった祭りの時空間を喪失させる。いわば自然科学がもたらす知の上での時間・空間の世俗化の現象と並行するかのように、貨幣という聖物が日常世界を循環することによって、聖と俗との切れ目が消失し、日常の生活世界の総体が世俗化される[102]。

水平的な交換の正義による抽象的自我の生成

このような世俗化のメディアである貨幣は、通常の言語共同体の再生産過程を媒介する解釈学的循環の外部にある。それゆえ、貨幣に対して、リクールのいうところの「物語的自己同一性」の集団的な共有を可能にする「三重のミメーシス」が有効に機能しない（Ricœur 1983: 85-129: 99-152）。

リクールのいうところの「三重のミメーシス」とは、物語の読解と制作を可能にする解釈学的循環をなす理解の構造である。まず、第一のミメーシスは、象徴的な先行理解である。第二のミメーシスは、第一のミメーシスを基礎にして、ある物語の筋を読み込む。そして第三のミメーシスは、物語を再＝形象化することにある。

第一のミメーシスによって、象徴的な先行理解をするための記憶を、使用価値を欠いた貨幣という聖物から読み解くことができない。共有された記憶が存在しないため、第二のミメーシスによって、物語の筋を共有された一つの全体へと組み立てることができない。よって第三のミメーシスである再＝形象化もまた、共有された物語として展開されることがない。いわば脱コンテクスト的な貨幣が循環することによって、人々の集団的記憶は消失してしまう。

それ以前の共同体のコンテクストの共有を可能にした言語的な解釈学的循環の連鎖が、あちらこちらで切断されてしまう。何も語らぬ貨幣との交わりは、孤立した独我論的自我としての商品との交わりとなる。それゆえ神話のコードに位置づけられた聖物とは異なり、その交わりから共有された物語的同一性を引き出すことが困難になる。貨幣の媒介によって、「物語的自己同一性の形成」という課題は、もはや他者から授けられたディスクールに準拠することではなく、人々が自分自身で紡ぎださねばならぬ課題へと転じてしまう。

貨幣の支払は、その等価性ゆえに、垂直的な神の正義ではなく、水平的な交換の正義によって交換の当事者達を貫き、贈与がもたらした神的な領域と結びついた「負い目」や「感謝」という現象を消失させる。その結果、想像的対象である貨幣を媒介にした交流は、それ以前の情動的に結びついた互酬共同体から分離した経済を自立的な領域として立ち上げ、交換の当事者達を、機能的に結び付けるが、感情的に切り離してしまう。

このようにして貨幣の支払いの連鎖は、その使用者を祭祀・互酬共同体のコンテクストから解除するとともに、実践的な独我論的自我の自己同一性の意識を強固にすることで、一切の仮面を剝ぎ取られた裸形の顔をした〝moi（抽象的自我）〟を露呈させる。

語ることのない沈黙する貨幣との交わりとその社会的総合の在り方によって、自らが生み出した商品の集積と同じように、人々もまた、たんなる個別的人間の集積へと転じてしまう。貨幣を媒介にして人々が交わる度に、情動的な絆が打ち消される。たとえ情動的な絆が生じたとしてもそれは等価交換以上の要素が両者の間で働いたにすぎず、偶然にすぎない。神々や父母や同朋との関係は、貨幣主体にとって、非本質的な二次的な意義しか持たないものへと転じてしまう。それぞれの貨幣主体の欲望は、私的所有の圏域という小部屋に閉じ込められてしまう。その密室に、神々や先祖の霊などの語りがこだますることはない。神話劇の舞台は、廃墟の中に失われてしまう。

価格どおりに支払うことで、所有物の境界が明確に画定され、その境界が、交換の当事者達を分割し、相互排他的な私的所有の領域に住まう「独我論的自我」として相互定立する。この等価交換の原理とその効果こそが、独我論的自我を私的所有権の主体として相互交流させることで、ゲゼルシャフト的な社会を成立せしめる根拠となる。その根拠を確固としたものとするため私的所有者の相互主観性は、財を交換する際に互いの所有権とその財産を犯さないことを求め、互いの所有権を不可侵にして神聖なものとして相互承認する。互いの私的所有権を侵されざる神聖なものとする相互承認は、彼らが墨守する掟となる。しかしながら、その根拠と掟は、信仰が神への祈り等の儀礼の実践によって吊り支えられていたように、貨幣の支払という不断の実践によって吊り支えられている。

ここでアルチュセールが、パスカルの言葉を引用し、イデオロギー装置が主体に接続してゆく有り様を論じた場面を思い出してみよう。その言葉は、「ひざまずき、唇を動かして、祈りの言葉を唱えなさい、そうすればあなたは神を信じるだろう」というものであった（Althusser 1995: 221=2005: 259）。アルチュセールは、この言葉を借りて、記号体系に対する儀礼的実践の論理的な先行を説く。それと同時に、儀礼こそがイデオロギー装置の一端をなし、その実践によって人々が、神の「主体＝臣民」へと主体化（＝従属化）し、儀礼の反復によって記号体系の再生産が行われていることを論じた。

であるならば支払という実践は、貨幣を紐帯にして編成され流動する記号体系への入り口であり、その使用者を記号体系の「主体＝臣民」へと主体化させていることになる。つまり「財布に手を伸ばし、お金を出して、価格どおりの金額を支払いなさい、そうすればあなたはお金を信頼するだろう」というわけだ。その支払の連鎖によって、貨幣を紐帯とした遊動する記号体系が再生産されることになる。(103)

ところで、さきにジンメルを参照し、貨幣が二重の信頼によって機能していることを論じ、社会学的な信頼が神に対する信仰と連続性を持つことを確認しておいた。その連続性から見ると、祈りなどの儀礼の実践から信仰が事後的に生成してくるのであれば、財の所有者達が、互いの財を対置し移転する交換という社会的実践のなかから生じてきた貨幣もまた、その社会的実践から事後的に生成してきた「信頼＝信仰」の結晶であることがわかる。こうやってみると貨幣の支払もまた、世俗の神を事後的に生成せしめる宗教儀礼の相貌を帯びてくる。

もちろんこの貨幣を信仰する商品教に入信するための最大にして最も単純な通過儀礼は、「支払」である。貨幣の支払の効果によって、神々や祖霊という超越的なものを信仰する特殊な祭祀・互酬共同体の臣民であった贈与主体は、硬直した規範的秩序から抜け出した。しかしながら、それまでの隷属状態から逃れ出た人々は、貨幣という世俗の神を崇拝する臣民である貨幣主体へと転形され、相互排他的な私的所有の圏域に住まいつつ、崇拝のゲームに没頭することになる。

争いを好む騒々しい神々と異なり、世俗の神たる貨幣は、アリストテレスのいう「不動の動者」のようにじっと不可視の場所で沈黙を守っている。しかしながら、寡黙な貨幣は、近代的な相互主観性を有する複数の主体を事後的に産出し、その宗教世界に巨大な偶有性を導入し、自らの臣民達に大幅な「選択の自由」を与えはする。

しかし、貨幣の不可視の本体は、劣化することのない「不死の身体」を有しているがために、富の無限の蓄積可能性を押し開き、人々の欲望の的となる。この欲望の的である亡霊的身体を持つ貨幣は、すぐさま資本へと転じていくことになる。

第四節　イデオロギーとしての個人主義と「文化の悲劇」

二つの個人主義の社会的土台

ジンメルは、貨幣に媒介された近代社会は、「量的個人主義（quantitativer Individualismus）」と「質的個人主義（qualitativer Individualismus）」という二つの個人主義の理念をもたらしたという（Simmel 1917a）。

ジンメルによれば、一八世紀の量的個人主義の理念は、自由競争の市場の働きを社会的に弁明する形而上学であり、人間性の核心に抽象的な普遍的自我を見出すものである。それは、万人の同質性を基礎にした自由競争によって、万人の利益の調和が達成されるという自然主義的なオプティミズムに根ざしている。ジンメルは、この哲学の最良の表現をカント哲学に見出す。

ジンメルの指摘は、カントとフィヒテの哲学の内に“moi（自我）”という抽象的人格の概念を見出したモースの記述につながる（Mauss 1968b）。モースによって観念の歴史の転換点として把握されたカントやフィヒテの自我の形而上学が、ジンメルによって市場経済との相関物であることが指摘されているといってよい。

これまで論じてきたゾーン＝レーテルの記述に即すなら、貨幣との交わりによって人々が独我論的自我へと形成されることによって、量的個人主義という市場経済に特有のイデオロギーが生じると考えられる。

もう一つの質的個人主義の理念は、「個性的人格」を核心におく。ジンメルによれば、独自の個性的人格の理念は、ゲーテやシュライエルマッハーによってその哲学的表現が与えられた。この哲学もまたやはり経済的領域の思想的反映であり、分業の形而上学であることをジンメルは指摘している。

貨幣経済は、交換という交換価値と結びついた抽象的プロセスを進行させると同時に、具体的使用価値を労働によって作りださねばならない。商品世界を介しての生存は、貨幣の支払可能性という抽象的な消極的自由と、労働という実践において具体的な積極的自由を行使することを、人々に要求する。つまり特権者の存在しない欲望の体系の中では、他者の欲望の手段にならねば貨幣を手にすることはできないので、あらゆる人々が分業の輪の中に位置せざるをえない。この分業のシステムの中で、人々は、生産・消費の領域の双方で積極的な決断、すなわち積極的自由を行使することを余儀なくされる。いわば、個人であることが強制される。

ジンメルは、"Beruf（職業）"の内に近代における積極的自由の内実を見出す（Simmel 1923）。俳優が役を芸術的に昇華するように、人々は、"Beruf"を内的に「現在化（Aktualisierung）」することで、自他共に承認しうる特定の表情を持った職業人としての人格を陶冶する。職業を基礎にした人格の陶冶こそが、近代人が獲得する自由の要であるとジンメルは考えた。

分業のシステムを基礎とした人格の陶冶による「質的個人主義」は、モースやゾーン＝レーテルが論じていなかった、もう一つの近代的な人格形成の在り方を表現している。ここでは人々は、たんなる普遍的な抽象的自我でなく、社会性を帯びた具体的な顔を取り戻している。ただし祭祀・互酬共同体のコンテクストに固定された未開社会の仮面文化やキリスト教の"persona"や"officium"の思想とは異なり、貨幣の媒介によって自由に選択しうるものとなった"Beruf"という人格を陶冶する台座は、個性的な自己形成のために開かれたものとなっている。(104)

ジンメルによれば、前者は自由競争のオプティミズムと結び付いた自由競争の形而上学であり、後者は分業の形而上学である。だが、これらの二つの形而上学は、使用価値と交換価値という「商品の二重性」を哲学的に表現したものであると考えられる。

つまり、交換価値としての商品に対して、人々は抽象的な普遍的自我として交わらざるをえない。交換価値として表現される人間労働は、抽象的人間労働にほかならないからだ。貨幣を媒介することによって、人々の自我も抽象化される。

他方の使用価値としての労働生産物は、自然の物質的な代謝過程と切り離すことができない。交換に投じられる労働生産物を人々が市場に持ち寄ることによって、市場に媒介された分業のシステムが構築される。この分業のシステムは、競争を強いる市場の論理に従い、職業や仕事の細分化、つまりは、人々に自らを個性化することを要求する。

このように等価交換の帰結である「商品の二重性」が、「量的個人主義」と「質的個人主義」という形而上学の発生を規定している。ジンメルは、この形而上学的な思想と形而下的な経済の双方の影響関係を指摘した。量的個人主義に基づく競争と、質的個人主義に基づく分業とが流れ出る源である「歴史の深化 (tiefen Wandlungen der Geschichte)」の存在を指摘し、将来に競争と分業が和解することを期待した (Simmel [1917a] 1999: 149=1979: 129)。

だが、ジンメルの願いも虚しく、二つの個人主義が容易に融和し難いことを二十一世紀に生きるわれわれは知っている。競争を強いる貨幣と交換価値によって、使用価値として表現される具体的労働が翻弄され続ける歴史を、その後の世代は経験することになった。

商品の二重性の和解が困難であることが明らかな現在の視点から見れば、これらの二つの個人主義は、商品経済がもたらす必然的仮象としてのイデオロギーであることは疑い得ない。

犠牲のシステムとしての貨幣経済

もう一点、ジンメルが論じた「犠牲（Opfer）」の問題に触れておきたい（Simmel［1907］1989: 55-92=1999: 40-71）。贈与という交換形式に深く結びついていた犠牲の問題が、等価交換という形式にも潜在することをジンメルは指摘している。後の章でも触れるように、犠牲の問題は、等価交換だけでなく「再配分」と「資本制交換」という社会的交換形式にも不可分に結びついており、本書にとって重要な論点の一つである

ジンメルによれば、欲求と享受の間に価値が存在し、それを獲得するために、常になんらかの犠牲が要求される。祭祀・互酬共同体を論じる際にも、「インセスト・タブー」という断念や「供犠」などの犠牲が、その成員達に要求されていることを指摘した。近代以前の祭祀・互酬共同体は、数々の犠牲の贈与を要求する犠牲のシステムであった。ジンメルがいうには、財を生産するために要求される自然に対する労働もまた犠牲の行為である。交換へと投入される経済財は労働によって生産されているのだから、常になんらかのかたちの犠牲が捧げられていることになる。

アダム・スミスも、労働主体が払う犠牲の側面を捉えていた（Smith［1776］1961）。スミスの労働価値説によれば、財の交換は、たんに商品を交換するのではなく、労働生産物として表現された経済主体の労苦の交換であった。また、分業が、生産性を高める一方で、大多数の仕事を一つか二つの作業へと限定してしまうことによって、創意工夫の発揮する契機を失い、多くの人々を無知蒙昧へと追い込むことをスミスは指摘していた。スミスやジンメルが指摘するように、あらゆる経済的交換に投入される財には、常に何らかの犠牲の痕跡が刻印されている。(105)

ここで確認しておくべきことは、貨幣に対する信頼によって結びつく市場経済というシステムを基礎にした"bürgerliche Gesellschaft（市民社会）"もまた、神々への信仰によって結びついていた祭祀・互酬共同体と同じように、

根底においてそれへと参入する人々に犠牲を要求する犠牲のシステムであるということである。

このようにジンメルの議論をたどると、「自己の労働力や所有する財を犠牲にすることで経済的な交換過程へと参入し、知性や悟性といった思惟能力を高め、自らを自由な人格として現象させ個性化してゆく近代的主体像」が浮かびあがってくる[106]。

ジンメルが貨幣経済の根にある犠牲の存在を指摘していたことの意義は大きい。この「犠牲と交換形式との結びつき」を、ジンメルの文化哲学の帰結である「文化の悲劇」の概念とのかかわりから論じることができる。

ジンメルによれば、貨幣は客観的精神と主観的精神との関係を高め成熟させる働きをなす。しかしながら、文化論的にみた場合、客観的文化の発展に対して主観的文化の進展が遅延する。というのも商品世界の急速な拡大と分業の発展が、それらを内面化することで「自己の魂の完成」へと向かう主観的文化のプロセスを萎縮させてしまうからである。

逆に文化過程の手段であるはずの「事物の蜂起（Aufstand der Sachen）」によって、人々は、客観的文化の奴隷へとなり下がってしまう傾向が生じる（Simmel［1907］1989: 674=1999: 546）。つまり、貨幣経済は、中世的な共同体的拘束を解除し、諸個人に自己の魂の完成へ向かう途を開くが、その道程を迷宮のように複雑化させ、目的へ到達することを困難にするという両義性を持つ。このような「文化の悲劇」という事態もまた貨幣経済が強いる犠牲の在り方として捉えることができる。

しかしながら「文化の悲劇」へと至る近代的主体の在り方は、けっして不動のものではない。というのもジンメルが『社会学』で述べたように、「主観性（Subjektivität）」は、文化の諸要素を個性的な仕方で結び付けることによって、より高次の主観性である「人格（Persönlichkeit）」を構成する。形式社会学的観点から見た場合、人格という形象は、社会的な相互作用の特殊な在り方によって生み出される、限定された形象にほかならない（Simmel［1908］1992: 467=1994［下］: 21）。

貨幣に媒介された等価交換という制約された相互作用の在り方によって、近代的な主体化のプロセスは、「個性化」や「文化の悲劇」へと向かっている。それゆえ、等価交換という交換形式の在り方が変容してしまえば、「個性化」や「文化の悲劇」という傾向が変転してしまうことも、大いにありうる。実際、ジンメルの最晩年に、そのような変転が生じてしまった。

おそらく、第一次世界大戦が勃発するまで、「文化の悲劇」さえをも押し流す破局が近代の文化過程の内に伏在していることを、ジンメルは見通してはいなかったと思われる。第一次大戦の勃発によって、悲劇さえも押し流しかねない破局の存在にジンメルは直面することになる。(107)

第五章　資本制交換による共同性の変容と主体化

等価交換を基盤にした資本制交換とは、資本投資によって得られる利潤を極大化しようとする営為に従属する交換である。この資本制交換は、自己増殖する資本を生みだし商品世界の性格を変容させ、様々な資本蓄積体制を生み出す。この資本蓄積体制の在り方は、独自の主体化の型を産み、共同性や人格形成の過程に影響を与える。しかも、資本制交換という交換形式は、構造的危機に陥る度に蓄積様式を変化させており、その変化によって主体化の様相が異なり、共同性や人格形成の論理もそれに従って変容する。

本章では、前期資本主義と国家が積極的に市場に介入する後期資本主義における主体化の在り方を扱う。まず、前期資本主義における主体化について、カール・マルクスとマックス・ヴェーバーの思想に依拠しつつ解き明かす。マルクスについては、経済カテゴリーの人格化である「ブルジョワ」と「プロレタリアート」へと主体化される論理を中心に論じる。ヴェーバーに関しては、「意欲する文化人」が如何にして資本主義経済の中から生じてきたかを扱う。

次に、国家が積極的に介入する後期資本主義について、フランクフルト学派の業績に依拠しつつ論じてゆく。彼らは、第一次世界大戦を可能にした人格の在り方を、資本主義の構造転換に結びつけて考察している。その考察の結果、彼らが見出した大衆は、国家独占資本主義によって演出されるファシズムに積極的に合流する権威主義的パーソナリティを備え、同時に政治性を喪失した美的な消費主体として自律的な批判能力を喪失していた点を考察する。

第一節　資本主義と経済的カテゴリーの人格化

社会的交換形式としての資本制交換——交換形式の第三層

祭祀・互酬共同体の併存状態から生じてきた市場システムは、祭祀・互酬共同体を土台にしつつ、その土台を次第に侵食しながら展開してきた。市場システムによる侵食によって祭祀・互酬共同体は、解体・再編される。とはいえ、自然の贈与と互酬性によって営まれる家族は、等価交換の不可欠な土台として残存する[109]。人間の再生産の場である家族は、等価交換によって覆い尽くすことのできない互酬関係によって存立している。またバタイユが指摘したように、普遍経済の基盤となる純粋贈与を行う自然は、希少性を基礎にした限定経済の産物ではありえない。マルクスも以下のように指摘している。

「労働はすべての富の源泉ではない。自然も同じ程度に、使用価値の源泉である（そして、物質的富は、たしかにそういう使用価値からなりたっているのだ！）そして、労働そのものも自然力すなわち人間労働力の発現にすぎない」（Marx [1891] 1962: 15=1968: 15)

「人間があらゆる労働手段と労働対象の源泉たる自然に対して、はじめから所有者として対立し、この自然を人間の所有物として扱うかぎりでのみ、人間の労働は価値の源泉となり、したがってまた富の源泉となる」（Marx

〔1891〕1962: 15=1968: 15)

実際のところ貨幣に媒介された等価交換は、あくまで自然の贈与や家族の互酬性を土台にして展開されている派生的現象にすぎない。マルクスが述べているように、価値の源泉を人間の労働にのみ見ようとする労働価値説は、貨幣経済を基盤にした社会にのみに通用する支配的イデオロギーに過ぎない[110]。

貨幣に対する信頼によって営まれる"bürgerliche Gesellschaft(市民社会)"といえども、価値の第一の源泉である自然の贈与や家族の互酬性を基盤にしなければ存立し得ない。それゆえ、貨幣を媒介にした「等価交換」によって成立する市民社会は、一次的な社会的交換形式としての「贈与(互酬)」の上に展開されているといってよい。

序論でも述べたように、交換形式の第一層となる「贈与(互酬)」と第二層を成す「等価交換」を基盤にして、交換形式の最上階となる「資本制交換」は発生する。もちろん、資本制交換という交換形式は、贈与(互酬)と等価交換という基盤なしに機能し得ない。いわば、資本制交換とは、他の社会的交換形式の存在を前提とした寄生的な交換形式にほかならない。

商品の二重性と階級的主体化

マルクスは、ドイツ観念論における意識の内的論理に従った「超越論的理性」や「絶対精神」などの意識哲学モデルから離脱し「社会的諸関係による意識の生産」という理論モデルを最初期に提示した人物である[111]。

マルクスが提示したのは、とくに社会的交通による意識の生産であった。「社会的なものによる意識の生産」という理論モデルは「フォイエルバッハ・テーゼ」で着想され、主に『ドイツ・イデオロギー』で展開されたものである。

このモデルをマルクスの『資本論』に適用するならば以下のようになるだろう[112]。

まず、商品交換のプロセスから立ち現れた貨幣が、資本へと転換し、その細胞となる商品を媒介にすることで自らを拡大再生産する。人々は、商品世界の細胞である使用価値と交換価値という二重性を持った商品とのかかわり方によって、ブルジョワとプロレタリアートという二つの階級に分かたれ、それらの二つの階級関係に従属するところの「従属的主体」へと形成される。

マルクスは、ブルジョワとプロレタリアートという二つの主体を、経済的諸カテゴリーが「人格化」したものとして見ている（Marx [1867] 1979: 16 = 1969: 10-1）。つまり、「資本」の人格化が「ブルジョワ」であり、「労働力商品」の人格化が「プロレタリアート」にほかならない。マルクスの見出した市民的主体は、けっして現象の基体としての自律性を有する自由な主体などではなく、資本制交換という交換形式によって形成される階級的役割へと従属した主体であった[113]。

マルクスが問題にした資本主義的生産様式は、等価交換を基盤にして成立する産業資本主義である。等価交換とは、もっとも単純に描けば商品交換を目的とする「W－G－W」である。資本制交換とは、等価交換を基盤にしながらも、「G－W－G'（G＋⊿G）」という剰余価値の実現を目的とするものである。この剰余価値を実現するには、価値体系間の差異が必要になる。

産業資本主義が十全に機能するための鍵は、「労働力（人間）」と「土地（自然）」が商品化され交換過程に投げ入れられることにあった。それらの二つが完全に商品化されるには、市民革命による「封建制の打破」と自然科学による「自然の脱聖化」が必要であった。なぜなら労働力と土地に対する封建的規制が解除され、聖性を喪失した自然がたんなる物質的自然として扱われることで、それらが自由に売買可能な商品になるからだ。この「労働力（人間）」と「土地（自

然）」の商品化によってのみ、産業資本は十全に機能する。

では、ここで理念型としての産業資本の論理を考えてみよう。まず、総資本から見た場合、ブルジョワ階級が所有する元本となる資本によって、「労働力（人間）」と「土地（自然）」と「生産手段（機械）」が買い取られ、労働生産物である商品が生産される。

労働力を買い取られたプロレタリアートは、資本家の所有する生産手段を媒介にして肉体労働に従事し、素材としての自然に使用価値という具体的形態を与え、労働生産物を作り出す。他方のブルジョワは貨幣によって生産手段と労働力商品を購入することで生産過程と労働生産物に対する支配権と剰余価値を自らのものにする権利を得る。プロレタリアート階級は、自らが売り払った労働力商品の代価である賃金によって、自らが形態を与えた商品を買い取る。この商品の購入によってプロレタリアート階級に支払われた賃金が資本へと再び流れ込むことで、価値の円環が成立する。

この交換のプロセスは等価交換であるから、ブルジョワ階級はそのままでは利潤を得ることができず拡大再生産も生じない。資本が増殖し拡大再生産するためには、「相対的剰余価値の追求」によって絶えず技術革新を行い労働力商品の実質的価値を切り下げ、前払いした賃金と実質的賃金との差額から剰余価値を得なければならない(114)。

そして、資本家は、商品を売った際に得られた剰余価値を、未開社会の普遍経済のように消尽するのではなく、禁欲的に再投資する。禁欲的な再投資によって資本は回転し拡大再生産へと向かう。というのも私的所有権の主体である個々の資本家達は、絶え間のない競争の圧力にさらされているため、常に破産の危機に脅かされている。それゆえ、個々の資本家達は、禁欲的に消費への欲望を抑え込むことによって再投資し、資本蓄積へと向かい、競争を勝ち抜かねばならない。他方の生産手段を喪失した労働者の側も、絶えず失業という不安に苛まれ、自らを労働力商品として売却し続けることを余儀なくされる。

かつての祭祀・互酬共同体は、神話的な黄金時代を範例とすることで、人々の「カオスに対する不安」を取り除き、変化する進歩的な歴史を廃棄した。他方の資本制交換の下では、資本主義的生産様式が、それに従属する二つの主体の「不確定な未来に対する不安」を媒介にすることによって、持続的に循環しながら拡大再生産していくことになる。

未開社会における呪詛やキリスト教における破門と同じように、資本という物神を崇拝する私的所有権の小部屋に住まう信者の生存にとって、失業や破産は恐るべき脅威となる。貨幣の支払の連鎖を梃にして自己増殖する資本は、人々の恐怖を糧にしながら、未来の利潤を渇望することで、進歩的な歴史の推進力となる。

さて、交換形式による主体化という観点から見た場合、マルクスが提示した重要な論点は、ブルジョワにしろプロレタリアートにしろ、それぞれの階級が自律的に存在しているわけでないということである。両階級は、商品世界の大文字の主体というべき資本が獲得した論理構造に隷属する臣民として存在している。

この二つの主体によって営まれる分業のシステムは、自らが具体的形態を与えた労働生産物である商品の価値を、交換過程において実証しつづけ、なおかつ相対的剰余価値の追求によって、不断に技術革新することを強いられる。

ジンメルは、貨幣経済に、人間の自由を可能にする解放的な働きを見てとった。しかし、産業資本主義における搾取の批判的解明に照準を合わせたマルクスにとって、資本主義経済は、貨幣によって媒介された隷属的連関にほかならない[115]。貨幣というメディアに媒介されることで、あらゆる商品は、価格メカニズムによって調整される市場で自らの価値を証明しなければならない、従属的立場に置かれてしまう。

もちろんマルクスは、価値の源泉を、それを取得するブルジョワの側にではなく、生産するプロレタリアートの側に見てとった。具体的労働の所産である労働生産物は、交換過程へ投げ入れられることで等値される。その結果、具体的労働は、事後的に同一化された抽象的人間労働となる。死せる労働である抽象的人間労働は、資本家の手に落ち、よそよそしい社会的力を帯び、労働者と敵対する。

貨幣と商品の運動は、人々の欲望や恐怖を媒介にすることで、資本へと転化する。資本は、人間の手では制御し難い「第二の自然」として屹立し、その冷徹な論理の内に人々を捉えてしまう。その結果、人々は自らが作り出した事物の連関に隷属する従属的主体として振舞うことを強いられる。特に労働者は、自らが作り出した労働の所産に支配され、隷属的な状況に追い込まれる。

マルクスにとって資本主義とは、物神崇拝の一形態である。物神崇拝としての資本主義において、資本とは世俗の神であり、資本家とは、世俗化した宗教の祭司であり、労働者は神に捧げられる犠牲の身体にほかならない[116]。資本という物神に奉じられる経済劇の舞台とその筋書きに従って、人々はその役割を演じきることを要求される。ブルジョワという祭司から、資本へという物神に捧げられた生贄のように、産業労働における「能産的自然」ともいうべきプロレタリアートの労働力は、素材と化した「所産的自然」とともに生産過程という祭壇の上に据え置かれ、商品を産出する[117]。資本を物神として戴く資本主義的生産様式は、このような倒錯的な経済過程を担うブルジョワとプロレタリアートという二つの従属的な主体なしには存在し得ない。

資本によるグローバル化と文明化作用

資本主義的生産様式では、相対的剰余価値の追求によって、個別資本の間で競争が激化し、技術革新を不断に追求するため、生産力が増大し過剰生産に陥る傾向にある。そのため過剰になった生産力の販路を作り出すために市場の拡大圧力が高まる。

その結果、国内市場が飽和すれば、必然的に市場を求めて海外へと資本が拡張し、グローバル化してゆくことになる。実際に西ヨーロッパで生じた近代化は、拡大する資本の推進力によって生み出される商品の奔流によって、世界中へと拡大してゆくことになった。

「ブルジョワ階級は、すべての生産用具の改良によって、無制限に容易になった交通によって、すべての民族を、どんな未開な民族をも、文明の中へ引き入れる。かれらの商品の安い価格は重砲隊であり、これを打ち出せば万里の長城も破壊され、未開人のどんなに頑固な異国人嫌いも降服をよぎなくされる。かれらはすべての民族をして、もし滅亡したくないのならブルジョワ階級の生産様式を採用せざるをえなくする。かれらはすべての民族に、いわゆる文明を自国に輸入することを、すなわちブルジョワ階級になることを強要する。一言でいえば、ブルジョワ階級は、かれら自身の姿にかたどって世界を創造するのである」(Marx [1848] 1953: 11=1971: 45)

世界史の足取りは、ヘーゲルのいう「絶対精神の自己運動による自由の理念の現実化」などではさらさらない。神話的な眠りや宗教的な無知蒙昧から人々をゆり起す重砲の轟音は、貨幣という物神崇拝を強いる新たな儀礼宗教のはじまりを祝福するファンファーレであった。

われわれは、既に貨幣を媒介にした資本の自己増殖運動が、一種の想像的な宗教的過程であることを確認しておいた。宗教的・封建的拘束から人々の人格形成のプロセスが解き放たれたとしても、独自の論理形式を獲得した資本の自己増殖過程に巻き込まれることで、人々の人格形成の過程もまた階級的関係に拘束されてしまう。

マルクスは、貨幣崇拝を物神崇拝として規定していたが、文化破壊などの多大な犠牲を強いるとはいえ、資本による世界の再創造の過程を「資本の偉大な文明化作用」として半ば肯定的に捉えていた。というのも、資本による新たな世界創造過程は、市民社会をつくりだすとともに、機械技術の発展によって生産力を高めることで労働の価値を低下させる。そして「鉄の必然性」を持つ法則に従った「利潤率の低下」と「大衆の窮乏化」によって剰余価値の実現が次第に困難となり、資本の運動は終焉するとマルクスはみなしていたからだ。

その終焉は、マルクスにとって自然の必然によって規定されてきた自然史の終焉であり、資本によって高まった生産力を基盤にすることで、諸個人の自由な人格の発展を可能にする「自由の国（Reich der Freiheit）」を切り開く、人間史のはじまりを意味していた（Marx［1894］1964: 828=1968: 1051）。

このようなマルクスの思想は、主体や人格を解消するものであるという議論もある。しかしながら実際のところ人格の自由な形成が可能となる社会秩序の探究こそが、マルクスの学問的営為の重要な部分を占めていた[118]。マルクスにとって、自由な社会を実現するための鍵は、生産力の高まりを背景にした「賃金労働（労働力の商品化）の廃止」にあった。

高まった生産力を有する生産手段を共有し、賃金労働を廃止することによって協業組合社会を実現させ、精神労働と肉体労働の分離を克服する。この分離の克服によって、経済的カテゴリーが人格化したところの従属的主体であるブルジョワとプロレタリアートの階級的分割は消滅する。そして自然の必要性から解放されて「各人はその能力に応じて」働き、各人には「その必要に応じて」与えられる自由の国である共産主義社会へと至り、個人の自由な発展が現実のものとなる（Marx［1891］1968: 21=1968: 21）。

このようなマルクスの史的唯物論は、物質的・経済的な下部構造によって政治・経済・法などの意識的な上部構造が規定されるというものであった。それは、下部構造の必然的な変化によって、資本という物神に対する崇拝儀礼が終焉し、無階級社会が成立することを予言するものであった。もちろん無階級社会というマルクスの夢想はいまだ実現せず、人々の日常的なコミュニケーションや身体を構成する細胞の一片に至るまで、重砲の轟音は鳴り響いている。

第二節　資本主義の精神と「意欲する文化人」の誕生

プロテスタンティズムと再呪術化

ヴェーバーは、ジンメルの影響もあり、宗教社会学を典型としてマルクスの史的唯物論の下部構造決定論モデルを批判した。その批判において、ヴェーバーは、上部構造の相対的自律性と下部構造に対する上部構造の影響を強調することになった。

ヴェーバーにとって人格形成の問題は、ジンメルと同様に、学問的営為の中でも最も重要な課題の一つであった。ヴェーバー社会学が前提とする人間は、意味を創造する意欲する「文化人（Kulturmensch）」である（Weber［1904］1982: 180=1998: 93）。この意味を創造する文化人は、ヴェーバーがいうところの文化科学の超越論的前提である。

この文化人は、ジンメルの普遍的な文化哲学のモデルと異なり、近代という時代により焦点を当てたものである。それは、ニーチェの「神の死」、あるいはヴェーバー自身の術語で言えば「脱呪術化（Entzauberung）」を経た人格類型にほかならない。

ヴェーバーにとって、古代ユダヤ教以来、連綿と続く「合理化の過程」を基調とする西欧社会は、伝統的社会から離脱し、唯一脱呪術化を果たした社会である。それは、古代ユダヤ教の「苦難の神議論」から、救いの手段としての呪術を放棄するに至るカルヴィニストの集合行為によって、はじめてもたらされた世界である。

中世のカソリック教会は、「秘跡」という七つの儀礼を執り行い、信者の「魂の救済」を保証していた。しかし、カルヴァンは、それらのうち「洗礼」と「聖餐」という二つの儀礼以外を、聖書に記述されていない根拠のない呪術として退けた。

カルヴァンは、カソリック教会が執り行った呪術を廃棄し、神は予め救済する人間を決定しているという「予定説」を説く。人々は、「神の栄光を高らしめるために」勤勉に労働へと邁進することを要求される。「救いの確信」は、罪の許しを請う祈りと、勤勉・節約を旨とする生活の中で、忽然と与えられると考えられた。

しかしながら、「秘跡」という救いの筋道を用意した「教会」という「神とのつながりを可能にしていたメディア」を失った一般の信徒は、内的孤独の感情のため、不安に耐えきれず、救いの徴を求めることになる。人々の不安を媒介にして、次第に、事業に成功し財貨を手に入れることが救いの徴であると見なされるようになる。その結果、信者達は、営利活動に没頭するようになる。つまり、一般信徒の不安が、結果的に「営利主義の解放」を促すことになった。

さらに、人々は、神の恩恵によって与えられた財貨の管理者にすぎず、営利の結果得られる余剰を快楽のために消費することを禁じられる。

勤勉・節約を貴び、快楽を憎む営利機械と化した信徒達による「消費の圧殺」と「営利の解放」の結びつきが、近代のホモ・エコノミクスを育む揺籃となった[119]。

このようにヴェーバーが強調したプロテスタントの特異な集合行為は、前近代的な祭祀・互酬共同体から、近代的な資本主義社会への移行の交点に位置していると考えることができる。近代資本主義の扉の鍵である営利を可能にする条件は、既に利子の禁止を解いたローマ・カソリックや金融技術を発達させたユダヤ人によって準備されていた。プロテスタントは、カソリックやユダヤ人によって鍵の開けられた扉を強く押せばよかったのである。

マルクス主義の下部構造決定論に抗し、ヴェーバーは、プロテスタントの熱狂的な宗教的集合行為が、近代資本主義の論理を生みだす産婆と、それを育む乳母としての役割を担い、近代資本主義を切り開いたことを示した。

しかし、近代資本主義の誕生の後に、プロテスタンティズムは、資本主義社会に不可欠の同伴者ではなくなってしまう。というのも資本主義経済の論理は、自動機械として自律性を獲得し、もはや人々の宗教的情熱を必要とすることがなくなるからである。

また、ほんの数世代でプロテスタントの熱狂的な宗教心が冷却していったことも問題にせねばならない。宗教心の弱体化の原因は、貨幣を媒介とした等価交換を社会的総合の積極的な要として機能させるまでに至ったがためであると考えられる。つまり、貨幣という等価交換のメディアの強制力によって、情動的な「負い目」の意識が消失する。つまり等価交換の効果によって、宗教的情熱が冷却されてしまったのだ。[120] このようにして宗教的情熱から切り離されたかたちで、資本主義と不可分な要素である、自己を律する生活態度のみが抽出され、後に残されることになる。その結果、信仰を喪失した人々の目前に、ニーチェ的な諸価値の相対性が現出する。

ヴェーバーにとって、神によって保証された真善美が三位一体となった世界は、近代という時代の中では、もはや過ぎ去ったものである。信仰心を喪失し、神の後見という超越的な支えを失った人々は、世俗内的な貨幣というメディアに対する信頼によって結びつく。そのような超越性から切り離された人間にとって、世界は「意味のない無限の出来事」としてたち現れる（Weber［1904］1982: 180＝1998: 92）。

「あるものは、美しくなくとも神聖でありうるだけでなく、むしろそれが美しくないがゆえに、また美しくない限りにおいて、神聖でありうる」「あるものは、善ではないが美しくありうるというだけでなく、むしろ善でないというまさに、その点で美しくあり」「あるものは、美しくもなく、神聖でもなく、また善でもないかわりに真ではありうるということ、いな、それが、真でありうるのは、むしろそれが美しくも神聖でも、また善でもないからこそである」(Weber［1919］1992: 99-100=1980: 54)。

真善美の三位一体を保証していた神という超越的な支えに対する信仰を失った世界は、透明な意味を喪失し、混沌としたニーチェ的な力の場と化してしまう[121]。

ここにヴェーバーがいうところの「意欲する文化人」という人格類型が現れる。この旧来の呪術から解放された世界では、既成の宗教によって、倫理的義務を与えられた者以外は、各人が、各人の文化理想を選び取り、意味を創造しなければならない[122]。

その結果、文化人達が織り上げる世界という舞台は、自己の価値理念を賭けた闘争の場と化す。それが、ヴェーバーのいうところの「認識の木の実を食べた一文化期の宿命」にほかならない(Weber［1904］1982: 154＝1998: 41)。

ここで強調しておかねばならぬことは、パンと葡萄酒という象徴財をメディアにして人々が結びついていたキリスト教という祭祀・互酬共同体から、貨幣をメディアにして人々が結びつく資本主義社会の移行の交点に、プロテスタントの宗教的な集合行為が位置していたことである。

プロテスタントの狂信的な集合行為が、「営利主義」を祭祀・互酬共同体の中に導き入れるとともに、その「禁欲主義」によって、資本蓄積を促すことになった。つまり、「神に対する信仰」が次第に「貨幣に対する信頼」へと置き換わっていく推進力を、プロテスタントの集合行為が与えたことになる。

ただし、世俗化のプロセスは、ヴェーバーの「脱呪術化」のテーゼに反して、貨幣という呪物によって媒介された新たな「再呪術化」の過程として捉えられる。本書がこれまで論じてきたように、貨幣経済の浸透と世俗化・合理化のプロセスとは、不可分なかたちで結び付いている。脱呪術化のテーゼは、合理化の核心に存在する不合理を隠蔽するイデオロギーとして機能しかねない。

共同体の内と外の反転と「意欲する文化人」の誕生

ヴェーバーにとって資本主義経済は、ジンメルにとっての貨幣経済と同様、人格形成の過程にとって両義的意義を持つ[123]。

まず一方で、近代資本主義社会は、能動的に自己の価値を選び取り、その人格を自律的に形成する「意欲する文化人」という人格類型を可能にした。しかし他方で、近代資本主義は、人々と積極的諸価値との絆を弛緩させると同時に、受動的に物質的利害のみに専心する人格類型を一般化させる傾向にある。その結果、人格形成の自由は弱体化する。もちろん、ヴェーバーは、前者の人格類型を評価し後者のそれに対して批判的であった。

カルヴィニストの世俗内禁欲は、「営利の解放」と「消費の圧殺」を結びつけたが、これは旧来の呪術から解放された世界を現出せしめ、伝統的支配によって正当化された伝統的経済を駆逐した。その結果、歴史上はじめて、合法的支配によって正当化された営利を常態化した近代的な資本主義経済が可能となった（Weber [1920a] 1988: 1-16=1972: 5-28）。しかしながら、これはさきに述べたように世俗化された新たな呪術の始まりにほかならない。

ところで、ヴェーバーは、近代資本主義以前にも、金銭欲は存在しており、様々な賤民資本主義が存在していたことを指摘している（Weber［1920a］1988: 6-8=1972: 13-7）。この前近代的な賤民資本主義と近代資本主義が異なる点は、大きく二つある。

まず第一点は、ヴェーバーは、近代資本主義の営利活動の核心を、資本蓄積ではなく、その資本蓄積を可能にする「市民的な合理的生活態度」（Weber［1920b］1988: 195=1989 : 351）と「自由な労働の合理的・資本主義的組織」（Weber［1920a］1988: 7=1972: 15）に見出したことにある。前近代的な賤民資本主義にはこの二つが欠落していた。

この二つの要素は、救いの手段としての呪術を廃棄したために、教会という媒介なしに神と相対することになったカルヴィニストの集合行為に由来する。彼らは、神の栄光を増すために、修道士達の世俗外禁欲を世俗内へと持ち込み、自己の生活を不断に吟味し、合理的に管理・組織することに邁進した。価値合理的なカルヴィニストの世俗内禁欲は、形式合理的に自己の生活を対象化して把握し、管理・操作する人格類型を作り出す。この人格類型が「意欲する文化人」の雛型となる。

このカルヴィニストのエートスが、消費を圧殺し資本蓄積を行う合理的な資本家と、勤勉な労働者という近代資本主義を可能にする人格類型の母体となった。そして、その母体から生まれ出たフランクリンによって例証される「資本主義の精神」は、信仰心を失ったカルヴィニズムの倫理的残骸にすぎない（Weber［1920b］1988）。

もう一点であるが、近代以前の賤民資本主義は、共同体の外部で行われていたということである。共同体の内側における営利活動は、反倫理的なものとして追放されていた。

たとえばユダヤ人の共同体の内側では、営利活動は、基本的に禁じられており、ユダヤ人同士で金銭を貸し借りする際、利子を取ることはできなかった。しかし、ユダヤ共同体の外部の異教徒であれば、利子を取ることが出来た。賤民民族と呼ばれてきた古代ユダヤ人でさえ、「対内道徳（Binnenmoral）」と「対外道徳（Außenmoral）」という二つの道徳を、共同体の内と外で使い分けていた（Weber［1921］1988: 351-70=1989: 802-43）。

このように共同体外に追放されていた営利活動が、共同体内において一般化され常態的な経済活動になったのは近代資本主義のみである。ここに社会的交換形式による共同性の形成という観点からみて、重要な転換点が存在している。営利活動が常態化するということは、アリストテレスが懸念していた、共同体の善を目的とせず、自己の利益を優先するために、他者を手段とすることによって貨幣利得を追い求める「商人術」が日常的営為と化してしまうことと同義である。

それは、祭祀・互酬共同体の外部に巧妙に放逐されていた市場的なものを、共同体の内部に引き込むことである。この市場的なものの共同体内への導入は、旧来の祭祀・互酬共同体の倫理からすれば、「われわれ」であることを放棄し、隣人を「敵」として扱うことにほかならない。いわば、旧来の祭祀・互酬共同体の内と外が反転し、日常的に相互に敵対的な関係が一般化することを意味している。

祭祀・互酬共同体の内と外の反転によって、社会化の前面へとせり出した「商人術」が人々の共同性の紐帯となるとともに、その紐帯の外側に追いやられた信仰や互酬性によって営まれる社会領域が背景へと追いやられ、プライベートなものとして扱われるようになる。

各人が聖なる象徴秩序に括り付けられた、祭祀・互酬共同体の成員にすぎなかった伝統社会と異なり、プロテスタントの集合行為によって産み落とされた再呪術化を果たした近代のみが「意欲する文化人」という人格類型の可能性を万人に開くことになる。

その意味で、贈与によって結びついた聖なる共同体から切り離された「意欲する文化人」は、世俗の神としての貨幣を信頼する、信仰を喪失したカルヴィニストともいうべき存在である。彼らは、自律的に自己の価値を選び取り、その価値を目的として行為する価値合理的な近代的人格類型である。この近代的な人格は、自己が選び取った価値を目的として、合目的的な行為を行うことにおいて、祭祀・互酬共同体というコンテクストから離れた近代社会の担い手である。

しかしながら、合理化は、創造的な文化人という自由な人格の可能性を開くと同時に、秩序適応型の人格類型を生じさせる。宗教的熱情から離床し、自動機械と化した資本主義経済は、伝統の中に埋め込まれていた経済を社会の前面へと押し上げ、社会の隅々にまで形式合理性を押し広げてゆく。もはや、自動機械と化した資本主義に、カルヴィニストや文化人の価値合理的な熱情は必要ない（Weber［1920b］1988: 202-4=1989: 362-6）。

営利活動を常態化させた資本主義は、破産と失業という将来に対する不安から、近代人に競争的市場と専門分化して行く労働システムを受け入れさせる。近代人は、「魂の分割状態」を受け入れ全人性を喪失せねばならない。ヴェーバーの観点からすれば、近代資本主義の中で生活する者の大半は、資本主義経済に価値合理的にかかわるのではなく、いわば適応によって、信仰心を喪失したカルヴィニストとしての生活の文法を強いられる。

また近代の合理化は、行政と経済的組織を中心とした普遍的官僚化の傾向となる。形式合理性に基づいた官僚制を社会の隅々に押し広げてゆくことによって、近代は、「鉄の檻」と化し、人々を価値喪失、自由喪失へと追いやり、「精神のない専門人、心情のなき享楽人」という適応型の人格類型を一般化させる（Weber［1920b］1988: 202-4=1989: 362-6）。

ヴェーバーにとっての主要な関心事は、こうした秩序適応型の人格類型の浸透に対抗し、人格の自由な展開の可能性を見出すことにあった（Weber［1918］1988: 333=1965: 330）。だが、ヴェーバーにとって、この課題は、もはや学問の課題であるというよりは、価値判断の領域における政治的な課題であった。

第三節　フランクフルト学派から見た後期資本主義における共同性の形成と主体化

フランクフルト学派の第一世代は、ドイツ革命における労働者革命の失敗に直面するとともに、階級的利害の誤認によってナショナリズムに呼応していく大衆の姿を目の当たりにした。それゆえ、彼らは、国家の権威主義へと積極的に合流してゆく人格の在り方を解き明かすことを重要な課題とした。

彼らは二つの世界大戦という総力戦を可能にした人格の在り方を、資本主義の構造転換に結びつけて考察している。その考察の結果、アドルノとホルクハイマーが見出した大衆は、自律性を喪失し、積極的にファシズムへと合流した「権威主義的人格」と自らを破壊する「道具的理性の主体」であった。また資本主義を純粋な儀礼宗教であると見定めたベンヤミンは、商品世界が身にまとう美的衣裳によって演出されるモードに巻き込まれ、批判能力を喪失した美的な消費主体が、ファシズムへと合流する姿を明らかにしている。

本節では、彼らの業績を社会的交換理論として再構成し、国家が積極的に経済主体として介入する後期資本主義における「資本制交換にもとづいた共同性の形成と諸個人の主体化」を考察する。

商品交換の進展と市民社会の自己崩壊

ジンメルは、最晩年に起こった第一次世界大戦の最中の一九一八年にシュトラスブールで永眠し、ヴェーバーもまたその二年後に逝去する。彼らが、最晩年に直面した大戦はジンメルのいうところの「文化の悲劇」を超えた「破局」と呼ぶべきものであった。

資本主義の危機は、労働者階級を覚醒させ、国家とナショナリズムを否定し、革命をもたらすことはなかった。資本主義の危機は、帝国主義戦争として現れた。階級的利害を見誤った労働者階級は、ナショナリストたちの呼びかけに呼応し、互いを殺戮するために戦場へと向う。第一次大戦という破局に際して、ホルクハイマー、ベンヤミン、アドルノ等は、権威主義的国家のナショナリズムへと各国の無数の労働者が合流し互いに殺戮し合った姿を見届けた。ここに「必然の国」から「自由の国」へ向うとしたマルクスの理想もまた打ち砕かれた。

フランクフルト学派の人々は、これらの一連の経緯に理性的主体の失墜による「市民社会の自己崩壊」を見た。その結果、初期フランクフルト学派は、「国家が主体となって、積極的に市場に経済に介入してゆく、後期資本主義のもとで、何ゆえ、プロレタリアートが革命主体たりえなかったのか、高まっていくはずのブルジョワとプロレタリアート間の階級対立を押しとどめることを可能にする心理的メカニズムがどのように成立したのか」という問題の解明へと向うことになった[124]。その試みは非合理性を抱え込んだ主体と、その人格形成の在り方を探究するものにほかならない。その中でも彼らは、交換と主体形成とのかかわりを、最重要課題の一つとして追究することになった。

まず、フランクフルト学派の綱領的論文であるホルクハイマーの「伝統理論と批判理論」を取り上げたい（Horkheimer 1976）。その中から、批判理論の重要な要素として、「交換」が取り上げられている重要な一文を引用しておこう。

「社会の批判理論は、比較的一般的な諸概念によって規定された、単純な商品交換という理念をもって始まる。次いで、利用できる知識全部と、他人および自分の研究に基づいて得た資料の調査とを前提とした上で、次のことが示される。すなわち、人間および事柄の性質は、なるほど交換経済の影響で変化するものの、現在みられるような人間および事物の性質を与えられたとするならば、交換経済は、専門（国民）経済学が叙述する自分自身の原理を別に破壊するわけではないが、社会的対立を必然的に先鋭化させるに至り、この先鋭化は、現在という歴

史時代では戦争と革命に駆り立てる」（Horkheimer［1937］1976: 183=1998: 210-1）

ホルクハイマーは、さらに「交換」という商品経済を条件づける社会化の形式こそが、人間の力の発展と個人の解放を実現させ、次に人間の自然支配力の途方もない伸張をもたらし、その後、人間による新たな野蛮を出現させると説いた。

マルクス以前の観念論的哲学やそれ以降の近代哲学の多くは、人間の主観性を予め優位なものと見なした。それらの哲学は、超越論的反省や現象学的還元などの方法を用いることによって劣位にある質料（素材）を切り捨て、意識の形式的な構造を明らかにすることで、人間の理性的存在者としての本質を確証してこようとしてきた。そのような客観を切り捨て意識の内部を捏ねくりまわす第一哲学の試みは放棄されねばならないと批判理論は考える。

アドルノは、始源を追い求める「第一哲学（prima philosophia）」の試みを廃棄し、常に実践的な歴史的・社会的現実というコンテクストに身を置く「最終哲学（ultima philosophia）」を標榜した。

最終哲学は、意識の内に自閉した哲学のパラダイムを社会的・歴史的なものへと向きを変えようとする「第二のコペルニクス転回」を促すものである（Adorno 1969: 155=1971: 207）。そのためフランクフルト学派の批判理論は、主観性の内側に閉じこもったカントやヘーゲルの観念論的言説、あるいはエドムント・フッサールの現象学的言説などと、批判的に対峙せざるをえなかった[125]。

資本主義の変容と個人の絶滅

ジンメルやマルクスと同じように、ホルクハイマーやアドルノにとって諸個人の人格や行動様式は、歴史の主体である絶対精神の手段でもなく、超越論的なものの故郷である自我によって予め規定されているわけでもない。それらは、あくまで社会的諸関係とのかかわりの中で変容するものとして捉えられている。

ホルクハイマーは、社会的諸関係の中でも特に「経済過程に対する文化や道徳の従属」や「家族の機能変化」に着目する。

かつての単純商品生産を基礎にした自由主義経済の場合、多数の小企業家たちが自らの生産手段を所有していた。この段階では、自らの生産手段を含めた財産の処分権を有する家父長的な小企業家たちは、直接的に市場へと相対することによって、自らの理性や悟性を使用することを要求された。

このような社会は、契約によって相互に結び付く比較的独立した経済主体によって構成されている。そこでは、「誠実な人柄の尊重・約束の遵守・判断の自主性等」(Horkheimer 1976: 194 =1998: 221) が重んじられた。これは、啓蒙的な理性を担う諸個人の存立を可能にする社会的条件が、単純商品生産を基盤にした商品交換にあったことの指摘であるといってよい。

しかし、貨幣を媒介にした商品交換の運動が、単純商品生産から資本主義的生産様式への移行を促し、それに同伴して市民道徳が変容してしまう。テクノロジーの発達を介して資本の集積と集中が進行し、それにともない所有と経営の分離が生じる。その結果、多くの小企業家達は没落し、生産手段に対する所有権が少数の経済的指導者の手へ移行してゆく。また企業内部でも経営と労働が分離してしまう。このようなプロセスが独占資本主義の段階へ至ると、自由を求める「典型的な個人が絶滅」してしまい、諸個人は「経済メカニズムに組み込まれた純粋な機能」、あるいは「経済の力学を伝えるメディア」へと成り下がるとホルクハイマーはいう (Horkheimer 1976: 194=1998: 222)。

このようなプロセスの中で、かつて生産共同体であった家族が、たんなる消費共同体へと転換してしまう。生産共同体において服従を求めた父が、家庭から離れた組織に服従する「組織人」となってしまう。その結果、家庭内における父の道徳的権威が失墜する。

道徳的空白状況におかれた家族の成員達は、不安定になった自我を支えるべく自ら進んで積極的に権威に服従しようとする。その結果、「権威主義的パーソナリティ」が蔓延することになる。アドルノによれば「権威主義的人間は、啓蒙されていながら、同時に、さまざまな迷信につきまとわれているのであり、ひとりの個人主義者であることを誇りとしながらも、すべての他者に一心同体化した存在でなくなることへの恒常的な恐怖にかられているのであり、さらには、みずからの独立心を疎ましく思い、力と権威に対して盲目的に従属していこうとする」存在である（Adorno 1950: ix=1980: 3）

このようにして市場に相対し自由を追い求めた自律的な個人は解体し、他律的に権威主義的に国家に追従しようとする大衆化したファシズムの主体が現れる。このような権威に積極的に同化しようとする主体が戦場へと誘われ互いに殺戮しあったのである。

ところで、国民国家という拡大した共同体は、旧来の祭祀・互酬共同体と同じように、その成員に対する支配の正当性を確保しなければ有効に機能しえない[126]。私的所有権によって敵対的に分割されている市民達を、愛国者として戦場へ送り出すためには、たんなる利害によって結びついた市民社会を構成する個人としてではなく、彼らに自らを、新たな信仰の対象としての「祖国（patrie）」を構成するメンバーである「国民（nation）」として表象させる必要がある[127]。

国家による支配の正当性は、各々の国家神話によってイデオロギー的に正当化される。慢性的な戦争状態にあった近代ヨーロッパの先進諸国は、初等教育、国旗や国歌などの象徴装置を用いた公的儀礼、公共の記念碑などを創出する。これらの手段を用いることによって、市民たちに国民としての歴史意識を共有させることで、支配の正当性を創出しなければならなかった(Hobsbawm and Ranger 1983)。
また国家に従順な主体を調達するために、公的資金によってインフラストラクチャーや産業を育成し、さらには医療制度や社会保障制度などを充実させることによって、労働者を物質的に懐柔し、彼らを国民として包摂する愛国的秩序を形成しなければならなかった。

これらの手段によって支配の正当性を確保するためには、国家は、近代的な租税国家として「再配分」という交換形式を担うことが不可欠となる。租税国家としての国民国家は、市民社会を構成する成員から租税を徴収し、それを「再配分」することによって拡大した一つの共同体として社会統合を達成する(Schumpeter 1918)。「再配分」という垂直的な財貨の流れは、実質的に租税国家が担う「国家行政(Polizei)」によって行われる経済政策や社会政策として具体的形態を与えられる[128]。

このように社会的交換形式という観点から見た場合、等価交換と資本制交換という交換形式を土台にした、租税国家の担う「再配分」という垂直的な財貨の流れによって、国民国家という拡大した共同体の物質的な成立基盤が確保されるといえる。

等価交換の主体であった市民たちは、「再配分」という社会的交換形式を担う租税国家の財貨の流れによって垂直的に貫かれてしまい、「国民という一般者」、すなわち国家の「臣民(sujet)」へと主体化される。社会的交換形式から見た場合、排外的な愛国の精神は、共同体を一つのエコノミーとしてまとめ上げる「再配分」という交換形式によって育まれる[129]。

ファシストやナショナリスト達の呼びかけに応えた愛国者達は、悟性的な自然支配によって破壊力の増した近代兵器で互いを殺戮し合い、銃後で彼らの戦いを支えた一般市民の多くも戦場の業火に包まれた。

二つの世界大戦は、資本によって育まれ破壊力を増した商品である兵器を用い、感情をも徴発する国民国家同士の総力戦となった。フーコーの指摘するように「生の政治（biopolitics）」というテクノロジーは、実際に「死の政治（thanatopolitique）」へと反転し、ヨーロッパ史において未曾有の死者を積み上げることになった[130]。ヒロシマやナガサキでは、物質から解き放たれたエネルギーが一瞬にして多くの人々に死を与え、被爆した生存者達にいまも癒えることのない痛みを与え続けている。

そして、粗雑なレッテル思考によって搦めとられ、個々の名前を剥奪された多くのユダヤ人達は、数えられる均質な量へと還元され、アウシュヴィッツという死の工場の中で焼却処分された。

自らの権威を喪失し、自我を不安定化させた人々による集団的権威への過剰な同調ゆえに、凶兆に輝く大地の上で、保存されるべき「生けるもの（Lebendiges）」が、最新のテクノロジーによって破壊されてしまったのである。

第四節　原初的交換による分裂した主体性の発生

主体性の原史としてのオデュッセイア

ホルクハイマーとアドルノは、「市民社会の自己崩壊」ともいうべき二つの大戦を思想的に解明すべき重大な課題として受け止めた。なぜなら進歩の根拠であるはずの人間理性は、カントを理性批判へと駆り立てた形而上学的なアンチノミーを喋りだすたんなる二枚舌ではなく、史上かつてない惨劇を招きよせる野蛮な怪物となってしまったからだ[131]。

ホルクハイマーとアドルノは、彼らの思想的課題を『啓蒙の弁証法』の冒頭で「何ゆえに人類は、真に人間的な状態に踏み入っていく代わりに、一種の新しい野蛮へ落ち込んでゆくのか」という問いへと集約し、文明史的かつ徹底的な理性批判を遂行していく。

ホルクハイマーとアドルノは、「市民社会の自己崩壊」という破局の起源を探求すべく文明史的に遡行し、神話から叙事詩への移行の記憶が保存されているホメロスの『オデュッセイア』に辿り着く。彼らは、その物語の中に登場する英雄オデュッセウスの姿に、アレゴーリッシュに表現された啓蒙の主体の原初の在り方を見極めようとする（Horkheimer und Adorno 1947）。

このオデュッセウスの冒険譚は、自己保存を希求する「生けるもの」が市民的自己同一性を確立してゆく過程を表現するアレゴリーとなっている。その中で「交換による主体形成」の重要性が指摘されている。

神々や怪物達に比して肉体的に無力な英雄オデュッセウスは、神話的諸力の支配する圏域から脱するために「狡知（List）」を駆使し、数々の詭計を用いる。その詭計の一つが贈与であった。オデュッセウスは、神々やキュクロプスなどの怪物に「贈物（Gastgeschenk）」を贈与することで、神々を欺き、神話的圏域を脱出していく。オデュッセウスが差し出す犠牲や贈物は、神話的世界の住人が、畏怖や畏敬の念から神々や怪物達へと捧げるものとは異なっている。オデュッセウスが捧げる犠牲は、神々や怪物達への畏怖や畏敬の念から発するのではなく、オデュッセウス自身の自己保存を確実なものとし、神話的圏域から脱出し、領国へと帰郷するという最終目的を達するための狡猾な手段である。オデュッセウスの贈与は、犠牲と「交換」の中間にあり、既に商取引の様相を帯びはじめたものとして捉えられている（Horkheimer und Adorno 1947: 64-5=1990: 73-4）。

怜悧なオデュッセウスという主体の正体がまざまざと顕わになるのが、セイレーンの住む島を通り過ぎる件である（Horkheimer und Adorno 1947: 74-6=1990: 83-6）。

セイレーンの甘美な歌声の誘惑は、それを聞いた航海者を自失へと誘い難破させ死をもたらす。前もって女神から難破の危機とその対処法を知らされたオデュッセウスは、従者の耳に蜜蝋を詰めセイレーンの歌声の影響から逃れようとする。しかしながらオデュッセウス自身は、蜜蝋を詰めることなく、船のマストに自らの体を縛り、セイレーンの歌声を聴こうとする。オデュッセウスは、どうしてもセイレーンの歌声を聴きたいのである。

原初的交換による二重の主体性の生成

セイレーンの歌声は生ける美を表現し、それを直接的に享受する者は、自己喪失し、自然との距離を失い、神話的諸力の圏域に巻き込まれてしまう。計算的理性の主体である英雄オデュッセウスでさえもが、その生ける美を享受する誘惑を断ち切れない。つまり啓蒙の主体は、完全に「自己の内的自然の欲望に対する支配」を完遂できない。

オデュッセウスの欲望によって表現されているのは「ミメーシス（Mimesis）」という能力にほかならない[132]。アドルノとホルクハイマーによれば、ミメーシス（模倣）は、理性に先行する人間の能力であり、本来「他者への有機的適合（organische Anschmiegung ans andere）」（Horkheimer und Adorno 1947: 213=1990: 283）を求め、対象との一体化を欲する。他方の理性は、ミメーシスから派生したものであり、「死せる存在への模倣（Mimesis ans Tote）」であるとされる（Horkheimer und Adorno 1947: 73=1990: 82）。主観的精神は、自然の堅固さを模倣し、自然を概念の同一性に押し込むことで、自然のアニミズム的生命を解消し、自然を征服可能な物へと仕立て上げる。原初的啓蒙の主体であるオデュッセウスが行った数々の詭計は、このような精神の同一化作用による自然支配を表している。

自然を対象化し概念の作用によって支配することが可能となるためには、前もって自らの内的自然を支配し、それを抑圧しなければならない。

それを可能にする形式が「諦念（Entsagung）」である。自然とのミメーシス的交流を求める内的自然の欲望を否定し犠牲として捧げる「犠牲の内面化（Introversion des Opfers）」を可能にする諦念こそが、市民的覚醒の原理にほかならない（Horkheimer und Adorno 1947: 71=1990: 80）。もちろん、諦念と引き換えに自己保存を達成する供犠の儀礼は、主体を主体たらしめている原初的交換にほかならない。

だが、自らを犠牲として奉げつづける啓蒙の主体による内的自然支配は、オデュッセウスがそうであったように、貫徹することが不可能な事柄である。

ホルクハイマーとアドルノが見出した啓蒙の主体は、たんなる理性的主体などではない。啓蒙の主体は、道具的理性の用いる概念の合理性によって、外的自然を支配すると同時に、自らの内的自然を抑圧しその充足を阻むことで、自己保存を達成する。だが、本来の啓蒙の主体は、ミメーシス的主体であるため、道具的理性の支配を超えて、生ける自然との融和を希う非合理的衝動を抱え込んでしまう。

このように啓蒙の主体は、概念を司る道具的理性と美的なミメーシス的主体としての二重の側面を持つ、予め破壊のポテンシャルを秘めた引き裂かれた主体であった。そして、自然支配の過剰によって遅延し蓄積されてきた融和への願いが、破壊衝動へと転じ、道具的理性によって高度に発展した自然や社会に対する技術的支配と融合する。自然支配の帰結は、まさに「自然の反乱（the revolt of nature）」であり、その結果、市民社会の自己崩壊が生じたのである（Horkheimer 1947: 94）[133]。

第五節　儀礼宗教としての資本主義

貨幣経済の浸透とアレゴリーの発生

第一次世界大戦という破局の経験をくぐり抜けたベンヤミンの歴史哲学的パースペクティブは、ヨーロッパ的精神の勝利を言祝ぐのではなく、第一次世界戦争という破壊とファシズムの猛威を出現させた、ヨーロッパ的精神の神話的な暴力性の在り処を探求すべく過去へと向けられる。

ベンヤミンは、初期の代表作である『ドイツ悲哀劇の根源』の中で「象徴（Symbol）」と「寓意（Allegorie）」の意味作用の違いについて述べている（Benjamin［1928］1963: 174-97=2001:250-72）。この二つの意味作用の区別は、これまでの議論と密接に結びつくと同時に、ベンヤミンの思想を読み解く上で不可欠となる。

ベンヤミンによれば、真の「象徴」とは宗教的で神学の領域に基礎を置くものであった。

象徴という形式が有効に機能するためには、神々によってあらゆるものが象られたものであると考えられたがゆえに、あらゆる存在者が透明性を帯び、象徴秩序と安定的に結びついていなければならない(134)。これまで述べてきたように、神々に対する信仰とタブーによって確保される規範的合意によって営まれる「祭祀・互酬共同体」における表現形式として、象徴は、有効に機能するといえるだろう。

しかし、ヨーロッパの中世の末から宗教改革の時代に至ると、人間の歴史が神的なものから切り離されて次第に漂流しはじめるとベンヤミンはいう。神的なものから切り離されてしまうがゆえに、象徴という表現形式を可能にしていた人間と自然との古典的な調和が解体してしまう。その結果、人間と自然との間に巨大な暗い深淵が口を開け、その縁からアレゴリーという表現形式が発生することになる。

社会的交換形式という観点から見るならば、人間と自然との間に深淵を開口させ、象徴の衰退とアレゴリーの発生を促した最大の要因は、これまで論述によって明らかにしたように、カソリックによって準備され、プロテスタントによって加速化した貨幣経済の浸透にあるといってよいだろう。ヨーロッパにおける貨幣経済の進展は、かつての神的なものによって包摂されてきた祭祀・互酬共同体の秩序を解体し、自然科学の知識以上に、実践的に人間と自然との絆を切り離すことに貢献してきた。

貨幣を媒介にした等価交換という交換形式の拡大は、信仰とタブーによって固守された象徴秩序と人々の間の鎖を解く。その結果、旧来の祭祀・互酬共同体の物語に依拠してきた人々の物語的同一性が根底から揺らぐことになる。

それゆえ、芸術という活動を担うミメーシス的衝動もまた、宗教的なもののリアリティの解体によって、宗教的モチーフに対してかつてのように向き合うことができなくなる。その結果、歴史を「世界の受苦の歴史」として見るアレゴリーという表現形式が現れる。

神との結び付きを失い透明性を喪失した世界では、もはや象徴という表現形式はリアリティを保ち得ない。しかしながら自然との融和を求めるミメーシス的衝動は、新たなモチーフを探しもとめ、廃墟や瓦礫のなかに打ち捨てられているものを、問いを投げかけてくる貴重な素材とみなすようになる。[135]

貨幣経済の浸透によって、融和を約束した神的なものという超越的な対象を見失っても、ミメーシス的衝動は、けっして自らの欲望を抑えつけることはできない。ミメーシス的衝動は、自然支配が廃棄された、世界や他者との有機的合一したユートピアを求めて、様々な素材を拾い上げアレゴリーという表現形式を与えていく。

アレゴリーという表現形式をベンヤミンが重視するのは、アレゴリーの対象そのものではなく、無数のアレゴリーへと結晶した人々の願望を解読するためである。神々と聖なる自然の不在という「喪失感」を埋めるために生じたアレゴリーという表現形式に、不可避的に人々の願望が表現されることになる。

ベンヤミンは、無数のアレゴリーをモザイク画のように組み合わせ、その中に封じ込められた様々な形象と文字を浮かび上がらせることで、人々の救われることのなかった願いを読み解こうとした。ハーバマスがいうように、ベンヤミンの救済する批評の狙いは、あらゆる過去の時代に、実現されることのなかった期待の地平を書き加えることで、絶えず過去を想起し、現在の地平に過去の期待を繰り込む。これにより、その願いを実現することにある（Habermas 1985=1988: 21）。その批評は、過去の世代と未来の世代の運命に責任を負おうとする態度に貫かれている。

ところでベンヤミンは、ゲーテの原現象が様々な動植物の具体的形態として表現されるように、あらゆる時代にその根源となるトポスが存在し、それが人間の営為から生み出される様々な事象によって表現されると考えた[136]。この発想から着想されたのがベンヤミンの「根源史（Urgeschichte）」であり、根源史は、表現としての歴史の根源に存在し、その表現を生じさせるものとして捉えられている（Benjamin 1983: 579）。ベンヤミンは、これを「階級なき社会（eine klassenlose Gesellschaft）」と言い換えている（Benjamin 1983: 47）。

ベンヤミンのいうところの歴史の根源とは、「階級対立によって分断された人々の和解への願い」と「人間と自然との融和」という、ミメーシス能力が孕むユートピア的契機を含んだものである[137]。したがって、神の不在において展開されるアレゴリーという表現形式を通路にして、時代を規定するところの歴史の根源へと遡行することが可能になる。

ここで確認すべきことは、ベンヤミンがドイツ・バロックに遡行したのは、第一次世界大戦という破局へと到る近代の根源を探究しようとしたことである。ドイツ・バロックの「悲哀劇」において、「思惟と存在の一致」を前提にした象徴という表現形式ではなく、その不一致を露呈させるアレゴリーという表現形式が出現した。アレゴリーの出現は、近代の根源に神的なものの消失によって顕わになった暗い深淵が存在していることを明かしている。

本書の立場から見るならば、これまで述べてきたように貨幣経済の浸透によって、祭祀・互酬共同体のリアリティが弱体化することによって、覆い隠されていた「思惟と存在の裂け目」に広がる暗い深淵が出現することになる。この不可解でカオティックな暗い深淵は、人々にその空虚な闇を埋めようとする止み難い願望を胚胎させ、近代的精神の様々な意味作用や表現の試みを生起させる。

商品アレゴリーとファンタスマゴリー

ベンヤミンは、『パサージュ論』の「パリ——十九世紀の首都」という草稿の中で「どんな時代もそれに続く時代を夢見ている」（Benjamin 1983: 46）というミシュレの言葉を引用している。この言葉は、ベンヤミンが、第一次世界大戦とその後のファシズムの猛威を許すことになった二〇世紀を生みだす前世紀の悪夢の輪郭をかたどろうとしたことを明かしている。(138)

一九世紀という時代の願望を読み取るための貴重なアレゴリーの断片が転がる重要な場所として、パサージュ・室内・万国博覧会・百貨店等などが浮かび上がってくる。中でもパリの壁に大理石などが使用された、ガラス張りの天井をもったアーケードであるパサージュは、織物取引の興隆と鉄骨建築の技術を基盤にして作られた商品資本の神殿であり、一九世紀の人々にとっての憧れの巡礼地であった。

ここで重要になるのが、芸術が、仕える主を、神的なものから、商品に乗り換えていたことである。アーケードを彩る商品は、たんなる労働生産物ではなく、美的な外皮を纏っている。旧来の芸術は、神によって祝福された司祭や貴族たちに仕えていた。かつての美的な労働生産物であった芸術作品は礼拝的価値を持ち、それぞれの共同体の伝統を成すコンテクストに位置づけられた。それらは、商品のように、日常的に現われる類のものではなかった。

しかしながら、パリのパサージュでは、装飾品をはじめ様々な商品が美的な意匠を身にまとい、人々の欲望を喚起していた。もはやアーケードの中では、商品はたんなる使用価値を持った労働生産物としてではなく、バロックの髑髏のように人々の願望を呼び起こす美的メディアと化していたのだ。

つまり、商品という運動体は、使用価値を求める人々の欲求だけでなく、美的欲望の水準をも巻き込みながら旋回していたのである。商品の纏う美的な外皮は、自然との融和を求めるミメーシス的衝動を糧とすることで、資本の価値実現の運動がその推進力を得ようとしていることの証であった。それゆえ、バロック時代とは異なり、アレゴリー作家の作品ではなく、自然との融和の願いが託された商品の美的形態を読み解くことが、時代の根源を読み解くための通路となる。

ベンヤミンが見定めようとしているのは、個人の水準ではなく、商品の運動と階級関係によって拘束されると同時に、新たなテクノロジーによって媒介された集団的な欲望と身体性の水準にある群衆という主体にあった。

ベンヤミンによれば、この群衆という水準に焦点を合わせることによって、集団的なイメージで構成される「身体空間」が浮かび上がる。[139] ノルベルト・ボルツが指摘するように、時代に制約されたテクノロジーやメディアの装置によって、人々の知覚は組織される（Bolz 1991=2000: 94-130）。ベンヤミンの美的なものに対するアプローチは、メディア・テクノロジーに媒介された知覚を問題にしており、現代のメディア論の先駆けであったというボルツの指摘は正当なものであろう。

それらの時代を彩るテクノロジーに制約された諸装置によってもたらされる広告、張り紙、ポスター、建築などの様々なイメージの奔流が、人々の知覚へと流しこまれる。輪転機やカメラなどの複製技術の発達に媒介された人々の知覚は、必然的に集団的なものとなる。

そのようなメディアやテクノロジーによって媒介された身体空間に照準を合わせるならば、都市は、集団的身体の住まう室内空間となり、街路は居間や住居となり、新聞スタンドは書斎へと変容する。それゆえベンヤミンは、消費の欲望から一定の距離を保った知性の在り方によって、群衆という主体が捉われている「ファンタスマゴリー（Phantasmagorie）」を読解してゆく(140)。

「新しさ」という商品の攻撃

ファンタスマゴリーを読み解く上で、「流行（Mode）」という現象が生じる場であるアーケードや百貨店などの商業空間が決定的に重要になってくる。一九世紀末以降、流行という現象に捉われてしまったアーケードや百貨店を彩る無数の商品群において、具体的形態である使用価値の重要性は、低下してしまう。というのも、商品世界の運動は、商品の具体的な使用価値から得られるのではなく、人々の美的衝動を喚起する「新しさ」によってその推進力を得ようとしていたからだ。

ベンヤミンは、モードの核心が「無機的なものにセックス・アピールを感じるフェティシズム」にあるという（Benjamin 1983: 51）(141)。いわば、モード本来の役割は、きらびやかな魅惑を放つ商品への帰依を媒介にして、人々の生命を資本という無機的な死せる世界に取り込むことにある。

ベンヤミンが指摘するように、近代という時代の暗い深淵の上に立ち現れた商品という物神は、商品の使用価値を通り越し、このような倒錯したフェティッシュを巧みに利用する。新しさという衣装を身にまとう商品は、人々のユートピア的な自然回帰願望を喚起し、モードという商品の崇拝儀礼に人々や事物を巻き込もうとする。

人々の願望をメディアにして事物の消尽を促すモードの奔流は、商品という物神へと捧げられる供物の流れであるといってよいだろう。

モードが支配的になるということは、商品の有用性である使用価値を作り出すことが商品生産の目的ではないことを明らかにしている。コマーシャリズムやマーケティングという技術は、いまだに使用可能なものを廃棄させようと躍起になる。使用可能な商品を廃棄させようとするのは、商品の生産の目的が、使用価値の生産ではなく、交換価値を生産し、それを貨幣へと転じせしめることが目的になっていることを明かしている。

生産の目的が交換価値と貨幣にあるということは、商品の使用価値や人々の美的な欲望さえもが、資本の価値実現のためのたんなる手段へと転落してしまったことの証である。

「新しさ」とは、商品世界の惰性の中に存在する詩的なものであり、ボードレールは、その輝きにアクチュアリティを見出した[142]。しかしながら、ボードレールを魅了した詩的な色彩を帯びた「新しさ」は、「芸術の最後の防御線」であると同時に「商品の攻撃の最前線」という二重の性質を持つことをベンヤミンは指摘している(Benjamin 1983: 71-2)。

群集の集団的欲望を通じて露呈するのは、モードによって送り出される商品群の魅惑的な「新しさ」さが放つ仮像の光彩と、その輝きに触発される群衆のユートピア的な自然回帰願望であった。ユートピア願望は、美的に演出された商品群の購入を促す。その結果交換価値は貨幣へと結晶することで自らの価値を成就し、資本へと還流してゆく。

資本という物神は、生きた労働から生まれた使用価値に、死せる労働の所産である交換価値という外皮だけでなく、美的な「新しさ」の衣を纏わせることで、生けるミメーシス衝動さえも回収し、経済の「不死の身体」である貨幣へと結晶させようとする。

人々の自己保存欲動から発する労働とミメーシス的衝動さえも回収する資本の運動は、いわば「生けるもの」を犠牲に捧げることで、「死んだ労働」である均質な亡霊的な価値を抽出してゆく倒錯した経済過程にほかならない[143]。

モードの中に現われる「新しさ」は、亡霊的な交換価値が自らを美的に表現したものであり、けっして社会化の過程に質的差異を持ち込むものではない。近代という時代の玉座についた資本という物神を崇拝する儀礼の一つがモードなのであって、そうした儀礼の反復こそが亡霊的な資本の自己回転運動を支え、膨大な瓦礫の山を築きあげてゆく。

ベンヤミンは、ドイツ・バロックのアレゴリー的形象を読み解き、その時代の根源に「思惟と存在の不一致」の間に開いた暗い闇と、その闇を埋めようとする人々の止み難い願望を見出した。そして、人々は、その闇を覆うべく、新たな人為的祭儀を整え、世俗の宗教を構築する。ボルツが指摘するように神々が退出した世界のカオスを、人々は耐え抜くことができない。ベンヤミンは、まさにそのカオスを覆い隠すために人為的に整えられた新たな祭儀こそが、資本主義であることを見抜いたのである。

ボルツは、ベンヤミンが喝破した「資本主義が儀礼宗教である」というテーゼがまさに現代においてアクチュアルなものとなっているという。

現代の祭儀場は、ボルツのいうように消費寺院である。それは、百貨店であり、テレビCMであり、インターネットのモニターなどである。スポーツ選手やタレント達は、消費寺院の司祭であり、それらの空間を美的衣装で演出する。現代を生きる消費者の身体空間は、ブランドの多神教によって構成される。

ミメーシス衝動を抱えた消費主体たちは、コマーシャルやマーケティングによって演出された舞台に魅惑され、宗教としての資本主義に入信してしまう。われわれは、美的な衣装を纏った商品という祭具を用いて、日々、世俗化された宗教の運動を支えているのである。

ベンヤミンが捉えたのは、まさに、このような現代の消費社会へと真っ直ぐに通じる、美的な呪術による再呪術化の過程の起源であり、その端緒であった。一九世紀のパリで露になったのは、その闇に覆いかぶさるように立ち現れた商品という物神と、その細胞であり、人々の願望の断片でもある無数の商品アレゴリーであった。

商品は、ジンメルが解放のメディアと見た貨幣を紐帯にして駆動する奇怪な運動体にほかならず、マルクスにとっては文明化作用を推し進める資本を構成する細胞であった。第一次世界大戦という破局は、商品という偽神を中心にして立ち上がる機械仕掛けの「第二の自然」が、民族という「虚偽の仮面」を被って人々を死地へと誘い込んだ結果である。すなわち、一九世紀という悪夢からの目覚めは、第一次世界大戦という「自然の反乱」へと至ったのだ。

われわれの住まう現代社会もまた、外的自然支配によって整えられたはるかに殺傷力の増した兵器と、美的に演出された消費社会に囚われたミメーシス的衝動を抱えてしまっている。われわれが眠り込んでいる時代の悪夢からの目覚めもまた、最悪の事態を経ての覚醒となる可能性は十分にある。

第六章　コミュニケーション的理性と"Zivilgesellschaft"の形成

「贈与（互酬）」という交換形式によって営まれた祭祀・互酬共同体は、「等価交換」と「資本制交換」の侵入によって、解体・再編されてしまった。

「等価交換」は、市場システムを構成する相互排他的な私的所有権の主体として人々を分割することで、物質的再生産の領域である"bürgerliche Gesellschaft（市民社会）"を成立せしめた。

さらに、等価交換のメディアである貨幣に対する欲望によって、貨幣が資本へと転じ、資本主義を基礎にした社会化の地平が出現する。拡大を宿命づけられた資本に牽引されることによって、近代化のプロセスは世界へと波及することになった。

第五章で述べたように、資本の拡大を目的とする「資本制交換」は、次第に人々から自律性を奪うとともに、国家の司る「再配分」という交換形式と結びつき、人々を権威主義的人格へと主体化（臣民化）した。それと同時に、人々を群衆的な美的主体へと造型した。そして、資本主義の危機は、帝国主義戦争としてあらわれることで「市民社会の自己崩壊」へと至る。その崩壊は、「自然の叛乱」というべきものであった。

このように交換形式と主体化とのかかわりは、一方で「市民社会の自己崩壊」の可能性へと通じている。しかし他方で、そのような破局の回避を可能にする、近代の批判的審級である"Zivilgesellschaft（市民社会）"もまた、実のところ

「等価交換」という社会的交換形式による主体化と密接に関わっている。

資本制交換によって牽引される物質的再生産の領域である"bürgerliche Gesellschaft（市民社会）"と、物質的再生産の領域に対する意識的な反省形式であるコミュニケーション的行為によって営まれる"Zivilgesellschaft（市民社会）"は、いわば、等価交換から産出されるコインの裏と表として不可分の関係にある。

この二つの市民社会の不可分な関係性を明らかにするために、本章では、ユルゲン・ハーバマスの「コミュニケーション論」と「システムと生活世界の二世界論」という区分を批判的に読解する。

それらの批判的読解によって、"Zivilgesellschaft（市民社会）"を司るコミュニケーション的理性と、コミュニケーション的行為を行う相互主観的なコミュニケーション的理性の諸主体とのいずれもが、「等価交換」の効果によって規定されていることを明らかにしたい(144)。

第一節　コミュニケーション的理性の解明による理性の復権

コミュニケーション的理性の解明

ハーバマスは、理性そのものを否定しかねない批判理論の第一世代による「歯止めのない理性批判」に抗して、コミュニケーション論的転回を唱える(145)。

ハーバマスは、ホルクハイマーとアドルノによって糾弾された道具的理性へと還元された理性を救済することを目論む。その目論見を、「語用論」の次元において現れるコミュニケーション的理性の形式的連関を批判的に解明することで果たそうとする。

ハーバマスのコミュニケーション論は、コミュニケーション的行為に内在する理性的契機を、相互主観的なコミュニケーション的理性の一般構造として再構成するものである。[146] その内実は、まず「自分達の外に存在する諸々の対象からなる一つの世界がある」という共通の想定であり、次に「相手に合理性もしくは帰責能力がある」という相互的な想定、及び三つの形式的な妥当性要求である。

ハーバマスは、それらの三つの妥当性要求を（1）客観的世界における「真理性」（2）社会的世界における「正当性」（3）主観的世界における「誠実性」として簡潔に表現する（Habermas 1981 [1]: 439=1986: 73）。

これらの想定は、日常的なコミュニケーションにおいて潜在的なかたちで機能している。というのも了解志向的なコミュニケーション的行為が、スムーズに行われる場合、生活世界における「暗黙の合意」として、それらが予め達成されているからである。しかし、コミュニケーションにおける不一致や障害が生じた際に、三つの妥当性要求は、明確なかたちであらわれてくる。

ハーバマスによれば、ポスト伝統的な近代社会におけるコミュニケーションにおいて、真理性や正当性は、批判を許されない伝統的な「規範的合意」の軛《くびき》から解放されている。またコミュニケーション的行為による「討議によって確保される合意」を超える、超越的・超越論的な理性のようなメタ・レベルの権威をもった審級は存在しない。

このような相互主観的な力であるコミュニケーション的理性の妥当性要求に応えようとする当事者達の努力が、事後的にディスコミュニケーションを解消し、生活世界を民主的に再生産することを促す。[147] それと同時に、コミュニケーション的行為は、発話能力を有する責任主体として、人々を社会化する機能をも果たす。

つまり、コミュニケーション的理性が要求する三つの妥当性は、相互行為における「合意」を達成することで、客観的世界における文化的知識を、社会的世界における規範的秩序を、および主観的世界における社会化された責任主体を再生産することになる。[148] このようなコミュニケーション行為の流れは、必然的な合意の内容を指し示す決定論的なプロセスではなく、偶有性と差異に開かれたものである。

ハーバマスは、コミュニケーション的理性によって確保される「強制のない合意」に、道具的理性に基づいた目的合理的な意識哲学と、その哲学に依拠した労働・生産パラダイムが見失った「支配なき宥和」へと到る契機を見いだす。

ハーバマスは、このようにコミュニケーション的行為に内在する理性の一般構造を解明することで、「近代という未完のプロジェクト」を救済する拠点を確保したといえる。[149]

システムと生活世界の二世界論

コミュニケーション論的転回は、社会理論の基礎を、意識哲学モデルからコミュニケーション論モデルへの転換を促す。[150] この転換によって、ハーバマスは、社会領域を二つの層に峻別する。

一つ目の層は、「戦略的‐成果的志向」的な目的合理的行為によって営まれる「システム」という物質的再生産の合理化過程の領域である。このシステムは、マルクス、ヴェーバー、フランクフルト学派第一世代などが捉えてきた労働・生産パラダイムによって扱われてきた行政・経済の領域であるといえる。

もう一方の層は、「了解志向的」なコミュニケーション的行為によって産出される、「生活世界」という民主的な合理化過程の領域である。この生活世界は、コミュニケーション論的転回以降のハーバマスの社会理論の核となる。コミュニケーション的理性は、道具的合理性やシステム合理性の作用に還元することのできない、生活世界の合理化過程の核心と見なされる。

このような生活世界の存在を明らかにすることは、第一世代の批判理論に抗して、近代化というプロセスを解放的で民主的なプロジェクトとして再生可能なものとするといってよい(151)。

ハーバマスは、目的合理的なシステムと了解志向的な生活世界との関係を、「システムによる生活世界の植民地化」と簡潔に表現し、肥大化したシステムが生活世界を道具化することで生活世界の再生産過程を侵害し、客観的世界における意味喪失、社会的世界におけるアノミー、主観的世界における自由喪失などの病理現象を生じさせると主張した（Habermas 1981［2］: 470-488=1987: 307-27）。この「植民地化」という関係は、コミュニケーション論的転回以降一貫している。

聖なるものの言語化による機械的連帯の解体

ハーバマスの形式語用論は、すでに伝統の支配から解放されたコミュニケーションの様相を抽象し再構成したものである。だが、コミュニケーション的理性が要求する三つの妥当性に導かれる「解放をめざす潜勢力」が、近代以前の社会において発揮されることがなかったのは何故だろうか。

この問いに答えるべくハーバマスは、伝統からコミュニケーション的理性の解放へと向かう潜在力が顕在化する場面を、デュルケムの宗教論と「機械的連帯から有機的連帯への移行」という社会統合の形態変化を基礎に再構成し、「聖なるものの言語化」として論じている（Habermas 1981［2］: 69-169=1986: 248-356）。

ハーバマスは、デュルケムの宗教論をコミュニケーション論的に読み替えるわけだが、その読み替えの中核となるのはデュルケムの「聖なるもの」と「集合意識」の概念である。デュルケムの社会理論は、「集合意識」の概念を人々に一方的に押しつけられる表象体系と見なし、社会を「人格化した大きな主体」のように捉えることで、これを物象化してしまっている。

しかし、これらの概念をコミュニケーション論的に読み替えれば、「聖なるもの」は、集合的意識の核である「規則に従って現実化される規範的合意の表現」となる。他方の「集合意識」は、コミュニケーション的行為に媒介されることになる。その結果「集合意識」という表象体系は、「コミュニケーション的行為によって不断に更新される記号の体系」として読み替えられる。したがって「集合意識」の概念は、「集団の同一性の構造」を可能にする規範的合意が堆積した記号体系として把握される（Habermas 1981 [2]: 84-5=1986: 262-3）[152]。

近代的なコミュニケーションの場合、了解過程が前面に出てくることでコミュニケーション的理性が三つの妥当性を要求し、合意が討議という批判的プロセスに媒介される。それゆえ生活世界の記号システムが民主的なかたちで再生産されてゆく。

ところが、未開社会の場合、サンクションに守られ、批判を許容することのない儀礼や祭儀という実践的な行為の媒介によって、「集合意識」という記号体系が再生産される。儀礼や祭儀は、批判的な討議のプロセスに解放されているのではなく、聖と俗へと分かたれた宗教的なシンボリズムによって規定され、サンクションによって固守されている。その結果、前近代社会や未開社会においては、コミュニケーション的理性の「解放の潜勢力」が潜在的なままに留まってしまったとハーバマスは主張する。

つまり、ハーバマスは、伝統社会において確固とした「聖なる基礎」が存在しているために、批判を許容しないかたちで規範的合意が堅守されていたとみる。それゆえ民主的な解放へと向かう「了解（Verständigung）」の過程が露呈することがなかったという（Habermas 1981 [1]: 387=1986: 24）。

サンクションによって堅持されることで硬直した規範的合意は、集団のアイデンティティを固定するとともに、諸個人のアイデンティティをその枠組みの中に押し込んでしまう（Habermas 1981［2］: 85=1986: 263）。このような社会統合の形態がデュルケムのいうところの「機械的連帯」である。

ハーバマスによれば、このような「聖なる基礎」の解体によって「機械的連帯」を崩壊させる契機は、「宗教的世界像」にあるという（Habermas 1981［2］: 88-90=1986: 266-8）。支配を正統化する機能をもつ宗教的世界像は、集団のアイデンティティと制度を結びつける項であり、宗教的な規範的合意のとりつけを可能にし、この社会制度に道徳的な権威を与えるとハーバマスはいう。しかしながら、宗教的世界像は、コミュニケーション的行為に直結しており、日常的なコミュニケーションのコンテクストを形成することで、文化的知識という形に転化してゆく。

さらに、「聖なるもの」は、「変化にさらされた現象を超えるもの」として表象される。この「聖なるもの」の不変性は、「真理」という理念のモデルになるとハーバマスはいう（Habermas 1981［2］: 110=1986: 289）。そして、この真理の概念が、次第に記述的言明を相互主観的な「妥当性要求」へと結びつけ、命題と事実の対応という観念を「合意」の概念に結びつけていったという。

この過程が進行し、「聖なるもの」の権威とサンクションによって遵守された「規範的合意」が、了解志向的なコミュニケーション的行為によって「合理的に動機づけられた合意」に取って代わられていく。

つまり、「聖なるものの言語化」によって、「文化の再生産、社会統合、社会化」は、「聖なるもの」を基礎にした儀礼に媒介された硬直性を脱する。そして「文化の再生産、社会統合、社会化」の過程は、「真理」という理念に媒介されたコミュニケーション的行為を基礎にした、批判を許容する柔軟なものへと切り替わることになる（Habermas 1981［2］: 163-4=1986: 346）。この切り替えによって規範的「合意」は、ポスト伝統的な「討議倫理」というコミュニケーション的理性の回路を経由することになる。[153]

第二節　コミュニケーション的理性の社会的土台としての貨幣

聖なるものの貨幣化と二重の信頼

近代における解放的な合理化過程において、「聖なるもの」が、批判的なコミュニケーション的行為によって「真理の理念」へと変容する。その結果、「聖なるもの」によって固守された規範的合意が、「合理的に動機づけられた合意」に取って代わられていくという生活世界の合理化論をハーバマスは提示した。

しかし、ハーバマスは、生活世界の合理化論を語る上で、コミュニケーション的理性と不可分な「言語」というメディアを特権視し、生活世界に対する「貨幣」というメディアの肯定的意義に注意を払わない。ハーバマスにおける貨幣というメディアの軽視は、ハーバマスが生活世界とシステムの二世界論を構築する上で、タルコット・パーソンズのシステム論を導入したことに由来している。パーソンズのシステム論の導入によって、貨幣というメディアを「功利的なメディア」へと還元するパーソンズの貨幣観をハーバマスは踏襲してしまった[154]。その結果、ハーバマスは、市場システムを制御し、租税によって行政システムと私的家計を結ぶためのメディアとしての機能を貨幣に割り当ててしまう。

しかしながら、これまで論じてきたように、貨幣はたんなる功利的なメディアではない。パーソンズやハーバマスと異なり、ジンメルは貨幣をたんなる功利的なメディアに還元することはなかった。というのも貨幣は、功利的な動機づけに促されるだけではけっして機能するものではないからだ[155]。

第三章でジンメルを論じた際に明らかにしたように、貨幣は「信頼」のメディアであると同時に、「公正」のメディアでもあった。さらに、交換を媒介するメディアも、かつては「聖なるもの」の特質を帯びていたことを忘れてはならない。

貨幣を媒介とする以前の「欲望の二重の一致の困難」は、贈与の霊に媒介された贈与という実践によって解決され、現代の経済システムと異なった非功利的な互酬システムを形成していたことはすでに述べた。

未開社会のクラやポトラッチに代表される互酬システムでは、「与え・受け・返す」という三つの義務を課す、不可視の贈与の霊によって促された「負い目」と「威信」の連鎖によって、人々の間における財の移動が促されていた。この贈与の霊は、まさに「聖なるもの」が顕現したものであり、ハーバマスのいうところの言語共同体における「規範的合意」の次元を含んでいた。

また、キリスト教という信仰共同体は、「パン」と「葡萄酒」を、キリストの「肉」と「血」を象徴するメディアにして、正餐という儀礼を執り行った。この正餐によって信者達は、神の供犠と復活を追体験し、伝統的な信仰共同体の記号体系を維持していた(Hörish 1992)。

ハーバマスの術語で表現するならば、三位一体の神は、キリスト教という信仰共同体に対する「規範的合意」を象徴的に表現し、正餐という儀礼の実践において、信仰共同体の「規範的合意」を更新し、伝承されてきた文化的知識である「宗教的世界像」を再生産するということになろう。そうした儀礼の実践は、信仰共同体に対する日常的な信頼と、存在を統一する三位一体の神に対する信仰とによって可能となる。

つまり、未開社会のクラで使用される「腕輪」や「首飾り」、あるいはポトラッチで使用される「銅版」、キリスト教における「パン」と「葡萄酒」などは、特殊な信仰共同体の結節点をなす象徴的メディアであった。それら贈与の霊が浸透した事物は、前近代的な互酬システムを駆動させていた中心的なメディアにほかならず、強烈な負い目を人々に与えることで、折々の儀礼や日々の贈与行為を促し、生活世界の記号体系を維持し再生産してきた。第二章でも述べたが、象徴財の贈答や供犠の儀礼は、サーリンズが指摘していたように、神々に包摂された互酬性に対する未開社会の社会契約を再認する行為にほかならなかった。

ところが、貨幣を媒介にした等価交換が、財の交換過程に入り込むと、互酬的な経済システムを稼動させていた「負い目」の感情や「感謝」の義務が解消してしまう。そして経済過程が互酬の期待から分化しきったところで、経済が自律的となり、自己調整的なものへと転じていく（Luhman 1988: 45-5=1991: 41-6）[156]。つまり、社会的交換形式という観点から見た場合、前近代的な互酬システムを解体させ、近代的な自己調整的市場システムを立ち上げたのは、貨幣をメディアにした等価交換の浸透である。

こうしてみると、財の交換関係における「規範的合意」の象徴的表現が、前近代的な指標メディアである「贈与の霊」から、近代的な指標メディアである「貨幣」へと移行していることがわかる。すなわち「聖なるものの言語化」ならぬ「聖なるものの貨幣化」が生じていることになる。

ということは「合理的に動機づけられた合意」によって基礎づけられた行為領域は、ハーバマスがいうような「言語メディアのコミュニケーション的使用」の中にのみ生成するのではないことがわかる。実のところ貨幣に媒介された等価交換は、コミュニケーション的行為に匹敵する。等価交換は、儀礼とサンクションによって維持され硬直化した前近代的な「規範的合意」から離脱した最も重要な了解行為の一つにほかならない。

ジンメルが指摘したように、貨幣が機能するためは、他者に対する「二重の信頼」が不可欠であった（Simmel [1907] 1989: 214-7=1999: 170-2）。それは、まず第一に「貨幣が同様の交換価値量を持った商品の対価として受け入れられること」、次に「その支払われた貨幣が再び支出される」という二つの信頼であった。それは、特定の他者に対する限定された信頼ではなく、貨幣の通用する経済圏への信頼にほかならない。

つまり、言語メディアのコミュニケーション的使用以上に、貨幣メディアの使用、すなわち支払の連鎖が、人々の間の連帯の形式を、前近代的な「機械的連帯」から「有機的連帯」へと移行させた巨大な推進力だったのである。貨幣は、脱規範的なコミュニケーションの典型として把握されるが、「匿名の他者」に対する二重の信頼という最小限の規範は要求している。とはいっても世俗の神である貨幣は、世俗外に君臨した口うるさい神々のように饒舌ではないので、ルーマンのように脱規範的な社会統合のモデルとして把握することができる。しかしながら、ここでは、貨幣というメディアに浸透した「最小限の内容にして広範に及ぶ形式的な規範の次元」を強調しておかねばならない。

コミュニケーション的理性の社会的無意識としての貨幣

貨幣は、「欲望の二重の一致の困難」を一挙に解決し、「有機的連帯」の核を成す分業システムを発達させてゆく。分業システムが拡大し細分化していけばいくほど、生活に必要なものは、貨幣の支払によって入手可能になっていく。それゆえ、分業システムが成熟していけばいくほど、生産者達が特殊な商品の生産に専心する条件が整い、貨幣の「妥当性」が高まってゆく。そうなると人々は、貨幣に対する二重の信頼ゆえに、積極的に分業のシステムに適応し、その職能を多様化させ、システムを加速度的に高度化させてゆく条件が整ってくる。

ジンメルはこの「分業」という現象に近代における個性化の基盤を見出した。貨幣の媒介によって伝統的な生活共同体が解体するとともに、様々な社会圏が生じる。それらの圏の交点に位置する個人が、貨幣によって拡大した「選択の自由」によって諸々の社会圏を個性的に交差させる。ジンメルは、この社会圏の交差に由来する規定性を受け取ることが、社会学的に見た場合の個性化であると捉えた（Simmel［1908］1992: 456-511）。

その中でも、神の「召命（Beruf）」から解放され、多様に花開いた「職業」こそが、個性化の台座になるという。(157) またロラン・バルトやボードリヤールによって論じられた消費社会論から見れば、生産活動だけでなく、流行に演出されて脱コンテクスト化し細分化してゆく記号体系に位置づけられた商品群もまた、個性化を促す手軽なメディアであることも明白である。

ハーバマスは、個性化の過程の基盤を言語構造に見出したが、貨幣もまた個性化を促す主要なメディアであるということだ。個性化の進展は、「欲望の二重の一致の困難」を解消し、規範的合意によって統合された生活世界に、巨大な偶有性と多様性を引きずり込んでくる貨幣の働きなしに考えられない。

貨幣の支払のリズムとその連鎖から生じる推進力は、ハーバマスのいう「近代の未完のプロジェクト」の基盤である。貨幣の支払いのリズムと連鎖は、聖なるものによって象徴される規範的合意によって守られ、原初の黄金時代を理想化し円環的時間のなかに釘づけにされていた硬直的な記号体系を押し流し、多様性と偶有性を招来する。貨幣の支払の連鎖は、聖なる象徴秩序から解放した人々を、個人的な生活史の主体へと転じ、過去から未来へと一方向に流れさせる直線的な歴史時間を実現させてきた[158]。

しかも、不死の身体を有する貨幣は、実際には喧々諤々な議論を生じさせつづけてきた「真理」というコミュニケーション・メディア以上に、遥かにやすやすと通用してきた。貨幣は、異なる諸言語間のコミュニケーションの困難をも容易に乗り越えて、ごく日常的な支払という実践的な行為において相互主観的に「妥当（Geltung）」してきた。そして、貨幣というコミュニケーション・メディアは、神々の「垂直的な正義」ではなく、相互主観的な「水平的な正義」の感覚を、その使用者達に与え続けてきた。しかも「真理」を巡って相い争う哲学という言語ゲームが、古代ギリシアで発生する以前からである。

また、貨幣が機能する上で不可欠な「匿名的な他者」に対する二重の信頼という次元は、最小限に切り詰められた

「合理的に動機づけられた規範的合意」を表現する。日々の支払という実践は、その「合意」を更新するものであり、市民社会の基盤となる契約を不断に更新するものである。

さらに、貨幣の支払は、価格どおりの支払という等価交換として成立する。それゆえ、貨幣の支払は、純然たる「誠実性」を要求するといえる。

また、貨幣メディアの使用は、等価交換という義務を果たす支払能力のある責任主体として、人々を不断に「社会化」する。それと同時に、その支払が招き入れる「多様な選択可能性」と「選択の自由」によって、人々の「個性化」を促す。

つまり、ここでは、相互主観的なコミュニケーション的理性が要求する「三つの妥当要求」が、潜在的な形で達成されていることがわかる。驚くべきことに、言語を了解志向的に使用することなしに、貨幣メディアの使用、つまり等価交換という実践的行為において、「コミュニケーション的理性の三つの妥当要求」が達成されていることになる。

ここにおいて、ジジェクがゾーン＝レーテルを引き合いに出して論じた、カントの「超越論的主観性」を襲ったスキャンダルを、脱超越論化した相互主観的な「コミュニケーション的理性」もまた、けっして免れるものではない可能性が指し示されている（Žižek 2000）。

ハーバマスは、交換形式と理性的主体との不可分な結びつきを明らかにしようとした、フランクフルト学派の第一世代の人々が残した業績をけっして乗り越えてはいない。

第三章で論じたように、ゾーン＝レーテルとジジェクは、貨幣を「超越論的主体の無意識であり、客観的・普遍的な科学的認識の社会的土台」であるとみなしていた。先ほどジンメルに即して明らかにしたように、貨幣の働きは、三つの妥当性要求を満たす合意を暗黙の内に調達していた。それゆえ、ゾーン＝レーテルとジジェクの発想に倣うならば、貨幣の働きは、「コミュニケーション的理性の無意識であり、"Zivilgesellschaft（市民社会）"の社会的土台」であるということになろう。[159]

儀礼としての支払と宗教としての資本主義

ところで、第三章でジンメルを参照し、貨幣が「二重の信頼」によって機能していることを論じ、社会学的な「信頼」が神に対する「信仰」と連続性を持つことを確認しておいた。神への「信仰」は、「祈り」などの儀礼の実践から事後的に生成してきた。ということは、財を移転する交換行為のなかから生じてきた貨幣もまた、事後的に生成してきた「信頼＝信仰」の結晶であることがわかる。

もちろんこの「宗教としての資本主義」に入信するための最大にして最も単純な通過儀礼は、支払である。貨幣の支払の効果によって、神や民族という超越的なものを信仰する特殊な言語共同体の「主体＝臣民」は、硬直した聖なる規範的秩序から抜け出し、貨幣という世俗の神を崇拝する「主体＝臣民」へと転形され、相互排他的な所有の圏域に住まいつつ崇拝のゲームに興じる。それと同時に、人々は、ポスト伝統的な相互主観的なコミュニケーション的理性の主体として事後的に産出される。

争いを好む騒々しい神々と異なり、世俗の神たる貨幣は、アリストテレスのいう「不動の動者」のように、じっと不可視の場所で沈黙を守っている。しかしながら、寡黙な貨幣は、近代的な相互主観性を有する複数の主体を事後的に産出し、その宗教世界に巨大な偶有性を導入し、臣民達に大幅な「選択の自由」を与えはする。しかし、貨幣の不可視の本体は、劣化することのない「不死の身体」を有しているがために、富の無限の蓄積可能性を押し開き、人々の欲望の的となる。その結果、ポスト伝統的なモダンの大きな物語とポスト・モダンの無数の小さな物語が生み出されていく。

ゾーン＝レーテルが主張したように、カントの「統覚」の同一性とその作用が貨幣使用による等価交換の効果によって規定されることで、超越論的主観性は、その理性を保っていた。それと同様に、ハーバマスのコミュニケーション的理性の一般構造とその働きは、けっして「その背後に遡って解き明かすことのできない」という意味で「最後のもの」ではない。それが「最後のもの」とされるのは、ハーバマスによる「コミュニケーション論的転回」の帰結に過ぎず、いまだに探求の余地を残していると言わねばならない。

形式語用論によって見出された、相互主観的なコミュニケーション的理性の三つの妥当性要求は、習得された規則に導かれた行動のシステムである。この三つの妥当性要求は、貨幣の支えが無ければ、十全なものとして機能することはなかったし、生活世界の再生産過程が解放へ向かって容易に進展することはなかったであろう。

それだけでなく、貨幣の使用は、言語的な了解を志向することなく、暗黙の内に三つの妥当性要求を満たしていた。この貨幣使用の効果とコミュニケーション的理性の妥当性要求の相当性を、ゾーン＝レーテルのカント批判に倣って解明するならば、コミュニケーション的理性の一般構造のうちには、貨幣メディアの使用の効果が刻印されているということになる。

カントの「超越論的統覚」の同一性や「超越論的主観性の構造」が、その社会的無意識である貨幣の作用によって規定され、その価値の本体との形態的同一性を有していたように、ハーバマスの「コミュニケーション的理性の一般構造」もまた、貨幣というメディアの使用の効果によって無意識的に規定されていたことになる。

したがって、ハーバマスのように貨幣をたんなるコントロール・メディアとして扱うのは明白な誤りであり、本書の立場から見るならば、言語以上に貨幣こそが、近代を条件づける中心的なコミュニケーション・メディアということになる。

しかしながら、貨幣は、それ自体が、相互主観的な「解放の潜在力」を秘めているわけではない。というのも貨幣は、信仰の力が失われれば消失する神と同じように、二重の信頼が失われれば消失する社会的諸関係のなかで、事後的に生成してきた実体を欠いた「想像的なモノ」に過ぎないからだ。とはいっても、その「不死の身体」から湧き立つ抗い難い魅力ゆえ、やすやすと資本へと転化する。資本へと転化した貨幣は、解放のリズムを刻むのでなく、人々の欲望や構想力をメディアにして、別の狂騒を奏ではじめる。

だが、貨幣は、資本へと転じようとも、コミュニケーション的理性を背後から支える社会的無意識として、"Zivilgesellschaft（市民社会）"を貫く正義の天秤を手放すことはない(160)。

第七章　現代の社会的交換における共同性の変容と主体化

前章までに「贈与（互酬）」「等価交換」「資本制交換」という三つの交換形式と、それらの交換形式を土台にして機能することで、コミュニティを一つのものとして統合する「再配分」という交換形式について論じてきた。その過程で、貨幣に媒介された等価交換が浸透することによって、祭祀・互酬共同体が解体・再編されることを指摘した。この解体と再編によって、贈与と互酬という交換形式が社会化の背景に退き、経済的な"bürgerliche Gesellschaft"と政治的な"Zivilgesellschaft"がコインの表と裏のように産出されることも明らかにしてきた。

最終章となる本章では、大戦後から現代に至る「資本制交換による共同性の変容と主体化」の在り方の問題を取り扱うとともに、現代における「資本制交換」という社会的交換形式に抵抗する主体の在り方を究明したい。

大戦後における人々のコミュニケーションや自然と人間との交換関係は、大戦期と同じように肥大化した資本によって圧倒されることになる。資本制交換は、歴史性を帯びた特殊な資本蓄積体制を実現させるが、戦後の先進諸国において二つの特徴的な資本蓄積体制を生じせしめた。その二つの資本蓄積体制とは、戦後の資本主義の黄金時代を実現した「フォーディズム」であり、もう一つは、フォーディズムの行き詰まりとともに出現する「ポスト・フォーディズム」である。

資本制交換は、剰余価値の実現を果たすべく、機能不全に陥ったフォーディズムからポスト・フォーディズムへと資本蓄積体制を構造転換させる。この資本蓄積体制の構造転換とともに、商品の生産と消費の過程は、次第にコミュニケーション的行為に接近し、消費社会を成立させることになる。さらに新自由主義的な政策が、先進諸国で次第に採用されるに従い、国民経済の枠組みを解体してゆく。その結果、経済的な"bürgerliche Gesellschaft"の変容に促されるように、政治的な"Zivilgesellschaft"を構成する公共圏もまた構造転換してゆくことになる。

これまで論じてきたように、人々は、複数の交換形式の作用によって貫かれ重層的主体として構成される。この交換形式による主体形成は、ポスト・フォーディズムという資本蓄積段階において、新たな展開を見せる。新たな主体形成のプロセスは、貨幣や資本によって構成された主体性を超えた、新たなコミュニケーションの流れを生じさせている。そのコミュニケーションを生じせしめる主体は、ハーバマスが公共圏を構成する主体として見出した「コミュニケーション的理性の主体」としての側面だけでは捉えきれない。

本書は、新たなコミュニケーションの流れを生じせしめる主体を「相互主観的なミメーシス的主体」として捉える。あらかじめ他者へと受動的に開かれている「ミメーシス(模倣)」という能力は、言語の媒介を超えて、まったき他者へと一体化しようとする傾向を持つ。ミメーシス能力は、他者そのものを認識しようとするため、硬直した概念の同一性をも超えた、微細な認識を可能とする。それゆえミメーシスという能力は、生活世界を異にする人々の間のコミュニケーションの流れを生み出してゆく基盤となる。

このようなミメーシス的主体が、相互主観的に、身体の制約を超えて意識を拡張する電子メディアに媒介されることによって、新たなコミュニティ形成の運動を始動させている。この相互主観的なミメーシス的主体は、たんに言語行為によって確保される「了解」というテロスへと方向づけられた言語共同体を基盤にした公共圏を超えた、トランスナショナルな新たな公共圏を構成する可能性を有していることを明らかにしたい。

第一節　「埋め込まれた自由主義」と主体化

自由主義経済の埋め込みとフォーディズム

一九二九年の大恐慌を契機にして、自由主義経済を牽引してきたイギリスやアメリカなどの先進諸国や他の後発国においても、自己調整的市場を基盤にした自由主義経済から社会を防衛する試作が積極的に試みられることになり、統制経済へと方向転換を果たす。

そのような傾向の中で国家は、たんなる自由主義的法治国家としてではなく、積極的に社会・経済政策を行う行政主体であることを求められるようになった。その結果、再配分という交換形式を担う国家は、社会政策によって階級対立を緩和すると同時に、経済政策によって積極的に市場に介入する役割を担う行政国家となる。この政治・経済主体としての行政国家の介入によって資本主義の構造転換が促され、自由主義経済体制は、混合経済体制へと変容する。(161)

だが、混合経済体制は、ドイツ、イタリア、日本などの近代化の後発国で全体主義的独裁体制として現れることになった。そして国際的にブロック化した経済的対立の深まりが、イデオロギー闘争へと結びつき、さらにはナショナリズムを煽りたてることで市民の感情や生命までをも巻き込む総力戦として展開され、第二次世界大戦という破局に帰結した。

第二次世界大戦という破局に対する反省から、将来の戦争を回避すべく国際関係や国家体制の再編成が行われることになった。国際的な協調と国内の安定を求めた結果、先進諸国に一つの政治経済構造が構築される。その政治経済構造は、恐慌と失業に苛まれる剥き出しの自由主義を、社会・経済政策などの調整・規制的な諸制度に埋め込むという意味で、現在「埋め込まれた自由主義（embedded liberalism）」と呼ばれている（Harvey 2005: 11=2007: 22-3）。

その特徴であるが、国際的には、一九四四年に結ばれたブレトンウッズ協定により、無差別原則にもとづく多角的主義のもとで貿易の自由化を図るとともに、金との兌換性を持ったドルを基軸通貨とした固定相場制によって国際通貨体制を確立し西側の自由貿易体制の安定化を図った。実際にブレトンウッズ体制は、為替相場の安定、低インフレ率、低金利、国際貿易の拡大と諸国民の所得を増加させることに成功した。

国内的には、国家が「完全雇用・経済成長・市民の福祉」に対して責任を持ち、経済主体として市場に積極的に介入する。国家は、ケインズ主義的な財政金融政策によって景気循環を制御し、完全雇用を目指した。また、国家は福祉国家として、様々な社会政策を実施し、社会資本の拡充と社会保障制度を構築することで階級対立を緩和する役割を担った。

国内における労使の関係は、国内平和の実現を目的に階級間の妥協を重視したものとなる。そのような戦後の資本蓄積体制は「フォーディズム（Fordism）」と呼ばれている。「大量生産－大量消費」の回路を基盤にしたフォーディズム型資本主義の特徴は、まず第一に「構想と実行の分離」と「作業の細分化と標準化」を志向するテイラー主義とオートメーションを結びつけた労働編成を特徴とした。第二に生産性の上昇に対する販路を、実質賃金の上昇と資本の増大によって生み出し、第三に労使協定を一般化させることで賃労働関係を調整し、資本主義的生産と賃金労働者を同時並行的に増大させようとすることを特徴とした（Lipietz 2002=2002: 227-9）。

フォーディズム型資本主義は、「規模の経済」を実現するとともに福祉国家の所得再配分という国民的な枠組みと深く結びつくことになった。実際に、国内外における協調路線を基礎にした「埋め込まれた自由主義」は、一九五〇年代から六〇年代にかけて、先進諸国において好循環のサイクルを描きだし、大戦後の資本主義の黄金時代を実現した。

フォーディズム型資本主義の成功は、労働力市場の安定化と官僚制によって、人々のアイデンティティを確固なものとする効果があった。ヴェーバーの描いた官僚制のごとく、フォーディズム的な企業組織は、軍隊型の組織形態を形作る。軍隊組織を典型とする官僚制は、明確な規則によって秩序づけられた上意下達式のヒエラルヒー的な職務の体系を形成する。職務を担う構成員は、職務の階梯を上昇するように動機づけられるとともに、固定的な俸給と終身雇用、医療や年金などの企業内福祉によって組織への忠誠心を引き出され、体制の内側へと包摂される〔Weber［1921］1980: 551-6=1962［1］: 60-73〕。フォーディズムは、経済組織における官僚制によって労働者を組織の内側へと包摂し、労働力の流動性を抑制することに特徴があった。

鉄の檻ともいうべきフォーディズム的な官僚組織は、人々のライフコースの軌道を予測可能なものとすることで、職業を基盤にした比較的に安定した自己同一性を人々に与えることに成功した。

フォーディズムは、たんなる孤立したホモ・エコノミクスの集合ではなく、産業組織を一つのコミュニティとすることを目的としていた。もちろん各国によって異なるが、国家による労使合意の枠組みの促進・監督、強制的拠出金による社会保障基金の創出などの福祉政策によって、フォーディズム型資本主義が下支えされる傾向にあった。

フォーディズムという資本蓄積体制と福祉国家の結びつきによって、私企業の次元と国家的な公的次元の双方で、富の再配分が制度化されることにより、人々は私企業と国家という二つの組織に垂直的に「主体化＝臣民化」される。これによって社会が統合されていたといえる。

固定的近代から流動的近代へ

ところで、フォーディズムは、ジグムント・バウマンがいうところの「固定的近代〔solid modernity〕」の像の社会的基盤を提供するものである（Bauman 2000）。資本の巨大化と産業組織の要塞化が同時進行し、資本と労働力の流動性を低く押しとどめたため、資本家と労働者にとって世界は比較的安定的で見通しのきくものであった。

ところが、一九六〇年から一九七〇年初頭にかけて先進諸国は、長期的なスタグフレーションを迎え、フォーディズム型資本主義と国家の福祉機能が行き詰まっていく。

フォーディズム的な画一的商品は、「大量生産－大量消費」のサイクルを循環することによって経済の規模を拡大してゆく。やがてフォーディズム型の資本主義は、生産力が十分に発展し消費生活も満たされた状態である「成熟飽和経済」を実現させる。その結果、フォーディズム的な画一的商品は売れなくなってしまう。それゆえフォーディズム的なテクノロジーの生産力は著しく過剰となり、収益性を下落させてしまう。

このような成熟飽和経済へ至った先進諸国では、ケインズ主義的な経済政策が有効需要を創出する効果もまた低下してしまう。そのため大量の失業者が生み出され、効果の低下した財政出動は、慢性的な財政赤字を積み上げてゆくことになる。つまり、「社会国家（福祉国家）の危機」というべき事態に先進諸国が直面する。[162]そして一九七一年のニクソン声明によって金本位制が正式に停止するとともに、固定相場制から変動相場制へ移行することによって、ブレトン・ウッズ体制は崩壊する。

このような状況下で影響力を持ちはじめた理念が新自由主義である。新自由主義は、かつての「埋め込まれた自由主義」による市場経済の規制に対して反撃を加え、社会国家的・福祉国家的な社会的合意や労使の協調路線を突き崩してゆく。

新自由主義は、権力をメディアにしたシステムとしての行政国家を、「大きな政府」から「小さな政府」へと構造転換させることによって、自由主義市場経済を「脱埋め込み化」しようとする。

勢いを増す新自由的潮流によって、経済を社会によって制御していた「埋め込まれた自由主義」という第二次大戦後の合意が崩れ、「自由主義の脱埋め込み化」ともいうべき現象が生じる。この「自由主義の脱埋め込み化」によってバウマンがいうところの「流動的近代(liquid modernity)」が出現する。

第二節　ポスト・フォーディズムと主体化

ポスト・フォーディズムとフレキシビリティの高まり

新自由主義が、実際にアメリカとイギリスにおいて、レーガノミクスやサッチャリズムとして実際の政策の基本方針として採用されることになった。そうした傾向は、国内レベルだけでなく、IMFやWTOなどの国際機関の指導のもとグローバルな次元で展開され、各国の福祉国家的妥協や市場経済に対する社会的規制を解体するとともに、国民経済の再生産の基礎的な論理を再編することになった。

新自由主義の経済潮流は、市場に対する様々な規制を緩和し、「埋め込まれた自由主義」を脱埋め込み化しようとする。その潮流は、イノベーションなきフォーディズム的な「大量生産－大量消費」の循環に見切りをつけ、フォーディズム型資本主義で強化された労使の合意を切り崩し、イノベーションを可能にする生産性を探究すべく、競争を激化させることでメガコンペティションを現出させる。その結果、利潤を追い求める資本は、国境の内外で不断に生産過程や流通過程を再編し続け、ポスト・フォーディズム的なフレキシブルな蓄積体制を築き上げつつある。

新自由主義の潮流は、「埋め込まれた自由主義」という大戦後に成立した社会的合意を突き崩すとともに、イノベーションなき「大量生産－大量消費」のサイクルに見切りをつけ、新しい生産モデルを発見するために競争を激化することを選択する傾向にある(Lipietz 2002)。

新自由主義という潮流は、フーコーやデヴィッド・ハーヴェイが指摘しているように、規制のない市場経済を自由に機能させるだけでなく、法律や諸制度に積極的に介入する政策によって、強制的に「競争」を強いる社会環境を形成することに基づいている(Foucault 2004; Harvey 2005)。

その潮流は、フォーディズム期に強化された労使の合意を弱体化させ、イノベーションを可能にしうる新たな生産性の源泉を生産過程自体に探すため、福祉政策を切り捨て、競争を激化させる方向を選択する傾向にある。この傾向は、新自由主義的なメガコンペティションとして展開し、ネオ・テーラー主義的なフレキシブルな蓄積によって、技術革新を目指す。企業組織は、市場に生じる微細な変化に対応すべく大規模な官僚制から脱却し、フレキシビリティが増したネットワーク型・リゾーム型の組織へと変貌する傾向にある。

フォーディズム型資本主義では、生産における作業過程を「構想作業」「熟練を要する製造作業」「単純労働による組み立て作業」の三つに分割していた。しかし、この三つ労働過程は、新自由主義によって再編された。

労働過程の再編が、最初に生じたのが「単純労働による組み立て作業」を発展途上国などに移転することであった。これによって国内産業の空洞化が生じる。次に労働力の再生産条件の再編であるが、商品開発などの構想を担う常勤の正規雇用の中核労働者の数を削減するとともに、その他の労働者をフレキシブルな有期雇用や派遣労働へと切り替え、多くの業務を外部委託する。これらの労働過程の再編によって、組織をダウン・サイジングする傾向にある。

こうした新たな労働編成によって、健康保険や年金といった利益供与の義務を回避し、企業は、人件費を抑制しようとする。この傾向は、技術革新による相対的剰余価値の追求の現れであると同時に、企業内での再配分という交換形式の縮小であり、労働者間の連帯の分断へとつながる。このような企業内における再配分形式の縮小により、かつて労働者を包摂することによってコミュニティとして機能していた企業への帰属意識は、低下してしまう。

国家と企業の福祉からの撤退は、共同で分け合っていたリスクを個人化する。リスクを共同で分担することは、市場社会における社会連帯の一つの要であった。しかし、新自由主義的言説が描き出す人間像は、誰にも依存しないことを誇りとする自律心に富んだ個人主義者である。もちろん彼ら個人主義者達は、社会連帯など必要としない（Sennet 2006: 101=2008: 104）。この新しい人間像の前では、弱者の無能力は自己責任とみなされ、彼等は連帯の手を差し伸べられることなく、たんに社会的に排除される。

アラン・リピエッツによれば、ポスト・フォーディズムは、結果的に「エレクトロニクス革命を享受する支配階級」「常勤労働者の一部の安定した中核部分」「高景気の際に一時的に雇用にありつく貧弱な社会保障しか受けることのできない不安定化した労働者層」へと社会を三つの層へと分断する（Lipietz 2002）。労働者の老後に至るまでの生活を包摂したフォーディズム型資本主義を基礎にした社会連帯は解体してしまい、社会的に排除された人々が大量に発生することになる。[163]

商品生産もオートメーション技術の進展とも連動して、ポスト・フォーディズム的な「多品種少量生産」へと重点が移行し、先進諸国に消費社会を成立させる。消費社会では、大量生産された画一的な商品に親和的な機能美を基調にするモダニズム美学ではなく、多品種少量生産に適合的なポスト・モダン的な美学が主流となり、デザインや広告の重要性が高まってゆく（Harvey 1989）。商品生産の変化によって生じた競争の圧力によって、商品の需要の基礎となる消費者の欲望もまた、高い費用をかけた広告によって生産される（Bauman 2000=2001: 97）。

コミュニケーションの商品化と人的資本の概念

消費社会を彩る商品はたんなる使用価値ではなく、ベンヤミンのいうところの「新しさ」やボードリヤールのいうところの「象徴価値」を付加された商品である（Baudrillard 1970）。それらは、製品自体の機能ではなく、微細な差異を競い合いモードを演出する。その典型は、自動車のモデルチェンジであろう。ここではたんに安くて良いものを造ることが利潤をもたらすのではなく、イメージやデザインの差異が利潤をもたらす。

すなわち商品は、たんなる身体的な必要を満たす財ではなく、積極的にメッセージを放つコミュニケーション・メディアへと転じてしまう。商品は、言語的なコミュニケーションに入り込み、人々の願望や物語を託したメディアとなる。こうなってしまうと商品の生産は、たんなる使用価値の生産のレベルを大きく超えて出てしまう。

商品の消費は、発話行為となり、物語の消費へと転じてしまう。その結果、拡散した小さな物語を消費する主体が現れる。システムと人間とのかかわりは、たんなる賃金と効用の関係ではなくなり、システムと生活世界の境界さえもが曖昧になってくる。

同時に商品開発を担う中核労働者の構想力もまた、資本に徴発され駆り立てられる。中核労働者は、自らの構想力を活用することによって、商品生産をコミュニケーションの次元へと近づけていく役割も持つ(164)。

そして、中核労働者は流動化する記号の体系に位置づけられた高付加価値商品の生産を担うが、彼らの使用期限も短期的なものとなってくる。変化に富んだ市場に対応する組織では、取引や任務もまた短期的に変化する。古くから引き継がれた技術は、急速に陳腐化する傾向にあり、中核労働者もまた新たな技術に対応し変化することを求められる。

このようなポスト・フォーディズム的な資本主義に対応しうる人格の形態として、「人的資本（human capital）」という概念が提唱されるようになる。人的資本論では、かつての古典派経済学において、たんに時間によって価値を測られる存在であった労働者の労働力が、労働者自身に所得をもたらす資本とみなされる。たとえばゲイリー・ベッカーやセオドア・シュルツらによって、労働力の担い手である労働者は、人的資本として、積極的に自らに投資を行い、未来の所得である賃金という所得の獲得を目指す主体として定義される（Becker 1975; Schultz 1971）。

労働者は、あたかも自らの企業に投資する企業家のように、自らを一つの企業あるいは機械として扱う対象となる。しかしながら、フーコーが指摘するように、この機械は、労働者から切り離すことのできないものである（Foucalt 2004=2008: 265-301）。しかも、この機械は、職業訓練や教育投資、さらには家庭における両親による愛情の時間によって育まれる。(165)

このような労働者を人的資本として扱う新自由主義的なパースペクティブによって、誕生から死に至るまでの諸個人の生の総体が、あたかも投資可能性によって計られることになる。ここでは、自らの労働力を商品として売却するだけでなく、労働者の生の総体が、貨幣価値に換算された商品として存在していることがわかる。

佐藤嘉幸が指摘するように、市場原理を内面化した人的資本とは、自らを環境の変化に応じて可塑的に造形する、自己統治する主体である（佐藤 二〇〇九ｂ：五〇）。この自己統治は、一つの社会的強制であり、ポスト・フォーディズム型資本主義と新自由主義という政策傾向が要請する主体化の形式にほかならない。この生の総体をも企業化する人的資本こそが、新自由主義的なポスト・フォーディズム型の主体化のモデルとなる。

人的資本としての柔軟性と機動的な能力を高めた主体が、次から次に生じる課題に臨機応変に対応し、新たな記号的な差異をもたらす。このような人的資本としての可塑的な能力が、中核労働者に要求されるようになる。ここでは融通の利かない職人技は敬遠され、経験の重みは低下する（Sennet 2006: 103-15=2008: 107-18）。

資本は、人的資本と化した労働者の主体性や構想力さえも活用することで、ポスト・フォーディズム型資本主義における消費と生産の回路を、コミュニケーション的行為に限りなく接近させる。その結果、消費社会における商品の生産と消費は、たんなる物財の生産と消費ではなく、発話行為となる。その結果、商品の購入は、一つの合意を表現するものとなる。

バルトやボードリヤールが示したように、消費社会における商品は、たんなる効用の次元にある商品ではなく、記号の次元に結びついている（Barthes 1967; Baudrillard 1970）。生産者達は、流行を演出するデザインや広告の言説によって、記号的差異を競い合い、消費者の欲望を喚起し、嗜好や趣味の耐えざる陳腐化と細分化を促すことで、財の半減期を早めようとする。記号的差異が常に変化しつづけるために、生産者は競争相手の動向に即座に対応しなければならない。その結果、情報の重要性が高まることになる。

このようにして、変動し続ける記号の圏域へと引き込まれた商品の生産・消費活動は、言語的コミュニケーションの領域に限りなく近づいてゆく。生産者達は、絶えず自己の構想を変化させ続けることで記号的差異を競い、かつての記号を古びたものへ変じさせることで、記号の体系に流動化の圧力をかけてゆく。

他方の消費者達は、差異化・細分化し続ける記号やイメージの連鎖の中で、無数の小さな物語を散乱させ、互いのコンテクストを共有し難くなっていく。商品がたんなる使用価値ではなく象徴的価値を持ったコミュニケーション・メディアへと接近することによって、生活世界の合意のストックを可能にする社会化の地平までもが商品化されてしまう。

社会化の地平が流動化しているため人々は、アイデンティティを繋留する場所を失ってしまう。特に「安定した職業」という人格形成の台座を喪失した多くの労働者にとって、自己同一性を確保する場は、「生産」から「消費」へと移行していく。つまり、人々は、労働者としてではなく、手軽に入手できるファッションなどの消費財によって自らのアイデンティティを獲得しようとする。ポスト・フォーディズム体制においては、消費スタイルこそが自己同一性を購入するためのモデルとなる（Bauman 2000=2001: 106-18）。

そして、自らを人的資本としての有用性を高めることのできなかった、社会から排除される下層の労働者の多くは、消費社会のコミュニケーションからもこぼれおちる。彼らは過剰な広告や情報の奔流にさらされるが、消費によってコミュニケーションの回路へ参入することを拒まれる。商品世界のきらびやかさは、その崇拝儀礼から排除された社会的に打ち捨てられた人々に刺激と恥辱の感情を与え、社会的アノミーを増大させる。

社会的排除は、結果的に社会的なリスクを増大させる大きな要因となる[166]。ジョック・ヤングが指摘しているように、排除社会におけるリスクの増大は、リスクを社会によって包摂するには結果的に費用が莫大になってしまうので、排除された人々の犯罪行為に対して厳罰主義によって応答する傾向にある。

バウマンは『リキッドモダニティ』の中で、このような後期近代における商品世界の在り様を表現しているジェレミー・シーブルックの印象的な言葉を引用している（Bauman 2000=2001: 111）。

「資本主義では、商品が人々に送り届けられるというよりも、次第に人々が商品へと送り届けられるようになっている。すなわち、人々の性格と感受性は、商品、経験、刺激にあうように加工され、作りなおされてきた。それら商品、経験、刺激を売ることだけが、人々の生活に形と意味を与える」（Seabrook 1988: 183）

シーブルックの言葉は、ハイデガーの存在論を想起させる。ハイデガーの存在論において、言葉は存在の住み家であり、人間は存在の住み家である言葉の中に送り届けられた「存在の牧人（Hirt des Seins）」であった（Heidegger 1947）。資本主義の存在論における存在とは、自己増殖する不可視にして不死の価値（貨幣）であり、具体的形態を帯びた商品は、存在である価値（貨幣）の隠れ家にほかなるまい。人間と自然を含めたあらゆる利用可能な存在者達が価値の声ならぬ声に促され、不死なる存在である価値（貨幣）へと自らを供物として捧げているといえるだろう。商品化を拒む者、あるいは商品となりえない者は、世界の外へと排除される。

不死の価値の自己増殖過程は、ポスト・フォーディズムというフレキシブルな資本蓄積体制を出現させ、遂には人間の構想力や言語的コミュニケーションさえも巻き込み、生活世界の再生産のプロセスの深部にまで食い込んでしまった。

神々を放逐した不死の価値への崇拝儀礼は、人々を分断し、再生産されることさえも望まれることのない「社会的に使い捨てられる大量の労働者」を生みだす。使い捨てられやがては排除される彼らの身体は、価値の祭壇に捧げられた犠牲の身体というべきものであろう。

第三節　加速する流動性と変容を強制された人格

フラット化と歴史性の喪失

ポスト・フォーディズムという資本蓄積体制によって流動性の増した社会化の地平は、インターネットに代表される情報・通信技術の発達によって加速度を増すことになった。

情報・通信技術の発達は、生産過程の物理的近接性の必要性を低下させ、資本の地理的制約を解除し「生産の劇的な脱中心化」と「工業都市の没落と空洞化」を加速化させつつある。光ファイバー技術とワークフロー・ソフトウェアーは、空間を超えた情報の即時の共有を可能にし、国民経済の枠組を大きく超えでたグローバルな競争と分業のシステムを実現させ、様々な業務を国境の外へと流出させつづけている。デジタル化によって処理しうる業務は、より安い価格を求め先進国を離れインドなどの新興国へと向かう。

このような情報通信技術の進展は、経済活動における肌の色や国籍の重要性を低下させていく。トーマス・フリードマンは、このような事態を「フラット化した世界」と呼ぶ（Friedman 2007）[167]。

もちろん、情報・通信技術の発達による「世界のフラット化」は、生産の局面だけでなく、大量のイメージ商品や広告を氾濫によって消費の選択肢も飛躍的拡大させ、消費者の意識に強い影響力を及ぼしている。

インターネットは、消費者達を世界中の商業サイトへと容易にアクセスさせ、グローバルな値下競争とブランドの多神教をもたらす。また、情報通信技術によって商品検索や購入履歴を参照し広告に利用することで、マスではなく、個人をターゲットとし、嗜好の細部に渡る広告展開を行うことを可能にした。

情報通信技術によって氾濫した選択肢は、実のところ人々の自律的な選択を困難にする。市場の複雑性を縮減し、その選択の困難を解消すべく、さまざまなアイコンが浮かび上がってくる。ボルツのいうように選択肢の増大は、人々の自律的な判断を困難にし、他者への依存を強化する傾向がある。このような情報通信技術と広告やマーケティング技術の発展によって、市場は、次第にカルト化してくる。

もちろん骨董趣味などのノスタルジックな欲望も存在するが、それらの欲望も、新しさの中に差異を導入するものであって、商品世界の論理に搦めとられている。

未開社会における呪物や聖物は、日常生活のなかではタブーにより隠されており、祭りなどの聖なるときに人々の前に姿をあらわしていた。しかしながら宗教としての資本主義における祭具である商品は、日常生活の末端にまで浸透し崇拝儀礼を強要する。普通の人間が貨幣や商品という呪物と交わることなしに一日を過ごすことは困難である。貨幣という呪物は、それを「信仰＝信頼」する人々を、私的所有権の主体として分離すると同時に、商品の頭から沸き立つ幻想的な象徴価値によってカルト的な物語に参与する主体＝臣民へと形成する。

だが商品世界を構成するカルト的な物語には、つねに資本の価値実現を果たすべく差異化の圧力がかけられている。それゆえ無数の小さな物語は、人々の欲求を不断に差異化すべく、異なった形に造形されてゆく。

未開社会における象徴財と神話は、神話的な黄金時代へと投錨されており、少なくとも数世代に渡る人々の記憶と神話的時間によって安定していた。ポスト・フォーディズムを彩る散乱した無数の小さな物語は、資本主義の神である具体的な形態を欠いた崇高な物質である価値（貨幣）と、人々のミメーシス的衝動に投錨されている。

ところで、第三章で述べたように貨幣とは、「二重のミメーシス」を撥ね退ける反物語的なメディアである。貨幣との交わりによって、変化を常態とする商品世界の上で流通する物語は、人々によって共有される記憶の厚みを欠いている。商品に託された現代の物語では、過去の時間は普段に差異化され古びた魅力のないものへと転じせしめねばならない。そうすることで日々、刻々と新しさを演出し商品世界の存続は可能となる。

少なくともインターネットという電子空間を媒介にして価値実現を果たすためには、キーボードを叩きマウスをクリックさせるためにモニターに映し出される何らかの差異が必要となる。ヴァーチャルな電子メディアにおける存在者は、時間・空間に存在する物理的な存在者のように過去から未来の流れの中で劣化していくのではなく、情報処理を施されることによってデジタル形式で保存されアーカイブ化される。コンテクストから切り離され過去の記憶の集積は、平板化されたフラットな状態になる。

ジミ・ヘンドリックスやマイケル・ジャクソン、あるいはカラヤンやハイデガー、ヒットラーとチャーチル、三島由紀夫と学生運動のゲバ棒も平板化したデジタルコードに還元される差異としてフラット化された世界の平面へと着床し、アーカイブ化されていく。

人々は、アーカイブという無時間的な情報の集蔵体から、歴史の厚みを失いフラット化した世界の平面へとそれらの差異を召還し、微細なコンテクストを度外視して平板な現在へと短絡させる。

フラット化した世界の平面の裏側には、ブラウン運動をする分子のように激しく振動するミメーシス的衝動が張り付いている。デジタル・ネイティブ達はフラット化された情報世界を疾走し無数のトライブ（部族）を生成消滅させながら疾走する。もちろん世界は純粋なフラットではなく、その平板化した世界の表面では泡のように、様々な人々のミメーシス衝動を戯れへと導く流動的な差異の運動が生じている。

だが、フラット化した世界の平面には無数のメディアのチャンネルが存在しているため、もはや人々はイベントを共時的に享受することが困難になっている。マクルーハンのグローバルビレッジの予言は、インターネットという新たな電子空間に媒介されることによって、無数の村社会へと分裂することで実現の機会を逸したかのように思える。

マッド・マネーと変化を強制された人格

このように情報通信技術を発展させ世界をフラット化させた震源の一つは貨幣であり、貨幣というメディアもまた、自らが媒介する情報通信技術の発展によって流通速度を高めると同時に、流通量を増大させてきた。

そのきっかけは一九七三年の変動為替相場制への移行にあった。金という実物から切り離され紙幣ドル体制へと移行した市場は、資本主義経済をギア・チェンジさせた。

ドルを基軸通貨にした外国為替取引によって、実体経済の軛《くびき》を解除された国際通貨体制は不安定化し、かえって各国の外貨準備金の増大と市場介入の機会を増大せしめる。急速な外国為替市場の不安定化と拡大は、金融市場を急速に肥大化させ、実体経済から遊離した経済過程の投機化へと帰結する。

金融業界は、実体経済から遊離したデリバティブなどの金融商品を開発し、それを商うことによって信用取引を増大させ、さらなるマネーの肥大化を生じせしめた。フォーディズムの危機とも連動し、重厚長大なフォーディズム的な官僚組織から離れ、強大かつ身軽になった金融資本は、グローバルかつ投機的に運用されるようになる。その結果、投機的な金融資本は、利益を引き出すことのできる差異をもとめて、あらゆる市場へと介入する。

進歩し続ける情報通信技術に媒介された金融資本は、さまざまな市場の微細な変動に対応すべく、アナリストたちに市場を分析し戦略を練らせ、ディーラーやトレーダー達の取引を高速化させる。そこでは市場の変化に即応するスピードが要求され、取引を有利に導くために無数の技術者たちが、ソフトや情報通信技術の開発を推し進める。

膨張した金融資本と情報処理の高速化によって投機化した金融取引は、スーザン・ストレンジの表現を借りれば「カジノ資本主義」を出現させる（Strange 1986）。投機的な金融市場に流通するマネーは、もはや市場取引の最適化を促すマネーではなく、カジノの掛け金である「マッド・マネー」となる。

初期の市場経済における単純商品生産を理論化したアダム・スミスにとって、貨幣は、公平な観察者の化身ともいうべき正義のメディアであった。単純商品生産の段階では、雇人はいたとしても生産手段を所有する自律的な家父長である独立生産者を中心にして生産が行われていた。

生産者達は自らの労働によって作り出した生産物を等価交換することで「交換の正義」に貫かれた。使用価値を持った商品同士の交換は、同時に生産に費やされた各自の労苦の交換であり、努力や創意工夫と誠実さが重んじられた。スミスのいうように、自らが作り出した生産物を交換することによって人々は「ある程度商人」となる（Smith [1776] 1961）。だが、彼らは純粋な商人ではなく、労働者として各人が勤勉に働き、互いの労苦の結晶である生産物を交換することで、勤勉さに応じた富を得ることができた。

しかしながら、現代のカジノ資本主義では、膨大に膨らんだ投機マネーが、労苦の結晶体である生産物を交換するだけでなく、M&Aによって巨大な企業組織をも買収し、それを転売することで巨額の利益を得ることを可能にした。株式もまた堅実な企業経営を期待し、配当を得ることを目的とするのではなく、株価の値上がりを見込んで転売するために購入される。

ストレンジのいうように、肥大化した金融資本は「われわれのすべてを賭博常習者」に変えてしまう（Strange 1986=2007: 5）。スミスの時代の単純商品生産を基礎にした市場と、現代のカジノ資本主義によって牽引される市場は、市場に参加する者にとってけっして同じものではない。労働者の努力や創意工夫、勤勉、誠実などが正当に評価されず、あるいは怠惰や無能からではなく、偶然や気まぐれによって多くの仕事が奪われるようになってしまった。各国で生じた通貨危機は、大量の資本を一挙に引き揚げることで、当該国の通貨の価値を下落させ、一国の経済システムや世界経済システムさえも壊乱状態へと突き落とすことができることを明かしている。積み重ねられた日々の労苦が、マネーの猛威によって一晩で無に帰してしまうことも当たり前となった。現代のマネーは、けっして「交換の正義」を司るものではない。マネーは狂気を帯びた「マッド・マネー」へと転じてしまったのである（Strange 1998）。ジョン・メイナード・ケインズもまた、かつて以下のように述べていた。

「投機家は、企業の着実な流れに浮かぶ泡沫としてならば、なんの害も与えないであろう。しかし、企業が投機の渦巻きのなかの泡沫になると、事態は重大である。一国の資本発展が賭博場の活動の副産物となった場合は、仕事はうまく行きそうにない」(Keynes 1936: 159=1995: 157)

ケインズの懸念は、グローバルな形で実現し、一国の通貨ひいては諸国民の生活そのものをも賭博のかけ金の対象にしてしまったのである。

権力を握った投機家は、配当ではなく株価を基準に取引する。フォーディズム型資本主義とは異なり、ポスト・フォーディズム型資本主義下における金融資本は、気が短くなってしまい、短期的な利益を追い求める。外部に向けて株式を公開している企業組織は、投機マネーを引き付けるべく自らを変化させる圧力を受ける。投機マネーは、着実で安定した経営より、経営における変化を求めて動きまわる。能動的な審判者となった投機家にとって、差異や変化こそが重要なのだ。

投機マネーの気を伺わなければならない企業は、収益を上げるだけでなく、市場にむけて自らが肯定的に変化している印象を与えねばならない。変動が加速した市場の中で、変化の無い安定した経営はなんら差異をもたらすことはなく、危険視される傾向にある。

変化を強要されリストラクチャリングしてゆく企業組織は、もはや労働者の帰属心の受け皿としては機能しない。他者理解を深める時間もなく労働者間のインフォーマルな相互信頼は低下し、結果的に組織についての知識が減少してしまう。

有能な経営者は、組織に対する帰属心と相互信頼と知識を植え付けようとするが、気の短い投資家の権力によって、長期的な経営戦略を立てることが難事となる（Sennet 2006: 63-72=2008: 65-74）。

ここで指摘すべきことは、ポスト・フォーディズム型資本主義に到って、資本制交換は、金融・生産・消費の三つの局面において社会的流動性を高めているのだ。特に強大かつ身軽になった金融資本の力によって牽引される社会化の地平は「流動化・液状化」しているのだ。その変化のスピードに歩調を合わすことのできないものや、出遅れたものは、市場の底辺や外部へと追いやられる（Bauman 2000）。

フラット化した世界の平面は流体であり、ところどころで暴風雨が吹き荒れる。個々の主体は、自らの航路を切り開き流れの速い流体の上で儚い物語の軌道を描かねばならない。不確定になった社会化の地平において人々の不安は増大し、ほとんどのすべての人々は、自らの人生の安定した軌道をイメージし難くなる。多くの人々は、心ならずとも不確定な未来へと自らの生活を賭す博徒となってしまう。

流動化・液状化した領域で安定した人格を形成し維持することは、困難な営みとなる。人格を陶冶する土台であるはずの社会化の地平の方が不断に流動化しているために、人々は、その流動性に合わせて、自らの人格の形態を不断に管理して、自己変容させ続けることを強いられる。

このような社会化の地平に最も適合的な者は、フレキシブルに今ある自己を否定し、誰よりも速いスピードで、カメレオンのように変態する者であろう。この「人格」をかなぐり捨てた勝利者の姿は、流動性の化身である貨幣の似姿にほかなるまい。バウマンがいうように、このような液状化した社会化の地平において「アイデンティティを追求することは、流れを止め、あるいは流れの速度をゆるめ、液体を固定化し、非形態に形態を与える連続的闘い」となる（Bauman 2000: 82=2001: 107）。

第四節　システムの構造転換と抵抗するミメーシス的主体の登場

これまで、社会化の地平の流動化を強制するシステムの構造転換の特徴について論じてきた。これ以降、ハーバマスの社会理論を基礎にして、液状化・流動化する社会化の地平で、新たなコミュニティが生成するとともに、いかにしてシステムに抵抗する人格形成のプロセスが生じているか、この点について検討する。ハーバマスの社会理論に依拠する理由は、それが、システムの侵食に抗して生活世界を防衛しようとする理論枠組みを持っているからであり現代社会を論じるのに適しているからだ。

ハーバマスは、後期の主著といわれる『事実性と妥当性』の中で、生活世界とシステムの蝶番としての「法」に着目し、多文化主義的な複合社会に相応しい法治国家の新たなモデルとして、「憲法愛国主義（Verfassungspatriotismus）」という理念を唱えた（Habermas 1992）。

しかしながら、手続き主義的な法理論を基礎にした憲法愛国主義という理論図式は、一九七〇年初頭から生じ、冷戦の終焉によって加速化したシステムの構造転換によって、機能不全に陥っていると考えられる。この憲法愛国主義というハーバマスの理論の特質と限界を確かめることにより、現代の構造転換したシステムに対する生活世界からの新たな抵抗のかたちを、明瞭に捉えることができる。

憲法愛国主義による民主主義の深化

憲法は、権利の上で自由かつ平等な法仲間によって構成される「法の共同体のメンバー」の合意によって基礎づけられている。ハーバマスによれば、発話主体は、コミュニケーション的行為の妥当性要求に応ずる可能性としての

「コミュニケーション的自由」を有している。個々の発話主体は、コミュニケーション的自由を行使することで生み出す「意見（Meinung）」を、活字メディアに媒介された公共圏において「公論（öffentliche Meinung）」へと集約する。ハーバマスの憲法論は、この公論を、実定法を制定する間主観的な「コミュニケーション的権力」へと転じることを基礎としている。

つまり、コミュニケーション論的に解釈された憲法とは、自由かつ平等な市民たちによる討議に媒介された合意に基づく「自己支配としての民主主義」を表現する理念であるといってよい。この自己支配としての民主主義は、古代ギリシアで成立した「支配者と被支配者の一致」という意味での「民主主義」の原義へと立ち戻るものであるといえる。

他方で、諸個人が民族の歴史的伝統に拘束される意味での「ナショナル・アイデンティティ」に対して、ハーバマスは警鐘を鳴らしている。その警戒は、もちろん第二次大戦においてホロコーストという極めて重大な人道上の罪を犯した、ナチス・ドイツの排外主義に対する強い反省に基づいている。

排外的なナショナリズムを拒絶するハーバマスは、憲法によって結びつく人々のアイデンティティを、伝統的な「ナショナル・アイデンティティ」から区別して、「ポスト伝統的アイデンティティ」と名付ける。

ハーバマスは、憲法という政治文化に基づく社会統合の次元と、エスニシティなどのサブカルチャーの次元における社会統合を峻別する。憲法という国家レベルでの政治的合意は、下位の文化活動に対する制約にはならない。人々は、政治文化の次元のアイデンティティと、下位文化で得られるアイデンティティの双方で自らのアイデンティティを確保することができる。諸個人もまた、文化の次元には還元できない尊厳を有する唯一無二の存在として遇され、自らのアイデンティティを構築する。

このような複合的なポスト伝統的アイデンティティは、批判を許さぬ歴史の重みではなく、市民同士の自由な対話によって得られる法として表現される民主的な合意の過程に根ざしている。そのため「ポスト伝統的アイデンティティ」は、常に変化の可能性にさらされている。人々は、このような「可謬的なプロジェクトとしての憲法」を理念として結びつく法の共同体を形成し、積極的に義務を果たしてゆく。このことをハーバマスは、「憲法愛国主義」と呼ぶ。

この憲法愛国主義という理念を、ハーバマスの「システムと生活世界の二世界論」と結び付けて考えてみよう。そうすると、生活世界から発するコミュニケーション的権力が、法を生み出すことによって、目的合理的なシステム（国家行政と資本主義経済）を制御することによって社会統合を確保するという図式になる。ただし、この図式は、あくまで同一の憲法を順守する国民国家の枠組みにおいて機能するものである。

さらにハーバマスは、憲法愛国主義という理念によって結びつく法共同体における、「私的自律と公的自律」の関係について述べている。

まず、コミュニケーション論的に見た場合の「私的自律」とは、消極的自由ともいうべき「公共圏から退く自由」と、積極的自由ともいうべき「倫理的自己実現」として二重に捉えられている。もう一方の「公的自律」は、他者とのコミュニケーション的行為に基づいた討議によって、市民の自己立法を成し遂げることにある。このようなディアローグ的自律は、他者とのコミュニケーションを欠いた道徳律に基づいた、モノローグ的なカント的自律とは一線を画す。ハーバマスによれば、近代社会における「私的自律」と「公的自律」、すなわち「倫理的自己実現」と「公共圏に媒介された自己立法にもとづく民主主義」が万人に開かれたものとなり、その潜在力を開花させつつある。つまり、同じ憲法を担う法仲間達が、たんなる経済社会を超えた法の共同体のメンバーとして、自ら自己立法を成し遂げ、法仲間それぞれの倫理的自己実現を相互にサポートしてゆく枠組みが現実のものとなっている。この「私的自律と公的自律」

の深まりによって、諸個人の「倫理的自己実現」と「民主主義」もまた不断に深化してゆく。

この弁証法的深化は、同時に生活世界に対するシステムの弊害を制御することによって、生活世界の民主化が推し進められることと同義である。それゆえ「私的自律と公的自律」の深まりによって、法仲間から排除されてきた社会的マイノリティなどに対する「法的平等」が推し進められる。さらに社会国家の福祉機能によって、失業や貧困に喘ぐ社会的弱者などに対する「事実的平等」が次第に実現されるとハーバマスは考えたのである（Habermas 1992: 493-515=2003［下］: 145-64）。

さて、このようなハーバマスの憲法愛国主義という理念を要とした社会理論は、実際のところ福祉国家と結びついたフォーディズム的な資本蓄積体制を基盤にしていた。というのもハーバマスの憲法愛国主義へと至る理論図式は、システムの構造転換、すなわち政策上の理念である新自由主義の奔流とポスト・フォーディズムというグローバルかつフレキシブルな資本蓄積体制への移行に直面することによって、機能不全に陥ってしまったからである。

さらに地球環境問題として現れた大規模な生態学的危機は、国際レベルでの諸国家間の協調が必要であることを明らかにしてきた。現実のシステムの運動とその影響が、一国主義的な憲法愛国主義という統治モデルの枠組みを、大きく超え出ることになったのである。(168)

新自由主義の進展と公共圏の機能不全

さきに述べたように、一九七〇年代以降、危機に直面した資本主義経済は、資本蓄積を果たすために、国民経済の次元を超えたグローバルな生産と流通の体系を組織してきた。その試みは、ポスト・フォーディズム的なフレキシブルな資本蓄積体制を先進諸国における「産業の空洞化」をもたらしてきた。

このような資本主義の構造転換に、一九八〇年代のサッチャリズムとレーガノミクスによって後押しされた「新自由主義」という理念が結びつく。新自由主義は、「規制のない自由な市場が、自ずと効率的な資源配分を実現する」という市場原理主義的な理念に基づいている。新自由主義は、そのようなユートピア的な理念を実現すべく、政府による市場介入を極力さけようとする。新自由主義という理念に牽引された国家行政は、「市場の失敗」を補填する福祉国家を標榜した「大きな政府」から、その失敗の帰結を自己責任の名のもとに個々の労働者に押し付ける「小さな政府」へと構造転換してゆく。

具体的な政策として、国家行政における社会福祉費の縮小、資本市場に対する規制緩和、公企業の民営化などを推し進めようとした。このような新自由主義的な政策傾向は、冷戦の崩壊後、各国においてより顕著なものとなる。さらに情報通信技術の発展は、金融革命や生産技術の急速な進歩へと結びつき、グローバルかつフレキシブルな資本蓄積体制への構造転換に拍車をかけた。

それらの傾向と同時に、これまで積み上げられてきた労使の合意もまた切り崩されてきた。たとえば、労働力市場に対する規制緩和によって、企業組織は、正規雇用から短期の有期雇用へと切り替える傾向にある。この切り替えによって、企業組織は、従業員の福利厚生に対する負担を大幅に減額することが可能となる。他方で労働者の社会連帯の紐帯であった団結権や集会の自由などは制限される傾向にある。また労使の合意を支えてきた福祉行政を可能にしてきた税制も改変され、累進課税、相続税、贈与税などの税率を大きく低下させる傾向にある。

市場の自由を重んじる新自由主義のイデオロギーの浸透によって、国家の福祉機能を正当化するための、法仲間による合意の確保もまた困難となる。たとえ合意が成立したとしても、国内政治による生産条件に対する増税などの規制は、ただちに国外への資本逃避につながってしまう。資本逃避は、いうまでもなく税収の落ち込みへと直結する。

国内に存在する資本に対して、増税などの規制によって制御するという手立てを採用することが困難になってしまったのである。

ブレトンウッズ体制の要であったＩＭＦ・世界銀行などの国際的な経済機関もまた、戦後の「埋め込まれた自由主義」の担い手という役割から脱皮し、新自由主義経済の推進主体へと変じてしまった（Stiglitz 2002）。ＧＡＴＴを引き継いだＷＴＯもまた新自由主義的な世界貿易体制の構築を積極的に推し進めてきた。これらの国際的経済機関は、閉鎖性が高く民主主義的な意思決定のプロセスから切り離される傾向にある。各国の市民達のコミュニケーションに由来する正当化の力は、これらの国際的な機関に容易に届くことはない。

したがって旧来の一国主義的な経済・社会政策によって、国民経済の枠組みを大きく超え出てしまったグローバル経済を制御することは困難になってしまう。それゆえ、ハーバマスの目論んだ一国内における「公共圏に媒介された民主主義の深化」と「諸個人の倫理的自己実現」の弁証法が座礁するのは当然であった。

ところで、社会的交換形式という観点からみた場合、これらの傾向は、社会的公正と事実的平等を可能にする、再配分という交換形式の規模を公私に渡って大きく縮小させることを意味する。再配分という交換形式の縮小は、市場経済を基盤にして成立していた公私における旧来のコミュニティの解体へと帰結する。というのも交換形式からみた場合、私的所有権によって分割された市場社会において、人々の連帯を可能にするのは再配分という形式であるからだ。市場化された社会においてもなお再配分という交換形式は、人々がたんなる孤立した存在としてではなく、連帯の力によって社会統合を成し遂げ、コミュニティの形成と維持を可能にしてきたのである。

貨幣経済を基礎とした近代的な"bürgerliche Gesellschaft（市民社会）"において、再配分という形式を保持するには、何よりも人々の合意を得なければならない。それゆえ、私的所有権によって分割された人々が再配分という形式に合意し自己の所有を制限するということは、「"Zivilgesellschaft（市民社会）"という拡大した近代的なコミュニティのメンバーとして生きる」という政治的・倫理的決断となる。合理的な自由市場というユートピアを礼賛する市場原理主義者達は、このような政治的・倫理的決断を回避し、有史以前から連綿と続いてきた人々の間の連帯の絆を断ち切ろうとする。

ハーバマスもまた、一国主義的な憲法愛国主義が機能不全に陥ったことを率直に認めている。ハーバマスは、「法的平等と事実的平等との弁証法」を「私的自律と公的自律による弁証法」によって強化するという回路が、グローバル経済の急激な変化とともに、「一時的に停止」してしまったことを確認している（Habermas 1996: 145-5=2004: 144-5）。ハーバマスは、このような民主主義の進展と人々の倫理的自己実現の危機に対して、より広範な政治的公共圏を構築することで、拡大した連帯の力を糾合しようとする（Habermas 2004: 113-92=2009: 161-265）。

そこでハーバマスが、まずもって期待をかけるのが、拡大した地域共同体としてのEUである。ハーバマスは、憲法愛国主義という理念に基づいた理論図式を、ヨーロッパ共同体としてのEUに拡張しようとする。それは、構造転換した資本主義に対抗するために、複数の国家を包摂する拡大した地域共同体内においてコミュニケーションの力を糾合することでシステムの変化に対応し社会統合を達成することを目論むものである。

さらにハーバマスは、EUという壮大な実験に続いて出現するであろう他の拡大した地域共同体と連帯することによって、グローバル化した資本主義を制御するトランスナショナルな「世界内政（Weltinnenpolitik）」のプランを提示している（Habermas 2004:244 =2009: 220）。

しかしながら、ハーバマスの拡大した地域主義を基礎にした社会統合という構想は、まずもってブロック化した域内での社会統合を可能にするだけである。実際のところEUレベルでの社会統合のプランも端緒についたにすぎない。

ハーバマスが提示した世界政府なき世界内政が実現するまでの道のりはなだらかなものではないだろう。たとえば、二〇〇八年のアメリカ発のサブプライムローン問題を契機にして生じた金融危機に対して、旧来のG8ではなく、さらに拡大したG20によるよりグローバルな協調の模索が試みられた。これは、ドルという世界貨幣に対する信用によって結びついたポスト・フォーディズム的な資本主義経済が、そのボーダレス性ゆえにブロック化した諸国家の共同体の枠組みや南北間の対立をも大きく超え出ていることの証である。このような金融危機や地球環境問題というグローバル化した危機に対する有効な対処は、すでにハーバマスが提示した地域主義の枠組みによって抑えこむことができない。

ところで、グローバル化は、システムの拡大や細分化をもたらすと同時に、情報通信技術の発展によって行為者の意識を拡大する傾向にある。しかしながら、衛星放送やインターネット等によって拡大したはずの行為者の意識は、相互に閉鎖的な村社会のように分断され断片化する傾向にある。

高度に情報化された社会では、無数のメディアの経路に媒介されることよって同時代の出来事を共有しがたくなってしまう。そのため拡大した人々の意識が、開かれた討議によって様々な意見を結びつけ公論へともたらすはずの公共圏へと合流していないとハーバマスは見ている（Habermas 1996: 145-6=2004: 145-6）。そうなってしまうと、グローバル化に対応した社会連帯が困難になってしまうという帰結へと至るのは当然であろう。

他方で、9・11の同時多発テロからアフガン戦争へと至るアメリカの重大な国際法違反に対して、人々のコミュニケーションが活性化し、特にヨーロッパ諸国で巨大な反戦運動を巻き起こした。ハーバマスは、この各国から生じた市民社会からの抵抗運動を「ヨーロッパ市民社会」の誕生であると言祝いだ。しかしながら、欧州憲法条約やリスボン条約への批准が幾つかの"Zivilgesellschaft（市民社会）"における国民投票で否決されるなど、EUにおけるトランスナショナルな社会統合もまた、順風満帆であるとはいえない。

ひるがえって我が国と東アジア地域のことを考えるならば、拡大した地域共同体におけるトランスナショナルな社会統合は、より深刻な課題となる。たとえ、東アジア共同体がシステムの次元で構想段階に入ったとしても、我が国の靖国問題や従軍慰安婦問題あるいは中国や北朝鮮の民主化問題を含め、各国の"Zivilgesellschaft（市民社会）"の間の連帯を困難にする多くの障害を抱えているといえる。東アジアの地域における"Zivilgesellschaft（市民社会）"間のトランスナショナルな社会統合への道のりは、EUの社会統合と比較して遥かに険しいといわねばなるまい。

このような状況を鑑みれば、生活世界の抵抗の力を集約する公共圏の力は、現代のグローバル化によるシステムの構造転換に対して有効に機能していないといえる。

新たな反システム運動の高まり

しかしながら、システムの構造転換によって公共圏が機能不全に陥ったとしても、システムに抗する生活世界の異議申し立ての運動もまた容易に収まるはずもない。人々は、システムに抗することにおいて、たんにシステムに従属する「主体＝臣民」などではない。従属する主体は、同時に自由と安寧を求め抵抗する主体でもある。

グローバルな商品化の流れに対抗することを試みる様々な諸実践も活発化し、国内レベルを超えた連帯とコミュニケーションが現に生じてきている[169]。近年の国際的な社会連帯を求める大規模なデモや国際ボランティアの存在と活性化は、ハーバマスが捉えた一九六八年の新しい社会運動を超えた意義を持っており、ハーバマスのコミュニケーション論と社会理論に修正を迫るものである。

ハーバマスの主体モデルは、システムと生活世界の二世界論を反映した二重性を持った主体であった。ハーバマス社会理論における個々の主体は、労働主体としてシステムとかかわるとき、システムの目的合理性に従属する道具的理性の主体であるが、同時に了解志向的な発話主体として生活世界にかかわる場合、相互主観的なコミュニケーション的理性の主体であるといえる。

コミュニケーション的行為を誘発するのは、失敗に終わったコミュニケーションである。失敗に終わったコミュニケーションとは、理性が要求する「合意」という社会規範に対する侵犯にほかならない。コミュニケーション的行為とは、このような社会的規範に対する侵犯によって失われた「合意」を回復しようとする理性的な努力を担っている。コミュニケーション的理性の主体は、合意を確保する「言語」というメディアを媒介にしたコミュニケーションによって交流する。ハーバマスは、この言語をメディアにして交流する発話主体の次元に依拠した。とはいえ実際のところ個々の主体は、身体を有する受苦的な主体にほかならない。アクセル・ホネットは、そのような身体を有する人間の在り方に焦点を当て、言語哲学のパラダイムに属するハーバマスのコミュニケーション論を批判する（Honneth 1992, 2003）。

主体の受苦的な在り方に依拠するホネットは、実際のコミュニケーション的行為が「社会的に軽んじられているという感情」から発することを指摘する。ホネットによれば、他者から排除されたという経験から発する負の感情が、人間性の尊厳の回復を求め、他者との相互承認という目的を果たすべく社会運動へと向かうことになる。このような人間学に依拠するホネットの立場から見れば、コミュニケーション的行為によって運ばれるメッセージが、人々の受苦的な経験を公共圏へと表明するものであることが分かる。

もちろん受苦的な経験の諸原因は、ポスト・フォーディズム的な資本蓄積体制では、しばしば国内レベルを超えてしまう。しかしながら諸国民は、さきに述べたようにフレキシブルかつグローバルに構造転換したシステムの運動に対し、公共圏という回路を有効に機能させることで自らの生活世界の再生産過程を保護することが困難になってしまった。つまり憲法愛国主義へと収斂するハーバマスの社会理論は、同一の憲法を担う国民を想定していたがために失効し機能不全に陥ってしまった。

だがハーバマスの理論的不備を尻目に、国際的な市民運動や国際ボランティアが、一国主義的な枠内を超えたコミュニケーションを活性化しはじめている。このようなトランスナショナルなコミュニケーションの活性化が、実際に憲法や規範を異にしてきた生活世界間の交流と、一国主義的な憲法を超えた新たな規範の構築の可能性を生じさせている。

この新たな規範構築の可能性に着目するならば、憲法、言語、文化などの社会規範を異にするトランスナショナルなコミュニケーションの活性化の理論的基礎を解明しなければなるまい。

私見では、その解明は、ハーバマスのコミュニケーション論を放棄するのではなく、ハーバマスのコミュニケーション論が切り捨てたフランクフルト学派の第一世代の「ミメーシス」概念へと遡行することで果たされる。ただし、その試みは、たんなる遡行ではなく、「ミメーシス」概念をコミュニケーション論的に転回させ、同時にハーバマスのコミュニケーション論を改作するものとなる。

ミメーシス的主体によるコミュニケーション的行為

ハーバマスは、言語コミュニケーションにおいて要請される三つの妥当性要求の内に、「支配のない融和」の契機を見出した。言語コミュニケーションに依拠することで、ハーバマスは、「支配からの解放」の契機を、第一世代の「ミメーシス」概念から相互主観的な「コミュニケーション行為」の内に移した。「ミメーシス」から「コミュニケーション的行為」への移行を遂行したハーバマスの狙いは、ミメーシス概念に「文明と自然との和解」を目指すユダヤ・キリスト教の神秘主義の影を見、その非合理性を恐れていたからだ（Habermas 1981［1］=1986: 150-1）。

とはいえハーバマスの言語論的転回は、フランクフルト学派の第一世代にとって自然支配の道具として扱われていた言語を、「支配なき宥和」のためのメディアへと転じることが主眼である。第一世代は支配の道具となった言語を問題にしていたゆえ、ハーバマスは「支配なき宥和」という理念を、第一世代のホルクハイマーやアドルノと共有している。(170)ところがハーバマスは、結局ミメーシスを「労働‐生産パラダイム」に属する概念とみなして葬ろうとした。だがミメーシス概念をコミュニケーション論的に組み替えれば、ハーバマスの社会理論はポスト・フォーディズム型資本主義においても通用する社会理論へと転じることができる。

ハーバマスにおける「支配なき宥和」の理念は、三つの妥当性要求を含んだ言語というメディアによって確保される。コミュニケーション的理性が要求する三つの妥当性を担うコミュニケーション的行為によって、権力の強制力から切り離された自由なコミュニケーション空間が生成し、「支配なき宥和」の可能性が開かれてくる。

だがホネットが指摘しているように、実のところ公共圏というメディアへと託されるメッセージの多くは、たんなる意思疎通の齟齬という問題から生じるのではない。公共圏へと投じられるメッセージの多くは、システムの抑圧に対する抵抗にほかならず、人々の受苦的な経験から発している。この点に関しては、ヘーゲルの相互承認論へと遡行しコミュニケーション論を人間学的に改作し、人格の尊厳に定位したホネットのハーバマス批判は正当なものであろう。

ただトランスナショナルなコミュニケーションの活性化を論じる上で重要なのは、生活世界を共有しない者たちの連帯が如何にして生じるかという問題の解明にある。それはホネットのいうように「社会的承認の枠組みから落ちこぼれてしまった、という感覚」から発する「人間の尊厳を軽んじられた者たちの連帯」であるだけではない。

トランスナショナルなコミュニケーションの発動は、直接的な被害を被った人々の受苦的な経験を超えて、その受苦に呼応する無数の者たちの連帯の現れにほかならない。生活世界というコンテクストを遥かに超えたコミュニケーションの連なりは、「個人の自己実現」という閉ざされた個人主義的枠組みを超えた、人々の心的作用に根ざしている。その心的作用とは、言語以前の心的働きであるミメーシスにほかなるまい。

言語は概念の「同一性（die Identität）」によって構成されたものであるが、身体的・感性的なものは、言語の同一性には還元できない「非同一的なもの（das Nichtidentische）」の契機を成している。ミメーシスという心的作用は、言語の同一性からこぼれ落ちる非同一的なものを捉えようとする。ミメーシスという心的作用は、受動性と能動性の二重の性質も持つ。まず受動的なミメーシスは、概念の同一性を媒介せずに対象そのものへと同一化していこうとする「模倣的なミメーシス」である。ミメーシスの受動的側面は、他なるものから容易に憑依・感染される傾向にあり、対象へと没入し自己喪失へと誘われる認識の在り方である。人間は、この前言語的なミメーシスという心的作用によって、あらかじめ受動的に他者へと方向づけられている。人々は、図らずも予めミメーシスによって他者へと受動的に感染されているといえる。(171)

この受動的なミメーシス的感染によって、人々は予め他者への応答可能性にさらされている。よって言語コミュニケーション以前に、人々は半ば強制的に他者とのミメーシス的なコミュニケーションへと開かれる。このミメーシス的感染による応答可能性が基礎となることではじめて、他者への言語的コミュニケーションが促される。言語以前のミメーシス的なコミュニケーションは、容易に遮断することのできない、なかば強制的な自他との互酬的なコミュニケーションにほかならない。

他者へと受け止められた受苦は、言語行為として表現されずとも他者のミメーシス的な応答を促してゆく。そもそも公共圏に声が響き渡るのは、ミメーシス的な主体間での受苦的な経験への互酬的な応答という次元が存在するからである。それゆえ、生活世界を異にする諸主体の間でも、相互主観的な受苦的な贈与行為が連なりうる。そして互酬的なミメーシス的コミュニケーションの連鎖が、トランスナショナルな社会的連帯の環を押し広げてゆく。

しかしながら、受動的なミメーシスは他者の受苦に対して憑依的・感染的に呼応する傾向にあり、正義や公正を欠いた瞬間的・暴力的なものへと振り切れてしまう恐れがある。暴力に対しては苛烈な暴力によって応答されることが多い。というのも贈与の論理から見れば、受苦的な負の贈与に対してはより苛烈な負の対抗贈与を誘発してしまいかねないからである。反省を欠いたミメーシスは、狂気へと転じ、無制限な破壊をもたらしかねない。

もう一つの能動的ミメーシスは、「ポイエーシス」とかかわる産出的なものである。この能動的ミメーシスは、受動的なミメーシスによって得られた受苦的に刻みこまれた対象の細部を認識し、新たな形態を生み出そうとする。それは受動性によって刻まれた知覚に反省を加え、それを新たな形態にまで高め表現する。これは産出的自然である「ピュシス」に対する、人間による模倣であると考えることができる(172)。

アドルノが述べるように、ミメーシスによって生産されるもののモデルは、芸術作品である（Adorno 1970）。能動的ミメーシスによって産出された芸術作品は、たんなる新たなものの創造ではなく、そこにはロゴス以前の認識的価値が存在する。芸術作品は、言語によって分節される以前の流動的な現実の知覚を模倣し、その細部にわたり写し取った「イコン（似像）」でもある。ミメーシスは、硬直した概念的認識より早く対象を捉え、移りゆく現実を表現する。しかも、芸術作品は、流動的な現実の模造であるがゆえに、人々にとって現実（本物）から距離をとり、その認識を可能にする価値を持つ（村上 一九九八：一〇一‐六）。

また反省は、共通感覚を媒介にすることによって、自らの私的な心の働きから距離を置き、他者の視点から自らの心の働きを再認することでもある（Arendt 1982）。つまり反省的になったミメーシスは、自らをも他者として眼差し得る分析的な構想力によって媒介されている。この反省によって、他者への盲目的模倣や感染というミメーシスの破壊力を避けることが可能になる。[173]

このような反省的となった産出的ミメーシスが、上手く機能すれば、社会的に通用する滞留した概念の同一性を超えて、細部に渡る新たな現実の認識を推し進めることができる。反省的となった産出的ミメーシスは、言語以前の「非同一的なもの」の存在を犠牲とすることなく、その認識を概念の内にもたらそうとする努力を担っている。アドルノは、認識のユートピアが「概念なきものを概念でもって開きながら、なおそれを概念と倒置しない」ところにあると述べている（Adorno 1966=1996: 16）。いわばミメーシスという能力は、この実現不可能な認識のユートピアへと架けられた一つの橋である。

判断力の基盤であり、他者の視線を内在化することによって反省的となったミメーシス概念を、ハーバマスのいうように労働生産パラダイムへと押し込むことはできない。ハーバマスは言語コミュニケーションを特権化したが、前言語的なミメーシス的なコミュニケーションを重視することは、男性中心的な硬直した象徴的秩序の手前に踏みとどまり、象徴秩序に由来する暴力に対する批判的審級を確保することにもつながる。[174]

硬直した象徴秩序や資本によって遊動する記号システムが孕む制度的暴力は、無数の犠牲者をうみだしてきた。しかしながら、社会運動家や市民達は、他者の受苦的経験に対して呼応し、連帯の手を差し伸べようとしてきた。フェミニズム運動、核兵器廃絶運動、反戦運動などのコミュニケーションの流れは、実際に象徴秩序の暴力を暴きたて、新たな生活の文法を形成してきた。

このような制度的な暴力に抗するコミュニケーションの流れは、社会的交換形式からみた場合、「贈与（互酬）」という行為に関わっている。まずもって他者へと方向づけられたミメーシス的なコミュニケーションの次元で人々は、他者の受苦を贈与され、その受苦に応答することを促される。このような他者へと受苦的にかかわるミメーシス的な主体は、他者を手段として扱う、合理的計算をもっぱらとする道具的理性の主体ではありえない。

相互主観的なミメーシス的主体は、生活世界を異にするものにさえも応答し、全き他者との交流を果たそうとする。たとえ有効な法の支えが存在しなくとも、悟性の担う合理的計算を超えて、連帯の手は差し伸べられてゆく(175)。その直接的な連帯の叫びは、公共圏にこだますることで反省的になり、新たな生活世界の文法を練り上げ、構成的なコミュニケーション的権力へと転じ、新たな規範や法を産出してゆく。こうして産出される新たな規範や法は、受苦者の連帯によって作りあげられる芸術作品であるともいえよう。

芸術作品としての法は、不動の真理としてではなく、もちろん常に仮象として存在する。その仮象としての法をメディアにして、受苦的なものに応答する解放的な贈与の連鎖が、新たな互酬共同体の秩序を作り上げてゆくことを可能にする(176)。

さらにミメーシスを基礎に置いたコミュニケーションは、ハーバマスの言語論的パラダイムを超えて「自然との和解」の理念を保持したものとなる。この点は、地球環境問題が文明史的意義を持ち始めた現在においてとりわけ重要となってきた。

ミメーシスという能力は、動植物の愛護や環境の保護を可能にする視座をも与えてくれる。私的所有権を基礎にした現行のシステムは、自然をたんなる物財として扱い、消費の対象とみなす。ミメーシスという能力は、そのような眼差しに潜む野蛮を告発し、脱構築していく可能性を秘めている。ミメーシスに依拠するならば発話主体であることを超えた、生命的な広がりを持った受苦者の連帯の可能性が導きだされてくることになる。[177]

ミメーシスに導かれ他者の受苦へと応答するコミュニケーション的行為の主体は、計算的な道具的理性の主体ではありえない。それは、受苦的な経験を共有する間主観的な贈与の主体にほかなるまい。[178] そして、ミメーシス的な贈与主体によるコミュニケーション的行為は、理想的な場合「非同一的なもの」どうしの相互交流となる。

反省的になったミメーシス的コミュニケーションの流れは、旧来の共通感覚に絶えず反省を加え、より開かれた生活空間を切り開く基盤になるだろう。これまで特殊な言語によって閉ざされてきた生活世界のコンテクストは、システムによって育まれた情報通信技術の発展に媒介されたミメーシス的コミュニケーションの流れによって、ユニバーサルに結び付けられていくであろう。

ヴァナキュラー・ユニバーサリゼーションとコミュニケーション的行為

現代のグローバル化したシステムに抗する、反システム的な受苦者のミメーシス的な連帯の経路は、もちろんユニバーサルな方向だけではない。その他に大きな二つの流れが存在している。それはヴァナキュラー（地域固有）な方向とヴァナキュラー・ユニバーサリゼーションともいうべき横断的な方向へと向かっている。

まずヴァナキュラーな方向では、衰退した地域コミュニティの再建運動が主要なものとなる。既に地域の文化や自然の保護、景観の保存、地域経済を補完するための地域通貨の発行、環境に優しいコミュニティの足腰を強くするための地産地消など、様々な試みがなされている。ヴァナキュラーなコミュニケーションは、その表現は様々であっても、地域コミュニティを保全し、損なわれた持続可能性を再建しようとする運動であるといってよい。

このヴァナキュラーなコミュニケーションの流れによってコミュニティを構築しようとする運動は、レヴィ＝ストロースのいうところの「真性の水準」を再建しようとする運動でもある。もちろん地域コミュニティは、グローバル化したポスト・フォーディズム的な生産や労働形態の変化によって深いダメージを負った。それだけでなく地域コミュニティは、情報通信技術の発展によって生じたニュー・メディアに媒介されることで、イメージの奔流にさらされ続けている。その結果、伝統的な象徴的資源を失う傾向にある。それは「象徴の貧困」ともいうべき事態である（Stiegler 2004）。

地域と本質的にかかわり合いのないイメージの過剰によって、人々とコミュニティを結びつけてきた伝統的な絆は損なわれてしまった。身体は、その物質性ゆえに必然的に自らが住まう地域へと位置づけられる。しかしながら情報通信のメディアの発展は、身体の物質性を大きく超え、人々の意識と知覚世界をヴァーチャルなかたちで拡張してしまった。われわれは、拡張されたメディアの影響によって、隣人を置き去りにして、遠く離れた他者へとミメーシス的に感染されることもしばしばであった。

地域コミュニティ再建の願いは、情報技術によって拡張した知覚世界と環境の不調和を是正すべく、目で見え、声が届く範囲の、身体を基礎にした民主主義的な連帯と自然との連帯をも視野に入れた融和の願いがそこに込められている。ヴァナキュラーなコミュニケーションは、身体を拡張する無数のメディアに媒介されるのではなく、顔が見え、声が届く身体の次元を基礎とした交流となるから、五感を通じた密度の濃いコミュニケーションが行われる可能性が高い。それゆえ、ユニバーサルなコミュニケーションよりも、より適宜なかたちでミメーシスという心的能力が機能する可能性が高い。

そして、ユニバーサルなコミュニケーションとヴァナキュラーなコミュニケーションの双方を結びつける、ヴァナキュラー・ユニバーサリゼーションともいうべき横断的なコミュニケーションの流れも生じている（田村・臼井

一九九八：三〇四−一二六；田村 二〇〇三：一五−九）。

そのコミュニケーションは、地域コミュニティを基礎にした地域相互間の国際的交流である。地域コミュニティは、自らの自律性と持続可能性を保つためにも、積極的に他の地域と交流することで、その多様性を保持していかねばならない。

この地域の互酬的な交流は、グローバル化した現代世界の中において、国内にのみ偏る必要はない。われわれの生活は、すでにマルクスのいうところの「資本の文明化作用」によってグローバルに結び付けられてしまった。またマクルーハンのいうように電子メディアの発達によって、人々の意識は拡張され、既に「地球村」ともいうべき体をなしている。さまざまな地域が国際的に交流するのは歴史的・社会的に不可避な流れであり、地域間の国際的な互酬的コミュニケーションは実際に生じている[179]。

情報通信技術の発展は、資本の流れを容易にし、人々を分断するだけでなく、市民どうしの国際的な互酬的な連帯の環を作り出す対抗のためのメディアにもなる。ハーバマスのいうところの憲法愛国主義という理論枠組みが失効し、カント的な世界共和国の実現への道のりも遥か遠い。このような状況下で、構造転換したポスト・フォーディズム的かつ新自由主義的なシステムの運動に対抗するために、ヴァナキュラーかつユニバーサルな連帯は、ますます重要性を増してゆくであろう。また、このような連帯の形式なしに現代のグローバル化しフレキシブルとなったシステムの攻勢から生活世界の秩序を保護し得ないだろう。

このように受苦者達は、システムによって生じた様々な弊害に対処すべく様々な連帯の試みを実際に為している。これらのシステムに対するミメーシス的な贈与主体の抵抗運動は、容易に途絶えることがない。

このような反システム的な諸実践の中にこそ、私的所有権の小部屋の中に自閉した相互排他的な近代的自我とは異なった、非経済主義的で社会的な、脱従属化した主体形成の在り方が顕在化しているといえよう。それは等価交換と資本制交換によって掻き消されていた、贈与の精神の蘇りであり、互酬的なものの再構築を目指す受苦的なミメーシス的な贈与主体による相互主観的な交歓を目指す営みにほかなるまい。

結　論

本書は、「贈与（互酬）」「等価交換」「資本制交換」「再配分」という四つの社会的交換形式と結びついた共同性と主体化の在り方について述べてきた。

これまで論じてきたように社会的交換は孤立した人間が行う行為ではなく、あらかじめ相互主観性を帯びた人間同士の社会的相互作用であった。それら社会的交換の諸形式は、半ば自生的に生じてきた規則の束にほかならない。人々は、それらの諸規則を打ち立てることで「欲望の二重の一致の困難」という経済の自然状態ともいうべきカオスを制し、持続可能性を有する社会生活を営んできた。これらの社会的交換形式は、それぞれが具体的な諸規則の束を成すと同時に、いまだ生成の過程にあり、これからも変容していく余地を常に残している。

ここで四つの交換形式と共同性と主体化の在り方とのかかわりを簡単に振り返っておこう。まず「贈与（互酬）」「等価交換」「資本制交換」という三つの社会的交換形式は、それぞれが固有の相互作用の性質と主体化の在り方を有し、それぞれが異なった共同性と諸個人の人格の在り方を形成する働きを有していた。そして、四つめの「再配分」という社会的交換形式は、他の三つの交換形式から生じた社会的諸関係を垂直的に貫き、諸個人の並存常態から一つのコミュニティを作りだす機能を果たしていた。また、それぞれの社会的交換形式は、「神々」「貨幣」「国民国家」などの想像的対象に対する情動的な「信仰＝信頼」に媒介されていた。

社会的交換形式としての「贈与（互酬）」は、その当事者たちを、威信を有する「贈り手」と、負い目を与えられる「受け手」という関係に置き、名誉と威信を巡る承認の闘争を生み出した。また、贈与によって形成されるコミュニティは、人間を超えた贈り主である神々への畏敬の念によって営まれる祭祀・互酬共同体であった。

贈与する神々を信仰することによって人々は、神々の臣民となる。この場合、象徴秩序の要である神々は、最大の送り主として、いわば「大文字の主体（Sujet）」である。他方で、人々は、それぞれが神々によって定められた役割を担う。その役割は、多くの場合、仮面によって象徴的に表現された。その意味において、神々の臣民達は、モースのいうところの仮面を付けた“personnage（人物＝役）”というべきものであり、いわば「小文字の主体（sujet）」であった。

祭祀・互酬共同体において「再配分」という交換形式は、首長制や宮殿経済などの備蓄システムによって担われた。未開社会の首長は、しばしば多くの妻を娶る特権を有していた。複婚を許された首長は、贈与された妻の親族と互酬的な関係に入ることになった。勤勉な首長は、複数の妻や複婚によって生まれる多くの子供達とともに積極的に労働に邁進し、多くの富を生産することになる。その結果、首長は、コミュニティにおける生産と、財の貯蔵の中心という役割を担う。もちろん首長とその家族によって生み出された、豊富な富は、親族を中心としたコミュニティのメンバーに対して気前よく贈与される。またこの贈与は、負い目を受けた他者からの対抗贈与を促すことで、財の循環を活性化した。

首長制は、いわば前近代社会における再配分という交換形式を担うことによって、コミュニティを一つに結びつけると同時に、コミュニティの再生産を可能にした。未開社会は、首長制という再配分のセンターを維持することで、互酬システムを一つのコミュニティへとまとめ上げたということができる。しかも首長を中心とした互酬共同体における富は、いったん蓄蔵されるが、資本のように拡大再生産されることなく、祝祭のなかで大らかに蕩尽された。

また複数の互酬共同体を支配下に収め、神権政治を担う王を中心とした伝統国家において、貢物や税を集める宮殿経済などの備蓄システムが形成される。交換形式という観点からみた場合、伝統国家は、宮殿経済などの富の再配分を担う備蓄システムを背景にした財政によって、拡大した互酬共同体を一つのコミュニティとして再生産可能なものとする。祭祀・互酬共同体に住まう人々は、このような中心へと集められた財の再配分によって、神々や王の臣民へと主体化された。

次の貨幣に媒介された「等価交換」は、自己調整的市場を作りだすとともに、その当事者たちを「売り手」と「買い手」に分離し、相互排他的な私的所有権の主体として事後的に産出した。貨幣に対する「信頼」は、彼らを私的所有権の主体へと分割すると同時に、私的所有権を基礎とした法的人格としての"persona"へと主体化した。つまり、貨幣を媒介にした財の交換関係は、契約を基礎にした私人の集合である"bürgerliche Gesellschaft（市民社会）"を生み出すものであった。

さらに等価交換は、互酬共同体の軛《くびき》を外すことで人々の顔から仮面を剥ぎとり、その意味において人々を哲学的な抽象的自我へと主体化するものでもあった。それは、モースのいうところの"moi（自我）"にほかならない。また、その抽象的自我は、ゾーン＝レーテルのいうカント的な独我論的自我であると同時に、ハーバマス的なコミュニケーション的理性を有する相互主観性を担う主体でもあった。この相互主観性によって構成されるコミュニティが、生活世界を基盤にした市民のコミュニケーション的行為によって産出される"Zivilgesellschaft（市民社会）"にほかならない。

また等価交換は、市場に投じられる商品世界の背後に分業のシステムを形成することを促した。拡大・細分化してゆく分業のシステムを構成する様々な職業は、人々の個性化の過程を生じせしめた。この職業こそが、教養主義的な"person（人格）"形成を可能にする台座であった。

近代的な市民社会を貫く「再配分」という交換形式は、近代国家という拡大したコミュニティを再生産する上で不可欠な形式となる。ジョン・ロックの社会契約論に見られるように、人々は自らの私的所有権と財産を保護し、自由な経済活動を維持するために契約を結び近代国家という近代的な拡大したコミュニティを形成する。

近代国家は、法を制定する立法府や裁判を行う司法府だけでなく、法を執行するための行政府を必要とする。もちろん行政府は、国内外に存在する脅威から人々の財産と生命を守るための警察力や軍事力を維持する必要がある。よって近代的な法治国家は、市民社会とその秩序を維持するために、必然的に税を徴収し再配分する租税国家となる。

同時に行政府は、税制を基礎とした再配分という交換形式を担うセンターとして国家財政を担い経済・社会政策を遂行する。たとえば行政府は、国民教育・国防・治安・インフラストラクチャーの整備などの経済・社会政策を、市民から徴収した税を再配分することによって成し遂げる。この再配分を通じた財貨の流れは、私的所有権によって分割された市民社会を一つのコミュニティとしてまとめあげ再生産するものである。

このような近代国家における拡大した再配分という形式は、人々を国家の臣民である「国民（Nation）」へと「主体化＝臣民化」するものである。それはアルチュセールが指摘した「国家のイデオロギー諸装置」である学校・軍隊・監獄などを作り出すという意味だけではない。神々という超越的な支えを失った自我は、有限かつ脆弱となった自己を支えるために、神に代わる代替物を欲望する傾向にある。

再配分という形式を担う近代的国民国家は、そのような人々の欲望に応え得る、神々の有力な代替物とみなされる。そして、母国として表象される国民国家は、その臣民の死を捧げられる崇拝の対象となる。

このように近代国家が担う再配分という形式に貫かれることによって、人々はたんなる私的所有権に分割された主体ではなく、積極的に愛国的秩序へと関係し、その秩序に奉仕する「臣民」へと主体化される。

次に、貨幣愛から発する「資本制交換」は、「正義のメディア」としての貨幣の側面ではなく、アリストテレスが指摘した「商人術のメディア」としての貨幣の性格に由来していた。アリストテレスによれば、「商人術」とは、共同体の善を目的とするのではなく、貨幣によって可能になる蓄財を目的とする技であった。資本制交換は、このような商人術によって営まれる。

資本制交換は、近代市民社会の成立とともに一般化し、さまざまな資本蓄積体制を構築していった。資本蓄積体制が構造的危機に陥る度に、資本制交換は、体制の構造転換を促してきた。その構造転換が生じる度に、資本制交換は、構造に従属する特殊な主体を生み出していく。

前期資本主義において、人々は、経済カテゴリーの人格化である「ブルジョワ」と「プロレタリアート」へと分割された。資本主義経済を基礎にした市民社会を分断する階級対立は、近代国家という拡大したコミュニティにおける社会統合を危険に晒すものにほかならない。ゆえに国家は、階級対立の深まりを緩和すべく、積極的に経済過程へと介入することになる。そのため国家は、立法権が支配的な「法治国家」から、行政権が支配的な「行政国家」へと変貌する。

また資本主義経済の成熟によって、企業組織が肥大化してゆくと同時に、小企業家が没落してゆく。その結果、企業組織における「所有と経営の分離」が生じる。このような傾向の中で、肥大化した企業組織が官僚化してゆく。戦前の国家独占資本主義において、多くの労働者は、国家行政や大規模化した私企業における官僚組織の担い手となる。「組織人」となった労働者とその家族は、家庭における権威の源泉であった自主自律した家父長の権威を喪失する。その結果、家族は、権威をもった主体のモデルを失うことで、積極的に権威に追従してゆこうとする、自律性を喪失した「権威主義的人格」を育んでゆく。それと同時に、人々は、資本主義経済が供給する美的な商品を消費する、理性を喪失した感性的な美的主体として現れた。第一次大戦の勃発と世界恐慌を契機にして、二つの主体性が合流し、人々はファシズムの主体へと形成された。

また戦後のフォーディズム型資本主義は、大戦の惨禍に対する反省によって合意を得たケインズ主義的な財政・福祉政策と結びつく。フォーディズム型資本主義は、労使の積極的な協調によって労働者のライフサイクルを包摂し、企業組織を一つのコミュニティとするものであった。他方の再配分という交換形式を担うケインズ主義的な福祉行政は、「完全雇用と経済生活の安定化」という理念の実現を目標とするものであった。

このように後期資本主義は、巨大化したフォーディズム的な経済的官僚組織とケインズ主義的国家行政の両輪によって、人々をシステムの「主体＝臣民」へと主体化した。このような後期資本主義における人格形成のプロセスとライフコースは、比較的安定し見通しのきくものであった。

しかしながら一九七〇年以降の構造的危機に直面し、資本蓄積体制は、フォーディズム的な重厚長大な企業組織から脱却し、グローバルかつフレキシブルなポスト・フォーディズム型の資本蓄積体制へと次第に構造転換してゆく。流動性を高めてゆくポスト・フォーディズム型の資本主義における資本制交換に搦めとられることで、人々は、安定した人格を育むことが困難になる。生産と消費の両面においてフレキシビリティを要求されるため、「変容を強いられる自我」へと主体化される傾向にある。

ケインズ主義的な福祉国家の理念を放棄した国家行政は、新たな政策目標として、新自由主義的理念を採用する傾向にあった。新自由主義という理念は、「市場の合理性」を信奉し、階級対立を緩和していた再配分という交換形式を縮小させる。その結果、国民国家は、拡大したコミュニティとしての性格を希薄化させ、あたかも行政国家から法治国家へと逆もどりするかのようであった。

新自由主義的政策は、グローバル市場を円滑に機能させるため、国内の社会統合を犠牲にしてまでも政府の財政支出を抑えようとする。それは、資本の論理が無制約に通用するグローバル市場を実現するために、大戦後に成立した「埋め込まれた自由主義」という社会的合意を解体しようとするものであった(Harvey 2005)。あたかも新自由主義的政策を担う国家は、社会統合を放棄し、市場のみを円滑に機能させる役割を果たす機関であるかのように見えた。

このように近代的なコミュニティとして機能していた国家と私企業の双方において、「再配分」という交換形式が縮小する。再配分の縮小によって、国家と私企業の双方がコミュニティとしての社会統合機能を弱体化させてしまう。その結果、市場からこぼれおちた大量の落後者たちを生み出し、社会的リスクが個人化される。大量の落後者とリスクの個人化は、必然的に「セキュリティに対する不安」を増幅する。

このようにグローバル化したポスト・フォーディズム型資本主義と新自由主義的政策傾向が結びつくことによって、ハーバマスのいうところの「憲法愛国主義」という構図が崩壊するとともに、同時に無数の抵抗するミメーシス的な贈与主体が、グローバルかつローカルな次元で立ち上がることになった。

これらの社会的交換形式は、もちろんこれまで論じてきたように、単一で機能しているわけではない。これらの交換形式は、いまもなお層が折り重なるよう存在し、それぞれ途絶えることなく機能している。

交換形式の底辺をなす「贈与(互酬)」は、「能産的自然」の贈与を土台にしながら、今もなおその機能を脈々と保っている。祭祀・互酬共同体は、貨幣経済の侵食によって解体・再編されてしまったが、純粋贈与の担い手である自然と互酬によって営まれる家族は、他の交換形式の基盤として現在も確固として存在している。他の交換形式は、贈与する自然と人間の再生産を担う家族関係を基礎にした互酬経済を土台にしなければ、有効に機能しえない。

「贈与(互酬)」という土台の上で営まれる「等価交換」は、今現在も贈与する自然に対する人々の感覚を打ち消すとともに、家族の互酬的関係から離れた自己調整的な市場システムを支えつづけている。等価交換は、その効果によって、市場システムを構成する相互排他的な私的所有権の主体として人々を分割している。

それと同時に、等価交換のメディアである貨幣は、コミュニケーション的理性を担う相互主観性を構成する主体として人々を結び付ける機能を果たし、経済社会である"bürgerliche Gesellschaft"に対する批判的審級としての"Zivilgesellschaft（市民社会）"を休むことなく生成させている。

そして貨幣が資本へと転じることにより、「等価交換」を土台にしながら、その上にもう一つの主体化のプロセスが折り重なる。さきに述べたように「資本制交換」は、人々を様々な主体形成のプロセスへと誘った。もちろん、社会的交換形式の最上階を成す資本制交換は、それに先行する「贈与（互酬）」と「等価交換」という基盤なしには機能し得ない寄生的なものだ。

これらの社会的交換形式を基盤にしながら「再配分」という交換形式は、他の交換形式に垂直的にかかわることで、持続可能なコミュニティとしてのまとまりを形成することに貢献してきた。現代では、再配分の機能は、祭祀・互酬共同体という前近代的なコミュニティに代わって、近代的な拡大したコミュニティである国家によって担われ、人々は「国民」という主体へと主体化（＝臣民化）される傾向にある。

社会的交換形式から見た場合、現代社会に住まう人間は、これらの複数の社会的交換形式によって貫かれた従属的な重層的主体として存在すると同時に、諸交換形式の編成の在り方に抵抗するミメーシス的主体であった。

ところで本論で扱った四つの社会的交換形式について、ポランニーは、経済原理を「互酬（reciprocity）」「交換（exchange）」「再配分（redistribution）」「家政（householding）」の四つに区分している（Polanyi 1957）。本書は、「自らの使用のための生産」である「家政」を除き、他の三つの経済原理を「共同性の形成と諸個人の主体化」の在り方に結びつけ考察した。

さらに、本書では、互酬性を駆動させる「贈与」の次元を際立たせるとともに、現代における主体化という問題を考えるために、ポランニーの経済原理のうち交換原理を「等価交換」と「資本制交換」に分離して考察した。この分離の意図は、貨幣を媒介にした交換形式が有する「共同性の形成と諸個人の主体化」の二つの側面を描き出すためであった。

ポランニーは、等価交換と資本制交換を明確に区別せず、それらを交換という原理にひとくくりにして、市場批判を展開した。

ポランニーによれば、交換原理は、本来、交換のために生産されたものではない人間と自然を、「労働力」と「土地」という商品へと変えてしまう。人間活動を商品として扱うことは、肉体的・心理的・文化的・道徳的存在である人間を保護してきた社会的諸制度の覆いをはぎ取ることを意味する。その結果、生身となった人間の活動は、資本制交換の手段として用いられることで消費し尽くされ、その存在をも消滅させかねない。

自然もまた、本来オートポイエーシス的に自己を再生産するものである。人間は、自然の諸過程を変容させる「変容の自由」を持つが、自然を創造することはできない。自己産出的な自然に「土地」というラベリングを貼り、たんなる手段として扱い消費することは、自然の再生産過程を解体へと導きかねない。したがってポランニーは、人間と自然に対して、破壊的な作用を及ぼす交換原理の突出を恐れ、交換原理によって営まれる市場を「悪魔の碾き臼」と呼び、それが「文化的空白」をもたらすものとみなした。

このようなポランニーの市場批判は、市場の否定的側面とともに肯定的側面をも産湯ごと流しかねない。これまで論じてきたように市場は、たんなる「悪魔の碾き臼」でも「文化的空白」をもたらすものでもない。ジンメルやレヴィナスが指摘したように、市場の要である貨幣は、争いの絶えなかった祭祀・互酬共同体の並存という旧来の生存状態から、人々を新たな生存状態へと引き上げる「正義のメディア」であった。

貨幣を媒介にした等価交換は、人々の間に相互主観的に妥当する客観的な「公正」の観念を浸透させると同時に「自由な人格」を形成する可能性を開いたことを忘れてはならない。このような貨幣というメディアが有する肯定的な働きを無視することは、近代が実現した最良の遺産を放棄することと同じである。

とはいえポランニーが指摘したように近代の市場経済は、贈与によって養われてきた人間と自然という本源的な生産要素を、商品として扱う擬制によって成り立っている。人間と自然は、商品として売買されるために生産されたのではなく、まずもって能産的自然の贈与という土台の上にして存在している。この贈与という土台を解体してしまえば、資本の自己増殖運動もまた危機に陥ってしまうのは明白である。

われわれは、等価交換と資本によって打ち消される、贈与する自然の次元に対する共通感覚を再建しなければならない。等価交換は、贈与を基盤にしてこそ始めて可能になるのであって、贈与する自然を失ってしまえば、労働の対象が失われてしまい、交換する主体さえもが消失してしまう。

亡霊的な存在である資本の自己増殖を目的とし、人間と自然を手段にし、犠牲として捧げることで実現される「パックス・エコノミカ」とは、生に対する戦争の一つの形態であった。それは、生命活動の根源を成す能産的自然による贈与の次元と、ヴァナキュラーな人々の生活に対して、不死の資本の運動を押し広げる、商品の攻撃にほかならない。

人間と自然をたんなる財として扱う近代の経済学的パースペクティブを転換することで、われわれは、資本制交換によって牽引される「パックス・エコノミカ」とは異なった、生命的な贈与の次元との和解を実現しうる新たな平和を達成せねばならない。今日のエコロジー運動の根底にも、この認識がなければならないだろう。

ところで第三章で明らかにしたように、貨幣に媒介される以前の前近代的な祭祀・互酬共同体は、多くの場合相互に不信を抱く排外的なコミュニティとして併存していた。共同体の外部のすべての人間が、「恐るべき敵」か「すべてを贈与しあう同盟者」かのどちらかであった。また、小さなコミュニティの内部においても、多くの場合、性別に従った差別と非対称的な権力構造が存在していた。

しかし貨幣に媒介された等価交換は、資本の圧力によって拡大することで、資本の文明化作用を世界へと波及させ、排外的な祭祀・互酬共同体における信仰を、貨幣に対する信頼へと置き換えていった。このような貨幣の働きは、「新たな正義」によって貫かれる生活様式へと人々を引き上げるものであった。このような貨幣の働きは、モースが『贈与論』の末尾で引き合いに出したアーサー王の円卓を思い起こさせる。

アーサー王は、名誉の欲望や嫉妬に駆られ争いの絶えなかった宮廷に六〇〇人以上座れる円卓を持ち出すことで、その争いを収めてしまった。争いが途絶えたのは、円卓には上座が無く、席が豊富なため皆が座ることができたからである。アーサー王は、円卓を伴って戦に赴き、結束の高まった臣下たちとともに連戦連勝した。

貨幣もまた人々の間に水平的な関係をもたらす一つの巨大な円卓であろう。貨幣という円卓は、その席につくものを、同質な権利を有する抽象的人間へと形成する。貨幣とは前近代的コミュニティの抑圧から人々を解放するメディアであり、その円卓が進むところ人々は旧来の迷信や呪術から解放された。

その円卓は、貨幣を交換する全ての人々を座らせることのできる無限の円卓にほかならない。だが貨幣という円卓は、その上に立ち現れた亡霊的な存在である資本の圧力によって旋回し急速に拡大することになった。その結果、その円卓の広大さゆえに、テーブルについた人々が何を語らい、何を持ち寄り、他者が何を食しているのかが次第に見えなくなってしまう。円卓の巨大さは、同じテーブルについた人々の顔と声を匿名的なものにしてしまい、人々は相互に無関心となる傾向が生じた。

テーブルに着いた多くの人々は、テーブルの背後にある生ける自然に対する畏敬の念を失い、次第に能産的自然の働きを見失ってしまう。その結果、貨幣を信頼する人々は自らの生存の土台である生ける自然への配慮を失ってしまった。

しかも、貨幣の司る「交換の正義」は、他者との感情的な交わりを断ち切る非情なものであった。人々の顔が見え、声が届き、互いに語らいあう「真正の水準」にある安定したコミュニティは、「交換の正義」だけでは存在しえない。グローバル化した円卓を介してコミュニティが存在しうるためには、貨幣と結びついた悟性や理性の力とは異なった心的作用が必要となる。その心的作用は、ミメーシスという心の働きにほかなるまい。

ミメーシスは、人間同士の連帯を超え、自然との和解をも可能とする融和の願いが込められていた。その心的作用は、貨幣という円卓から排除され打ち捨てられた人々や、道具のように扱われ廃棄されていく自然に対しても、共感の眼差しを贈り、連帯の手を差し伸べるだろう。

受苦者達は、ミメーシスという止むに止まれぬ心の働きによって連帯へと向かう。このミメーシスによって導かれるコミュニケーション的行為を糾合し、人々を分断し、生ける自然の犠牲を要求する「不死の偶像」を解体・脱構築しなければならない。

われわれの時代は、自らの生存と審美的生活の基盤であった贈与の次元を見失うことで、かつてない危機を迎えてしまった。われわれは、持続可能性を失いつつある現代の文明を構成する原理を超え、新たな持続可能な生の形式を構築すべき時にある。

われわれは、貨幣の円卓から立ち上る不死の亡霊的存在である資本を制することで、貨幣に憑依した資本によって展開される「亡霊の経済」を「人間の経済」へと転じていかなければならない。そのためには、流動性の化身である浮遊する貨幣を、商品として扱う擬制を見直さねばならない。もつれた規則の束の結び目を紐解き、人々の生に害をなす規則を制御し、もしくは新たな規則を加えることで、浮遊し流動する貨幣を「目的の中の目的」から手段の地位へと引きずり降ろし、その束を結び直さねばならない。

万人の自由を可能にした近代の遺産を引き継ぐのであれば、われわれは、貨幣という正義のメディアを手放してはならず、それを適切に扱う術を構想せねばならない。

新たな規則を構想し、貨幣にまつわる規則の束を結び直すのは、貨幣を崇拝する孤立したホモ・エコノミクスではない。それをなすのは、隣人と手を携え、他者の声や顔に配慮し、自然との和解を目指す者達でなければならない。その和解の可能性は、われわれの内にあるミメーシスという心的働きにある。

万物を含めたあらゆる他者へと共鳴するミメーシスという心的働きがある限り、われわれは、隣人と手を携え、人間的な生をも超えて受苦者たちの姿に応答し、犠牲のシステムに対する批判と連帯の歩みを止めることはない[180]。その歩みは、ユニバーサルかつヴァナキュラーな(地域固有の)連帯の形式を構築することで、人と人との間、さらには人間と自然との間に適切な距離を創り出す営みとなろう[181]。

注

（1）経験的人格の内奥に普遍的人格を見出した典型的人物は、イマヌエル・カントであろう。カントは「人格」という概念を、経験的な「人格（Person）」と理念的な「人格性（Persölichkeit）」へと二重化した。カントは、「人格性」を理論理性における「統覚による一貫した結合が存する主観の統一」として把握する。そして、それは、自然法則を規定する主観的な根拠と見なされる。人格性は、実践理性において「自然の全メカニズムから独立した自由な自己立法者」とし、各人の道徳的完成をめざすべく「魂の不死性」を要請するとされる（Kant 1787, 1788）。

（2）第一次世界大戦とそれがもたらした惨禍は、ヨーロッパ近代に対して根本的懐疑の眼差しを向けるに十二分なものであった。近代社会を牽引してきた近代的理性の主体とは、まさに破局をもたらした核心として批判の俎上にのせられた。

たとえば第一次世界大戦という破局に直面したポール・ヴァレリーは「精神の危機」において、凄惨な破壊力へと転じた科学の応用が、科学の名誉を失墜させると同時に、科学そのものを道徳的に疑わしいものにしたと述べる。その結果、深く傷ついた理想主義もまた夢想的なものとしての責めを負うべきだとヴァレリーは指摘した。それぞれの掲げる正義が巨大な破壊をもたらしたことを指摘したヴァレリーは、近代文明を牽引してきたヨーロッパ精神が秩序と無秩序という深淵の間で右往左往し自己喪失の不安の中にあると見た（Valery 1919=1980: 375-8）。オスヴァルト・シュペングラーの『西洋の没落』もまた当時の雰囲気を伝えている。シュペングラーは、文化には有機体のように生命があり、幼年期から青年期をへて、成熟期へと向かい、やがて老年と没落の時期を迎えるとした。シュペングラーは、西洋文明が老年と没落の時期に突入したと論じた（Spengler 1918/1922）。

（3）デュルケムは、国家と市民を媒介する中間団体組織である「同業組合（corporation）」を重視し、相互依存の体系である分業における社会連帯の基盤として期待した（Durkeim 1893）。分業の進展が、人々に他者への依存の自覚を促し、それに適応した「道徳的個人主義」という規範意識が拡大するはずであった。しかしながら、近代社会における「功利的個人主義」の蔓延によって、「道徳的個人主義」が一向に高まらぬことをデュルケムは危惧していた。デュルケムが晩年に未開社会研究に向かったのは、分化の進んでいない原初状態社会における社会の凝集状態を研究することで、社会統合を可能にする原理を見出そうとしたからである（Durkeim 1912）。

本書の交換形式による共同性の規定という観点からすれば、分業の所産である商品交換を媒介する貨幣こそが、道徳を中立化することによって、人々から道徳的な規範意識を喪失させることになる。この点に関しては、三上剛史（二〇〇三）の第五章「デュルケームからパーソンズを経てルーマンへ」を参照されたい。

（4）レヴィ＝ストロースにとって、民族学者が自らの社会に対して取るべき態度は、観客の目で自分を見るという世阿弥の「離見の見」にあるという（Lévi-Strauss et Eribon 1988=1991: 323）。いわば、民族学者は、生者の住まう共同体と共同体との狭間にある中間領域に立とうとする。

（5）マルクスは、フォイエルバッハテーゼにおいて、「人間的本質はなにも個々の個人に内在する抽象体ではない。その現実においては社会的諸関係の総体である」と喝破し、社会科学的思惟に対して大きな貢献をなした。また、『ドイツ・イデオロギー』において、マルクスは、次のように述べている。「物質的生産と物質的交通とを発展させつつある人間が、かれらのこの現実とともにかれらの思考およびかれらの思考の生産物をもかえてゆくのだ。意識が生活を規定するのではなく、生活が意識を規定する」（Marx und Engels［1845-1846］1953: 22=1978: 32-3）。マルクスが遂行したイデオロギー批判は、その後の社会科学における重要なモチーフとなる。

（6）ヘスの「交通」概念は、運輸や通信などだけではなく、男女の交際や、社交をも含むものであり、ジンメルの相互作用概念に近い（Hess 1845）。

（7）ジンメルが『貨幣の哲学』の冒頭で述べた「史的唯物論に基礎工事をする」（Simmel［1907］1989: 13=1999: 10）という有名な一句がある。ジンメルの意図は、単純に史的唯物論の「下部構造による上部構造の決定」という論理の批判を目指したのではない。その意図は、意識形態などの形而上学的領域と物質的な形而下的領域との間の相互規定の往還運動を指し示すことにあった。すなわち、形而上学的な観念的構成と形而下的な経済的構成という二つの認識原理が、相互批判的に対峙することによって、循環的に認識を不断に深化させ、生の本質的な運動とその総体的な意味を明らかにすべきだとジンメルは考えた。この論点は、後にマックス・ヴェーバーの『プロテスタンティズムの倫理と資本主義の精神』に代表される宗教社会学へと引き継がれ、社会学の基本的な共有財産となる。

（8）本書の主題となる「交換形式による共同性の形成と諸個人の主体化」を論じるにあたって、範例となるは、ジンメルの貨幣論である。カール・マンハイムは、ジンメルの貨幣論について、次のように述べている。「ジンメルがおこなったように、貨幣経済の制度が、経済的な事柄だけでなく生活の全領域においても、われわれの抽象的な思惟能力や経験能力を発展させ、その結果貨幣が、われわれの経済的思惟のみならず、われわれの意識全体をも形成する、ということを示すことも可能なのである」（Mannheim 1940: 9）

ここで示されているのは、『貨幣の哲学』へと結実したジンメルの貨幣論からマンハイムが切り取って見せた読解の一断面である。本書では、マンハイムがジンメルの貨幣論から見てとった貨幣経済の制度（特に等価交換）による「抽象的な思惟能力や経験能力の発展」「意識形成」という問題について論じるとともに、他の社会的交換形式が如何なる共同性を創出するかを論じるものである。

（9）ホーマンズは、ジンメル生誕一〇〇周年を記念した論文集に「交換としての社会学」を発表し、ジンメル社会学を引き継ぐかたちで、「交換の社会学」を提唱した（Homans 1958）。また、ブラウは、『交換と権力　社会過程の弁証法社会学』の中で、自らの試みを、ジンメル社会学の基礎概念である「社会化の諸形式」を解釈し、諸個人の相互作用の一つである社会的交換から、如何にして社会構造や権力が生じるかを論じるものであるとした（Blau 1964）。ジェームズ・コールマンは、『社会理論の基礎』において、社会システムを社会的交換行為と見なし、ミクロ経済学と社会システム論へと結び付けようとした（Coleman 1990）。富永健一が指摘するように、ジンメルは、社会的交換理論の重要文献であるモースの『贈与論』（一九二三）に先駆けた社会的交換理論の先駆者である（富永 二〇〇八：三二一－一二）。その富永もまた、コールマンの『社会理論の基礎』に触発され、相互行為を社会的交換として捉え、新たな経済社会学理論を形成している（富永 一九九七）。またモースやレヴィ＝ストロースをジンメルの社会的交換理論と結びつけた先駆的な論考として阿閉吉男（一九八五）の第二章「知られざる交換理論」を参照されたい。

（10）この点については、Foucault（2001）あるいは、石田英敬（二〇〇三：二二一－二三六）などを参照されたい。

（11）ディルタイの解釈学やハイデガーの存在論は、超越論的領域にある普遍的悟性の教説に疑念を抱き、形而下的な日常的かつ共同体的言語使用の先行性によって人間の意識が規定されていることを指摘した。彼らの議論は、科学的な自然主義を基礎づけるカント的な超越論的主体の乗り越えを狙っていた。

また、フロイトの精神分析は、意識の過程の深層に「無意識」という潜在的な過程が存在することを指摘し、意識哲学の主体を理性的な意識と非理性な無意識からなる二重化された主体へと転じた。フロイトの後継者であるジャック・ラカンは、「無意識は言語のように構造化されている」ことを示した（Lacan 1973: 23=2000: 24）。ラカンによれば他者によって語られる社会的言語こそが理性的主体に先行し、それを規定している。これらの言語論的転回を経た主体像は、もはや意識哲学のパラダイムにおける能作の中心ではなく、脱中心化されたものとなる。

（12）フーコーの学問的営為を貫く一つの縦糸は、「主体（sujet）」の問題であった。フーコーの試みは、主体を超越論的領野から引きずり降ろし、諸実践の歴史的領域に位置づけ、その諸実践によって主体が変容してきたプロセスを追うというものであった（Foucault 2001=2004: 586）。フーコーは、『狂気の歴史』『監獄の誕生』において、狂気の主体と犯罪的主体の構成を明らかにし、理論的な主体の出現について『言葉と物』で論じた。また晩年のフーコーは、『性の歴史』において、「従属する主体」とは異なる「自己技術」によって自らを支配する自律的な主体化のプロセスを明らかにしようとした。

（13）この「従属化（assujettissement）」についての議論は、主にフランスの戦後の現代思想において展開されてきた。佐藤嘉幸が指摘しているように、レヴィ＝ストロースに代表される構造主義と、構造主義の乗り越えを目論んだポスト構造主義という思潮は、けっして「主体」を否定するものではない（佐藤 二〇〇八）。その思潮は、シニフィアンに代表される外的要素に対する「主体の依存（dépendance du sujet）」を問題にするものであった。主体の外部への依存から見た場合、主体は、形而上学的な閉域に存在する不動のものではなく、形而下的な対象によって規定された脱中心的なものと見なされる。本論文もそのような主体の外部への依存として主に「交換形式」と交換を媒介する「メディア」に着目する。

（14）この点に関しては、石田（一九九六）を参照されたい。石田によれば、言語哲学によって、意味活動や象徴的次元が形而上学化してしまった。その言語哲学の閉域に、社会性を導入したのが、一九六九年のエミール・バンヴェニストの「ラングの記号学」という講演とジョン・サールの『スピーチ・アクト』の出版を契機として生じた「ディスクール的転回」であった。この転回によって言語行為という社会的次元の重要性が指摘されるとともに、言語行為を媒介し支える、メディアなどの技術や集団的身体などの社会的次元に対する研究が進められることになる。そのようなメディアと技術に対する研究は、フランスにおいてレジス・ドゥブレやダニエル・ブーニュー等の「メディオロジー」によって牽引されている。また同時期にドイツにおいても、フリードリヒ・キットラー、ノルベルト・ボルツ、ヨッヘン・ヘーリッシュらのメディア研究が注目されている。スコット・ラッシュは、社会制度や構造よりも、コミュニケーションとその流れが重視されることによって、社会学の勢力が弱まり、一般的「メディオロジー」に置き換えられてしまう傾向にあると論じている（Lash 2002）。

（15）ヨッヘン・ヘーリッシュは、ジンメルの思想が純粋哲学の領域で敬遠された理由について語っている（Hörish 1998）。アウトサイダーの理論が、貨幣を媒介にした等価交換と人間の思考との密接な結び付き、より厳密にいえば理性が等価交換の不純な産出物であることを示唆するものであるとしている。それらのアウトサイダー理論として、ヘーリッシュは、マルクスの商品の交換価値と呪物的性格の分析、ジョルジュ・ルカーチの『歴史と階級意識』、ニーチェの『道徳の系譜』と並んで、ジンメルの『貨幣の哲学』を挙げる。ヘーリッシュによれば、それらのアウトサイダーの理論が専門の哲学から半ば無視されてきた理由は、それらの理論が純粋哲学の「理性のナルシシズム」を激しく侮辱するものであったからである。それらの諸理論は、ルネ・デカルトの二元論やドイツ観念論以来の意識哲学のパラダイムに対する批判の契機を含んでいる。

（16）本書の四つの交換形式の区分は、ジンメルの社会的交換理論を基礎にしながら、カール・ポランニーにおける経済の四つの原理を応用したものである。それらの影響と同時に柄谷行人の「交換様式論」と「社会構成体論」から着想を得た（Polanyi 1957; 柄谷二〇〇六、二〇〇六－二〇〇九）。

本書の扱う四つの交換形式は、ポランニーと柄谷が依拠する「交換（商品交換）」を「等価交換」と「資本制交換」の二つに分離したところに特徴がある。この分離は、ポランニーを批判したフェルナン・ブローデルによる「市場経済」と「資本主義」の区別に準ずる（Braudel 1979）。ブローデルは、ポランニーの「大転換」という一九世紀における自己調整市場による社会領域の征服という仮説に抗すべく、一九世紀以前の「自己調整的市場」の存在を指摘するとともに、その市場を「投機的な資本」から切り離して論じている（Braudel 1979: 193-6=1986: 278-83）。

またジンメルや柄谷行人は、これに「略奪」を加える。ジンメルは、等価交換以前に「贈与」と「略奪」が主要な財の交換形式として存在していたことを指摘していた（Simmel 1907）。他方の柄谷は、国家の担う「再配分」という形式に、支配的共同体による従属的共同体への持続的な「支配」と「略奪」の契機を見出している（柄谷 二〇〇六）。また本書ではポランニーの経済原理の四つの区分から交換形式から離れた「家政」を主要な考察対象としなかった。

(17) ブローデルは、経済の一階をごく初歩的な経済である「物質生活」、二階は交換価値の出現とともに生じる「経済生活」、三階を「資本主義」と見る（Braudel 1979: 7-9=1986: 1-5）。本論文では、このブローデルの経済生活を建物とみなすアナロジーを活用し、それらの建物を構造化と再生産を可能にする社会的交換形式として「贈与（互酬）」「等価交換」「資本制交換」を抽出した。ただし、一階の「物質生活」については、「贈与（互酬）」という交換形式に加え、贈与する「自然」を建物の土台として想定している。

(18) ジンメルは『社会学』において「社会の哲学」（Simmel [1908] 1992: 41=1994 [上]: 36）、『社会学の根本問題』において「哲学的社会学」（Simmel [1917] 1999: 122= 1979: 93）として、社会哲学の存立を擁護している。

実際、『社会学』の「社会はいかにして可能となるのかの問題についての補説」は社会の認識論であり、『社会学の根本問題』の第四章「一八世紀および一九世紀の人生観における個人と社会」において展開されているのは社会の形而上学であるといえる。しかし、ジンメルの社会哲学的思考は、それらの著作に見られるだけではなく、ジンメルの多くの著作を貫く基本的な思考の在り方であった（Schmidt 2004）。

そのような社会哲学的思考が十二分に展開されたのが『貨幣の哲学』という著作であった（Simmel [1908] 1992）。実際、『貨幣の哲学』の中で、ジンメル自身の哲学的立場である「固定的なもの・実体的なもの」を「諸関係や運動の過程」へと解消しようとする方法論的な「相対主義（Relativismus）」によって、生という形而上学的な存在に対する貨幣の意義を問おうとした。このように形而下的事象と形而上学的生の双方を見据える二重の眼差しは、ジンメルの社会哲学的思考の基本的な在り方であった。その思考は、二つの知の境界を跨ぎ、その間を往還することになった。

このようなジンメルの相対主義は、ポスト構造主義以降のジャック・デリダの脱構築にも通じるものがある（Bude 1988: 7-9, 三上 一九九三：一〇一－一二）。超越論的な生を見据えるジンメルの形而上学的眼差しと、社会的諸形式の在り方を見据える形而下的な眼差しという「二重の眼差し」によって、形而下的な現象が形而上学的なものに決定的な影響を与えるという理論構想が描きだされた。そのようなジンメルの社会哲学的思考によって、『貨幣の哲学』は、純粋な哲学的思惟に対するラディカルな批判を含むものになった。

(19) ジンメルの学問論については、廳茂（一九九五）を参照されたい。

(20) 難波田春夫によれば、スミスの学問体系は、「自然神学」「狭義の倫理学」「法学」「経済学」によって構成されている（難波田 一九九二：一九－五九）。スミスの国富論は、理神論からはじまる体系を完成させるものであり、市民社会の調和の必然性を説く「市民社会の論理学」であった。スミスに続く古典派経済学者たちは、近代経済学の原型となった『国富論』に依拠することで、市民社会から切り離された純粋な財の交換関係を扱う理論を構築していくことになった。

(21) サーリンズによれば、モースの『贈与論』の真のテーマは、贈り物に付着する「ハウ」という贈与の霊を、根底から検討する企てであった(Sahlins 1972)。本論文の観点からすれば、モースの企図は、商品に付着する「交換価値」を根本的に再検討したマルクス『資本論』のアプローチと酷似する。

(22) 言語システムの細胞をなす諸々の記号の中に、通常の記号としての枠組みを逸脱したシニフィエを伴わないシニフィアンが存在している。その特異な記号がゼロ記号である。このゼロ記号が存在することによって、概念であるシニフィエの連鎖に対して、シニフィアンの連鎖は常に過剰となる。ソシュールは、そのような示差的な関係の言語システムの中にゼロ記号が存在することを指摘していた。この示差的な体系とは、以下のことを意味する。たとえば「イヌ(犬)」という「記号」は、他の「イネ(稲)」や「イエ(家)」という異なったシニフィアンが連鎖するシステムの中に位置づけられることによって、初めて意味を持つということである。「記号(シーニュ)」は、それ自体で意味を持たない。そのような示差的体系としての言語システムは、「ゼロ記号」というシニフィエの欠如したシニフィアンによって閉じられ、存在そのものから離れた抽象的な次元において存立することになる。

(23) この点に関しては、佐藤(二〇〇九a)を参照されたい。

(24) メラネシアの「マナ」は、呪術師の力や、事物の呪術的性質、祖霊や精霊の力などを表す霊的な力の観念である。その霊的かつ情動的な力は、経験を超えるとともに、現実に結果を及ぼす超自然的な力と考えられていた(Mauss 1968)。これらのマナ型の観念として、マレーの「クラマー(Kramat)」、マダガスカルの「ハジナ(hasina)」、北米イロクォイ族の「オレンダ(orenda)」、アルコンギン族のマニトー(manito)、メキシコの「ナウアル(naual)」、オーストラリアの「ボーリア(boolya)」、「コーチー(koochie)」、インドの「ブラーマン(brahman)」、ギリシアの「ピュシス(physis)」などがあげられる(野口一九九〇:一〇二)。このリストに上代日本語の「モノ」や「タマ」を加えてもよいだろう(中沢 二〇〇二:一四七-二〇四)。

(25) このように「贈与の霊」と「貨幣」に着目し、それらの観念を、記号論的に分析した先行研究として、吉沢英成の『貨幣と象徴』がある(吉沢 一九九四)。吉沢は、抽象的な「ラング(langue)」と具体的な「パロール(parole)」の区別に従い、「貨幣」と「贈与の霊」をラングとみなし、具体的な商品や贈物をパロールの次元にあるものとする。もちろんこの吉沢の記述は、誤りではないが、より正確には、「貨幣」と「贈与の霊」は、抽象的なシステムであるラングを結びつける虚の点としてのゼロ記号にあたる。

(26) 豚、バナナ、ヤム芋、タロ芋等は、「ポカラ」と呼ばれ、「カリブトゥ」は、より貴重な、大きな斧、鯨の骨のスプーン等である(Malinowski 1922: 99-102=1967:164-7)。

(27) 春日淳一は、ニクラス・ルーマンの社会システム論の観点から、クラ交換システムと貨幣の支払いによって運動する経済システムを論じ、両システムが、他者に対する「信頼」を本質的契機とすることを明らかにしている(春日 二〇〇三)。

（28）このような事例は、北米のインディオだけではない。たとえばタヒチの住民の間では、豊かさにみちあふれ、貪欲であることは、最大の恥であり、咎むべきこととされた。度し難い貪欲な者、あるいは必要なときに自らのものを手放さない者は、隣人たちによって財産をすべて破壊され、一番貧しい境遇に落とされた（山内 一九九四：一八四）。

（29）アラン・テスタールによれば、ポトラッチは、備蓄経済の段階にあり、すでに階級関係を発生させている未開社会に見られる（Testart 1982）。だが、ポトラッチと結び付いた階級関係は、固定的なものではなく、流動的なものであり、地位を巡る「贈与の戦い」によって頻繁に階級移動を生じせしめた。

（30）クリスマスなどの贈答儀礼や寄付行為などのかたちで、現代の西欧社会にも巨大な富の蕩尽は残存している。日本では、お歳暮、お中元、年賀状の遣り取りなどにみられるように、贈与慣行は、いまだ日常生活を構成する重要な要素となっている。

（31）彼らの「富」に対する考え方は、「クワキウーツル（Kwakiutl）」というインディオの部族名に表れている。「クワキウーツル」は、「富」と同時に「地上の煙」を意味する（Mauss [1968a] 1980: 195-6=1973 [1]: 295）。未開社会における富の観念が、近代社会の富の観念と大きく異なるのは、交換形式を媒介する「不死の物質」である貨幣が生成していないという点である。貨幣の本体以外の自然形態にある物質は、時間と空間の中で劣化してしまうので、富を蓄積しようとする欲望を受け止めるメディアとして不適切となる。またキリスト教以前のヨーロッパでは金や銀などの貴金属は、死者とともに副葬される傾向にあり、その多くが貨幣として流通することがなかった。

（32）贈与が希少な財を巡る経済学的な効用に由来するものではないということが『贈与論』の重要な論点の一つであった。この論点を受け継いだ有力な理論的後継者がクロード・レヴィ＝ストロースとジョルジュ・バタイユである。レヴィ＝ストロースは、自ら『親族の基本構造』が『贈与論』の論点を未開社会の婚姻において検証するものであった、と発言している（Lévi-Strauss 2004）。レヴィ＝ストロースによれば、「女性の交換（贈与）」は、希少な財を巡る必要性ではなく、単にコミュニケーションの意志に発するものである。他方のバタイユは、財の希少性に由来し、利潤を拡大した生産に向けて拡大してゆくことを目的とする経済を「限定経済」と名づけ、それに代わる破局的消費を目的とする「普遍経済学」を構想した（Bataille 1949）。バタイユの普遍経済学の構想は、モースが『贈与論』で指摘した「全体的社会現象」の「感性的・審美的側面」についての問いを引き受けるものである（Mauss [1968a] 1980: 274-5=1973 [1]: 391-2）。

（33）この記述に関しては、渡辺公三（一九九六：一二）を参考にした。

（34）レヴィ＝ストロースは、経験的な親族システムを表現として生じせしめる抽象的な構造という考えを、ローマン・ヤーコブソンによって見出された言語の音韻論的構造から着想した。ヤーコブソンは、言語音が無意識に働いている音韻論的構造における音素相互の対立関係によって規定されていることを見出した（Jakobson 1976=2008: 1-19）。それは、無意識的な抽象的構造が経験的な現象を可能にする条件であることを見出すものであった。レヴィ＝ストロースは、その発想を親族の構造分析に応用した。また「変異」という発想は、トムソンの『成長と形態』、デューラーの『人体比例論』、ゲーテの「形態学」から応用したものである（Lévi-Strauss et Eribon 1988=1991: 206-8）。

（35）この論点は、マルクスが「言語は、意識と同じように古い――言語は実践的な意識、他の人間にとっても存在し、したがってまた私自身にとってもはじめて存在する現実的な意識である。そして言語は意識とおなじように他の人間との交通の欲望、その必要からはじめて発生する」（Marx und Engels［1848］1953=1978: 37-8）と述べた「言語と意識の起源」という問題に対するレヴィ＝ストロースによる返答であるといえよう。

（36）レヴィ＝ストロースは、「ある音が、それを話す者にとっても聞く者にとっても、それを聞き取る者にとっても、同時に一つの直接的な価値を提供し、その音響的な事実は、一つの矛盾した性質を獲得することになった。つまり、補完的な価値の交換による以外、中立化は不可能となったのである」と述べている（Lévi-Strauss 1958: 70-1=1972: 69）。これは、発話が一つの贈与であり、それを受け取った他者に負い目を与え、発話という反対給付を促し、コミュニケーションが発生するということを示している。我々は、他者の口元からたんなる音響を聞き取るのではなく、声とその語りを贈与される。発話とは、一種の贈与であり、その応答によって言語コミュニケーションが継続する。

（37）レヴィ＝ストロースによれば、女性は、多くのケースで「交換貨幣」という名称を持つ（Lévi-Strauss［1967］2002: 549=2000: 773）。

（38）たとえばトロブリアンド諸島では、首長は下位クランから女性を贈与されていたので、「万人の義理の兄弟」として扱われていた（Lévi-Strauss［1967］2002: 52=2000: 123）。

（39）マルセル・モースの指摘した“personnage（人物＝役）”とは、交換関係という観点から見た場合、女性の贈与によって維持される親族システムの内に位置づけられた要素であると考えることができる。その“personnage（人物＝役）”は、あらかじめ構造とその表現である互酬システムの論理によって決定されていると考えてよい。

（40）ラカンにおける「父の名」は、シニフィアンの連鎖の組織化を可能とする特権的シニフィアンであり、レヴィ＝ストロースが指摘した「浮遊するシニフィアン」という発想を精神分析に応用したものである（Lacan 1966: 278-9）。この「父の名」によって去勢されることで、主体は象徴秩序へと参入し、社会的な主体となる。

（41）神とは、記号体系や象徴秩序を代表する「大文字の主体」の典型であり、その神を受け入れることによって、人々は、その記号体系や象徴秩序に従属する「小文字の主体」となる。ラカンの精神分析では、「大文字の主体」は、「父の名」あるいは「大文字の他者」として表現される。ラカンは、シニフィアンの集合を「大文字の他者」、その集合を規定する自律的法を「父の名」と呼ぶ。諸個人は、「父の名」という法を受け入れることで、シニフィアンの集合である「大文字の他者」の連鎖の中に入り込み、従属する「主体（sujet）」

として形成される。精神分析では、このプロセスを「自己同一化」として捉える。この「自己同一化」は常に理想化された「鏡像」という他者の媒介によって達成されるため、「主体」は、常に自らを誤認した「分裂した主体」として存立することになる。

（42）今村のこのような発想は、西欧哲学史において、ハイデガーの存在論における「世界内存在（In-der-Welt-sein）」と「被投性（Geworfenheit）」の概念において提起された（Heidegger 1927）。今村がハイデガーの術語を避けたのは、恐らくハイデガーの思想の圏域から離れた、人間存在の贈与論的構造を見出そうとしたからであろう。

（43）この徂徠の記述については、子安宣邦の『鬼神論』から抜粋した（子安 二〇〇二：二〇）。子安によれば、祭祀体系は、人間の文化体系の中で、最も強い人間の表象作用の体系である。鬼神の住処は、人間の言語であり、この鬼神祭祀によって、人間社会は、祭祀共同体として成立する。徂徠の場合、鬼神祭祀は、為政者としての聖人＝先王の制作による。

（44）為政者の立場からではなく、死後の安心を欲する民衆の情念に着目したのが平田篤胤である（子安 二〇〇九）。篤胤は、民衆の心情に向ける徂徠の外在的な視点に抗して、民衆の心情に依拠して、彼らの欲する死後の霊魂の行方を見定めるべく、『霊能真柱』や『古史伝』によって、神道的世界観を構築しようとした。

（45）鬼神祭祀の問題は、超越的領域との関わりを喪失しつつある現代にあっても消えることなく継続している。ヴェネディクト・アンダーソンが指摘したように、出版資本主義の成立とともに力を失った宗教の代替物として、国家が新たな超越的対象として人々を捉えることになった。近代の国家もまた、実際のところ死者の霊と深く結びつき、贈与論的な論理を今もなお保持している（Anderson 1983）。国民国家は母国、いわば人々の国民共同体の成員の生活を可能とする贈り主として表象される。そして、国民国家は、死者の領域を制することで祭祀を執り行い、共同体のメンバーに犠牲を要求する祭祀国家でもある。たとえば靖国神社、パンテオンなどの慰霊の施設の存在は、国民国家によって領有された霊的共同体の論理の存在を表現するものである。国民国家は、今もなお死者の魂を領有し、祭祀共同体の論理に人々を搦めとろうとしている。徂徠の描きだした聖人の制作による自然状態の克服による祭祀共同体の形成は、「想像の共同体」が立ち上がる基礎的な論理を示していると考えてよい。

（46）柳田国男が指摘した祖霊祭祀の問題は、稲作文化を基盤にしたものであり、天皇制という国家化した祭祀共同体の論理と深い親和性を持っている。この問題については、子安宣邦（二〇〇三：三一―五一）と赤坂憲雄（二〇〇七）を参照されたい。

子安によれば、柳田の「祖霊信仰」の究明は、一国民俗学がたどる「内的論理の究極的在り方」である。柳田の民俗学は、予め「国民」を統合の理念として抱き、様々な平民の民俗を「国民」の民俗へと統合する意図に貫かれている。

また、赤坂によれば、国学系のイデオローグたちによって明治の初頭に起草された大嘗会告諭は、本来、天皇の祭りと無縁であった村落レベルでの産土神信仰を、大嘗祭を頂点とする国家神話のヒエラルヒーの内に統合するものであった。柳田の祖霊祭祀論は、大嘗会告論を追認する国家神話のイデオロギーとして機能しうることを忘れてはならない。人々は、国家神話に搦めとられた祭祀儀礼に参与することで、天皇の臣民へと主体化される。

(47) フロイトの精神分析は、「エロスとタナトス」、「意識と無意識」という区分によって「分裂した主体」という脱中心化された主体像を構築した。バタイユ、ラカン、アルチュセール、フーコー、リオタール、デリダなどのフランスの戦後の現代思想は、フロイトによって切り開かれた「分裂した主体」という知的パラダイムを共有した。本書もこの「分裂した主体」という主体像に依拠している。

(48) レヴィ＝ストロースは、歴史と神話の境界線を「文字」というメディアの有無に見ている。文字を使用するか否かが未開社会と他の歴史を有する歴史的な社会との分岐点となる。未開社会は、より本質的には無文字社会であり、歴史的な文明社会は文字社会である。

(49) 神話的思考は、親族システムを生み出す構造のように、神話を秩序づける構造の論理を通して現実のものとなる。神話の構造は、神話を構成する「神話素（mythemes）」という最小限の文の単位と他の神話素である文との関係の中で働き、それらの関係を規定するとレヴィ＝ストロースは想定した。それらは、音素がそれ自体で存在するのではなく、他の音素との対立関係の中で規定されているのと同様である。そのため一つの神話を理解するためには、他の様々な神話との諸関係の中で考察する必要がある。そのような構想のもとにレヴィ＝ストロースの『神話論理』の体系が書かれた。

(50) たとえば特殊相対性理論や量子力学は、アインシュタインやボーアの名と結び付いているわけだが、その所産である理論は、彼らの名を超えた非人称的なものにほかならない。

(51) レヴィ＝ストロースの指摘によれば、神話と科学は、知性の異なった二つの現れである。科学的認識は、現実の細部を客観的に認識するのに優れている（Lévi-Strauss 1978）。他方の神話は、宇宙や社会の全的理解を優先させるために、細部の認識においては科学的認識に劣る。しかしながら神話的思考は、具体的感覚を重視するため、科学的認識のように主観と客観を切り離すことがない。それゆえ神話的思考は、人間の欲望や倫理を含めた人間的現実の理解となる。そのため、神話の語りを安易に否定することはできない。

(52) リクールの「物語的自己同一性」の概念は、形而上学的な構造ではなく、語りや記述というディスクールの次元に照準を合わせており、言語行為の創造性と歴史的変化の契機を重視するものである。このようなリクールの解釈学は、フェルディナンド・ソシュールの「内的言語学」における「共時的構造」ではなく、エミール・バンヴェニスト以降の言語行為論を起点にした「語用論」に依拠したものであるといってよい。

(53) モースは、家族から出ていくことのなく受け継がれていく重要な銅版と、その銅版に衛星のように付随し流通するより価値の低い銅版という二種類の銅版の区分について指摘していた。だがモースはそれらについて詳しく語ることがなかった（Mauss［1968a］1980: 223-4=1973［1］: 325）。

（54）ゴドリエが調査したバルヤ族の「クワマトニエ」という聖物は、すべての成員に理解される記号のコードを有していた。ゴドリエによれば、クワマトニエは、成員男性の連帯性の優越と女性の劣位の関係と部族の間のヒエラルヒーを正当化するイデオロギー機能を果たしていた（Godelier 1996）。神話的伝承によって彩られた不動の聖物は、他の贈与される貴重物と異なり、人々の間での水平的な流通過程から引き上げられる。聖物は、特権を有する家系の内側で垂直的に継承され、氏族の物語的自己同一性の拠り所となっていた。このアイデンティティの源である聖物は、権力関係を聖化によって温存するイデオロギー装置であるといってよい。

（55）この流通過程から引き上げられたモノという観念に、今村仁司がいうところの「第三項排除」の論理が透けて見えてくる（今村一九八九）。今村によれば、あるシステムが成立するためには、システムを構成する諸要素から一つの要素が犠牲として排除されることによって、システムの内側に一つの欠如を作りださねばならない。その不在の中心に位置するシステムから排除された要素が、他の諸要素に垂直的に憑依し、システムとしての統一を可能にすることを今村は指摘した。これは、先に述べた、レヴィ＝ストロースがいうところの「浮遊するシニフィアン」の媒介によって他のシーニュが連結し、記号システムが成立する原初的場面の形式的記述であるといえる。

（56）聖物へと物象化された「聖なるもの」は、すでにバタイユのいうところの内的体験の次元を超え、表象の論理に搦めとられた外的な権力のメディアに成り下がっていることが分かる。ゴドリエの聖物に対する記述は、内的体験としての「聖なるもの」の体験が、外部の権威へと転じてしまうことの例証であると考えてよい。

（57）レヴィ＝ストロースは、声をメディアにして対面的なコミュニケーションを取り交わす無文字社会を「真正の水準（niveaux d'authenticité）」にあるものとした（Lévi-Strauss 1958: 400-3=1972: 407-10）。また、貨幣や文字などのメディアによって非対面的なコミュニケーションによって営まれる他の社会を「非真性の基準」にあるとする。

レヴィ＝ストロースは、他の社会科学に対する自らの人類学の最大の貢献が、この社会的実存の二つの様相を区別したことにあると見ている。声をメディアにした「真正の基準」にある社会は、対面的コミュニケーションによって営まれる小さなコミュニティを作りだす。その目の見える範囲で行われる承認の闘争や互酬的論理が働くことによって、見通しのよい不正のない対称的な社会生活を営むことを可能にするとレヴィ＝ストロースは考えた。

他方の貨幣や文字・活字・電子メディアなどによって、対面的コミュニケーションから、非対面的なコミュニケーションを増大させると、人々は、お互いに対する正確な情報を共有できなくなり、外側の非対面的権力からのイデオロギー的操作を受けやすくなる。その結果、人々の関係もまた非対称的な関係に置き換えられてしまう傾向にある。そのような「非真正の水準」にある近代社会では、イデオロギー的操作が容易になり、不透明な社会生活が営まれざるを得ないことをレヴィ＝ストロースは危惧していた。

だが、レヴィ＝ストロースの懸念に反し、無文字社会についての構造人類学の調和的ヴィジョンが、モースが指摘しバタイユが明らかにした情動的・審美的な生の次元を覆い隠してしまったように、無文字社会に存在する不等な権力関係をも隠蔽しかねないことを指摘しておかねばならない。無文字社会における「聖なるもの」に対する信仰は、タブーによって、口承伝承される起源神話に対する批判的意識を自ら封印することで、氏族の成員に割り当てられたアイデンティティや役割に隠された権力関係を固定化してしまう。

(58)ミメーシス的理解は、真冬の寒さを温度計の目盛りによって知るような客観的な認識の在り方ではなく、その寒さを身体に刻みこみ体温を外気に一体化するまで晒すような死さえ厭わず対象へと没入しかねない認識の在り方である(宇波二〇〇二：二三一―三九)。

(59)大ディオニュシア祭で奉納される悲劇は、民族の歴史を再現する神事であり仮面劇であった。その上演には莫大な費用が必要であり、毎年上演の世話人として富裕階層から三名が選ばれ、劇の練習の期間を含めた全費用を負担することになっていた。この共同体の要ともいえる重職を担うことは大変な名誉であった。悲劇は、ギリシアの神話を枠組みとしたもので、「教育者」とも呼ばれた悲劇詩人たちがその神話を演出した。神々や英雄たちの仮面をつけた役者は、神話という民族の記憶を再現し、ギリシアの理想を確かめ祭祀共同体としてのポリスの社会統合を高めた。

(60)坂部恵によれば、ペルソナとは、神話的な「のり」(法)を声高に響かせ、間柄におかれた役割の原初的分節を人々に告げ知らせるものであった。仮面やペルソナは、隠喩的にその時代の社会における人間存在の分節の体系を示すものであった(坂部一九七六：七七―九九)。坂部によれば、刺青などの身体装飾もペルソナの一種と見做すことができる。坂部は、基体としての素顔が人間にとって根本的な与件ではないことを指摘し、人間は予め象徴的・差異的体系としての間柄の分節へと方向づけられていると述べている。

(61)未開社会における神話と神話劇もまた、ギリシア悲劇と同じようにミメーシスの能力によって組み上げられたドラマであると考えてよい。ただ彼らは、アイスキュロスやソフォクレスのような特定の悲劇詩人を有しているわけではない。それは、彼らが文字以前の声の文化に属しているからである。無文字社会の声をメディアにした口承文化において、具体的な出来事の記憶は、せいぜい五～六世代までしか辿ることができず、それを遡ると伝統と不滅の神話の地平が広がっている(Le Goff 1988=1999: 28)。

(62)交換が遂行される場は、古来、「境界性」「聖性」「祝祭性」三つの特性を持っていることが指摘されている(大黒一九九四)。その三つの特性は、共同体と共同体の間を指し示すとともに、非日常性の空間に媒介されることによって、交換が成し遂げられたことを現している。

まず「境界性」であるが、共同体の所有や支配の及ばぬ「はずれ」や「境」でおこなわれる。波打ち際や、河原など、たとえばローマとカルタゴの交易は、波打ち際という境界において、無言貿易という言葉を交わさぬ形態で行われた。虹が立つ、あるいはポランニーが論じたダホメの交易港、日本の江戸時代における長崎の出島などを考えてみてもよいだろう。次の「聖性」であるが、多くの市は、神前で執り行われた。たとえばキリスト教における市は、日曜日に行われていたし、ドイツ語で“Messe(メッセ)”と呼ばれる。最後の「祝祭性」についてであるが、大規模な市は、聖バーソロミューの祭りなどと同時に開かれた。いわば独立性と一体性を重んじる祭祀・互酬共同体の日常的な生活空間から切り離された、非日常的な市という場において、他者との接触が行われた。

このように共同体外の他者との交流の場である市の時空間は、共同体によって社会的に厳重に規制されていた。ポランニーに言葉を借りるならば、「経済は社会に埋め込まれていた」ということになる。

(63) アラン・テスタールによれば、不平等な成層化した社会は、狩猟・採集民族の社会にも存在していた。遊動型の狩猟・採集社会は、蓄積システムを持たないため平等な社会であった。他方の基本的な食物を大量に開発し備蓄する技術＝経済システムをもった定住型の狩猟・採集民族の社会では、不平等が進み成層化していた。テスタールによれば、贈与と備蓄は、決して対立するものではない。たとえばアメリカの太平洋岸、カリフォルニアと北西岸のポトラッチが行われていた社会では、盛大な祭りを開催することで蓄積した財を蕩尽するものが、名誉と威信を求め、社会階層を上っていく(Testart 1982=1995: 241-5)。農業を基礎にした伝統国家における成層化は、複数の部族を支配化においた上位の部族による支配であるため、富の規模も成層のシステムも巨大化する。

(64) ルイス・マンフォードによれば、王権が成立することによって、「仕事の道具の機械化」に先駆けて、「人間の機械化」が生じる(Mumford 1967=1971: 277-305)。政治、経済、軍事、官僚制において、特別な職務や役割をもった集団的組織による「労働機械」化が行われ、かつてない大規模な土木工事を行った。人間の機械化の範例は、従来の小規模なコミュニティから切り離された人々から成る軍事組織としての「軍事機械」である。それらの軍事的組織が、文字文化と合流することによって、大規模な土木工事を行い得る「労働機械」へと応用されることになったとマンフォードは推定している。初期の文字や算術は、神殿経済を管理するために使用されていた。

(65) ウォルター・オングによれば、シュメールの楔型文字は、都市国家における日々の経済活動や行政活動のために用いられていた(Ong 1982=1991: 180-1)。たとえば最初の文字が刻まれたウルクの大神殿から見つかった「ウルク書板」と呼ばれる粘土板は、会計帳簿であり、そこに穀物や家畜の数が記載されていた。またラガシュで発掘された粘土板には、その神殿の宗教共同体が、一八人のパン屋と、三一人のビール職人、七人の奴隷を雇っていたことが記録されていた(Jean 1987=1991: 16-7)。
また、フェニキアでアルファベットという表音文字が発明されたのは、商業上の必要から数ヶ国語を書きつけ記録することが要請されたからであることをトムソンは指摘している(Thomson 1995: 116)。

ミケーネ文明で使用された線文字Bの研究と読解が進み、線文字Bが古い形のギリシア語であることが明らかになってきている。この線文字Bが刻み込まれた粘土板の多くは、ホメロスの叙事詩のモチーフを多く含んでいることが解ってきている。ホメロスの出現とアルファベットの導入は、不可分に結びついている(周藤 二〇〇六：一七〇-一)。

ホメロスの叙事詩は、口承文化によって、用いられた韻律や常套句によって組み上げられている。文字以前文化では、記憶を保持し伝達するために物語を創り出し、それを口承していた。ホメロスの叙事詩『イリアス』と『オデュッセイア』は、何世紀もかけて語り継がれてきた口承伝承を、紀元前七〇〇年〜六五〇年にかけて、新しいギリシア文字によって書きとめたものと考えられている（Ong 1982=1991: 44-69）。

オングが指摘するように、哲学的思考に対する文字の影響もまた決定的なものである。ホメロスの叙事詩は、無文字社会と文字社会の境界に存在しているが、プラトンの段階にいたると、無文字社会に対する嫌悪が生じている。オングによれば、プラトンが口承文化を支えた詩人を嫌悪し、理想国家から詩人を追放しようとした理由は、声をメディアにする詩人と文字をメディアにする哲学者が異なった認識世界に属すると考えたからである（Ong 1982=1991: 57-8）。

（66）たとえばフランソワ・ケネーが論じたように農業経済が充実し、多くの余剰が生産されることで、多くの手工業者を養うことができるようになる（Quesney 1961）。農業経済の発生は、その生産力の高まりによって得られる余剰によって、商品世界の拡大と細分化を促すことになる。

（67）ヘレニズムと並ぶ西欧文明の源流である古典期のギリシアを偉大なはじまりとして特権視するヴィンケルマン以来の古典文献を基礎にして唱えられた「地中海分断モデル」という理論が存在してきた。しかし、様々な考古学的発見や検証、ブローデルの研究や、近年のバナールのアフリカ起源説の主張などによって、そのモデルは現在では支持し難いものになっている。古典ギリシアは、ミケーネ文明からヘレニズムへと至る社会変動とその社会構造の転換によって規定されていると見る「長いギリシア史」の中で考察されなければならない（周藤二〇〇六：ix）。

（68）たとえば墓の調査などの結果、アテナイでは、前七八〇年〜前七二〇年の間に人口が七倍になったと推定されている（周藤二〇〇六：九六）。

（69）古代ギリシアの銀行家は、自分自身の元本、もしくは用途が是認済みの預金を貸し付けたのであって、現代の銀行業の本質的機能である信用創造を行ったわけではない（Polanyi 1977: 467）。

（70）神話的思考から哲学的思考への飛躍を促したメディアは、もちろん貨幣だけではない。エリック・A・ハヴロックやマクルーハンが指摘したように、アルファベットという表音文字の導入は、神話的思考を衰退させ、哲学的思考を強化した。すぐにかき消える発話された言葉と異なり、書かれた文字は、他者との発話行為から思考を分離させ、その持続性によって人びとの反省的・概念的思考を強化する（McLuhan, 1964）。このアルファベットという文字の導入によって、古代ギリシアにおいて詩人によって導かれたミメーシス的な「ホメロス的精神状態」から、哲学者の概念的思惟によって牽引された「プラトン的精神状態」への移行が促された（Havelock, 1963）。

（71）ジル・ドゥルーズとフェリックス・ガタリも指摘するように、最初の哲学者達は、「帝国的なもの・土着的なもの」から解放された職人と商人達が往来する東地中海世界に成立した国際市場のネットワークの中に出現する（Deleuze et Gattari 1991=1997: 124-5）。このような哲学的思惟の発生は、商業の活発化を背景とした近世におけるデカルトの出現にも通じる。

(72) ヘーリッシュが指摘するように、古代ギリシアにおけるゾーン＝レーテルの「貨幣による抽象的思惟の獲得」という解決は、ハイデガーの「存在忘却」より、はるかに単純かつ説得的である（Hörish 1997=2005: 417）。

(73) もちろん古典期のギリシアの民主制の進展に大きな役割を果たしたのは、戦争である。農耕市民層を中核とする「重層歩兵軍（Hopliten）」が防衛義務を担うことによって、ポリスの支配権が門閥貴族から市民層に移り、神権政治が打破され民主化が推進された（Weber 1909）。

(74) アドルノによれば、人間の意識状態と社会的生産力の状態が、集合的観念から乖離してしまうと、観念の集合が暴力性を帯びてしまう。この暴力性こそが、哲学に省察を強いることになる（Adorno 1997: 32=2006: 36）。古典期のギリシアでは、貨幣経済が生じせしめた意識状態と社会的生産力が、旧来の観念集合から離れた哲学的思惟を生じせしめたと考えられる。

(75) ハイエクによれば、アリストテレスは、他者のために利益を目指す行動を道徳的とみなした。それゆえ、アリストテレスは、すでに生じていた貨幣を目的とする利益のための生産を悪とみなす。既存の人口の既知のニーズのみを許容するアリストテレスの経済観は、静態学的であり、人間を多産的にする収益性を敵視するため、進化の構想を入れる余地が存在しないとハイエクはいう（Hayek 1989= 2009: 62-6）。

(76) アリストテレスがいうところの“koinonia（共同体）”が維持されるためには、共有財産と共通の目標、そして共同体を構成する自由な市民の間での“philia（友愛）”と“dikaion（信義）”の感情が成立していなければならない（Finley 1970: 47）。

(77) 一二一三年の第四回ラテラノ公会議で、「ミサで贈与される葡萄酒とパンは、神の力によって身体と血に化体される」と定められた。

(78) トマスによれば、個々の人間は、理性的本性を持つ自由な主体としての私的な人格としてのペルソナであるが、そのペルソナは不完全なものにすぎない。不完全な個人のペルソナは、完全な全体としての共同体に関連づけられた部分にほかならず、共同善の秩序へと予め方向づけられている。トマスの共同体論とペルソナ論の関連については、佐々木亘（二〇〇八）を参考にされたい。

(79) たとえば「あなたが同胞に、あなたのもとにある貧しい者に金を貸す場合、彼に対して高利貸しのようにふるまってはならない。彼から利子を取ってはならない」とエジプト記にある。またレビ記には「あなたとともにある兄弟が困窮し、あなたに頼らねばならぬ身になったときは、異邦人や滞在客を助けるようにその人も助け、共に生活させねばならない。労を強いても利子をとってはならない。あなたと共に暮らさせねばならない。ウスラを目当てにして金を貸してはならず、得を取ろうとして食糧を与えてはならない」とある。新約聖書にも、イエスが神殿にいすわっていた両替商と硬貨を神殿から追い払おうとした場面が描かれている。ルカ伝には「敵を愛し、人によくしてやり、また何もしないで貸してやれ」と書かれている。

(80) ジャック・ル・ゴフによれば、魂を浄化する炎という観念は古くから存在していた。しかし、それが、天国と地獄の中間領域にある第三領域として空間的に表象され、名詞化された“purgatorium（煉獄）”となるのは、一一五〇年～一二〇〇年の間である（Le Goff 1981=1988: 6-7）。

(81) この「エコサムパディウスへの手紙」については、湯浅赳男（二〇〇八：二二六－三一）を参照した。湯浅によれば、カルヴァン以前の貨幣貸借が、消費を目的としたのに対して、利子の公認によって、貨幣が資本として完全に商品化される。これに株式会社形態による資本の事物化が結び付くことで、資本主義のバックボーンが確立する。

(82) ヘーゲルもまた所有権こそ人格の核心を成す権利と見なしていた（Hegel 1824/25= 2000: 91-130）。人間は、あらゆる物を自分のものにする絶対の権利を持ち、所有する物の内に個別的な人格の自由意志を対象化する。ヘーゲルの観念論的パースペクティブから見るならば、物を所有することによって、抽象的人格と自由が具体化される。人格たる人間は、外界の事物を尊敬する必要はなく、他のものすべてを材料としうるほど高度だと述べている。このようなヘーゲルの観念論的立場は、本書の唯物論的立場と逆さまである。また、ヘーゲルは、手を動物に見られない偉大な手段であると論じ、人間がつかんだものは、所有の範囲を広げてゆく手段になるという。

(83) 中世ヨーロッパでは、“Straße（街道）”と“Weg（道）”は、明確に分たれており、街道は集落との接触をなるべく回避し、村落共同体を走る道は、大人や子供たちが感情的・身体的に交流する親密な空間であった（阿部 二〇〇八：一四－二九）。共同体の内を走る道は、社交や教育の場でもあり、そこでコミュニケーションを行うことで、人々は礼儀作法を身につけ大人になった。

また、近代以前の神々を奉じる祭祀・互酬共同体では、他者は異人として扱われ、多くの場合隣接する共同体とは敵対関係か同盟関係、つまり「敵か味方か」という切り分けに従っており現代のような匿名的な生活領域が存在しがたかった。そのような状況下における共同体と外部の人間との交流は、しばしば“hostis（未知のもの、敵対者）”もしくは“hospes（客、見知らぬ人）”を迎えいれる“hospitality（歓待）”の儀礼として制度化されていた。

ヨーロッパにおける客人歓待制度は、ケルト人の文化にも存在しており、キリスト教の中で育まれた。バンヴェニストによれば、“hostis（未知のもの、敵対者）”とは「互酬関係にある者」を意味しており、その互酬関係が客人歓待制度の土台となっているという。バンヴェニストは、客人歓待制度がポトラッチの儀礼の弱まった形態であること指摘し、古代ギリシア世界にも同様の制度が存在していたと述べている（Benveniste 1969: 95-6=1986: =89-90）。

日本でも客人歓待儀礼としてのホスピタリティは存在していた。たとえば古代の境迎えや三日厨、鎌倉の旅籠振舞、乗船饗、吉書などが知られていた（盛本 二〇〇八：一二一－二六）。このように共同体の外からの来訪者を受け入れ、食事や宿舎を提供し歓待するホスピタリティの制度は、古今東西にみられた。

客人歓待の制度であるホスピタリティは、近代社会以前に如何に見知らぬ人々が生活空間を共有することが一つの難事であったかということの例証となる。人々が生活空間を共有することは今ほど容易ではなく、その際に「お前の神は何か」と詰問されかねないし、レヴィ＝ストロースのいうように「お前の父親は誰か」と親族関係を尋ねられかねなかった（Lévi-Strauss 1967）。

（84）レヴィ＝ストロースによれば、未開社会では他の集団の分類法は、基本的に「よい集団」と「悪い集団」の二つしかない。「よい集団」とは、貴重な財を投げうってでも無条件にもてなすべき集団であり、「悪い集団」とは出会った瞬間から悪意によって分たれ、闘争関係へと陥る集団である（Lévi-Strauss 1967=2000: 148）。

（85）オットハイン・ラムシュテッドによれば、社会諸科学者の中で、最初に貨幣価値の社会的制約性を指摘したのはジンメルである（Rammsted 1993: 15）。

（86）ジンメルの指摘した実体的な使用価値を欠いた貨幣への二重の信頼は、ニクラス・ルーマンの「システム信頼」の概念とほぼ同じ次元を指し示している（Luhman 1973: 52-5）。ルーマンのいうシステム信頼とは、「貨幣価値の安定性と多様な使用のチャンスの持続性」を信頼することであり、ジンメルの指摘とほぼ同じ内容を表現している（Simmel［1907］1989: 52-5=1999: 90-5）。システムに対する信頼によって、価格という情報に基づいた支払の連鎖がオートポイエーシス的に作動する。ジンメルやルーマンの指摘は、貨幣によって支えられる商品世界が、実のところ実体的な価値ではなく、日常的な信頼に支えられていることを示している。このような見解は、マルクスの価値形態論を基礎にして貨幣の無根拠性を立証した、岩井克人の「貨幣形態Z」という無限の循環論法によっても把握されている（岩井 一九九三）。

（87）ジンメルが見出した「脱規範的な社会統合（システム統合）」を可能にする貨幣こそが、デュルケムの社会統合論の盲点になっている。近代社会は、分業のシステムを肥大化させることで歴史上かつてないほどの多くの他者に依存する社会システムを構築することになった。デュルケムは、他者依存的な分業を基礎にした社会連帯の在り方を「有機的連帯」と呼んだ（Durkeim 1912）。分業というシステムの存在から、自らの生活にとって不可欠な他者に対する尊敬や感謝の念が生じ、そこから他者を重んじる「道徳的個人主義」が生まれて良いはずである。しかしながら、「道徳的個人主義」ではなく、個人的利害に終始する「功利的個人主義」が蔓延していることをデュルケムは嘆いた。デュルケムの嘆きは、他者との間に生じるべき互恵的な道徳感情を打ち消す要因としての貨幣の使用の効果を見逃してしまったことに由来していると考えられる。神々に対する信仰は、人々に数々の規範や道徳を強いる。しかし、貨幣に対する信頼は、宗教的規範や道徳的規範を介さない。そのうえ他者への依存は、代替可能な匿名性を帯びた他者であるため、他者に対する無関心が生じる。

また、和辻哲郎が『倫理学』の中で述べていたように、等価交換における利害の結びつきは、実際のところ「相互奉仕」であると考えられる（和辻二〇〇七：三〇四－一二）。しかし、本書の立場からすれば、和辻が指摘した大量生産による質的な人格関係の洗い流しだけでなく、等価によって成立する「公正」の効果によって、奉仕につきものの感情的かつ友愛的な関係を生み出す「負い目」や「感謝」の感覚が打ち消されてしまうことを指摘しておかねばならない。

(88) 仲正昌樹が指摘するように貨幣に対する「信用（Credit）」の語源は、「信仰」を意味するラテン語の"crē-dō"である（仲正二〇〇四：六〇）。また、バンヴェニストによれば、"crē-dō"はサンスクリット語の"śrad-dhā-"と対応しており、「信者への神の恩寵という見返りを前提として神を信じる行為」という意味であった。その意味は、次第に「返却してもらうのをあてにして何かを委ねる」という意味に世俗化していった（Benveniste 1969: 165=1986: 165）。

(89) スラヴォイ・ジジェクによれば、フランクフルト学派のシンパであるゾーン＝レーテルは、マルクスの商品形態の普遍的な射程を押し広げた代表者である（Žižek 1989: 16=2000: 28-9）。この人物は、アドルノやベンヤミンに知的なショックを与え、フランクフルト学派の知的水脈の一つの流れを作り出した。この点に関しては、仲正の『貨幣空間』にその経緯と思想的な影響関係が述べられているので参照されたい（仲正二〇〇〇：一〇三－六四）。

(90) マクルーハンによれば、メディアは、人々の感覚知覚を変容させるとともに、人間の結びつきと行動の尺度や形態を形成し統制する（McLuhan 1964=1987）。たとえばマクルーハンは、一七世紀の日本で貨幣が及ぼした革命的作用を、西欧で活字というメディアが及ぼした作用に比し、貨幣が人々の感覚生活を再編したことを指摘している（McLuhan 1964=1987: 19）

(91) ゾーン＝レーテルと影響関係にあり、交換による主体の産出を論じたのはアドルノである。アドルノもまた「社会の標準的構造は交換形式であり、交換形式の合理性が人間を定立するのである」と述べている（Adorno 1969: 155=1971: 207）。アドルノの交換理論については、仲正の以下の文献を参照されたい（仲正二〇〇〇：一三三－六四、二〇〇二：一四三－六）。

(92) 法的な"personne（人格）"の概念が成立したのは、モースによれば、古代ローマであり、平民階級の全員が得た市民権によって、市民的なペルソナが成立した（Mauss 1968）。またモーゼス・フィンリーは、ギリシア・ローマ世界が、元老院や皇帝の領土であろうとも、生産と私的交易を基礎にした私的所有の世界であったことを指摘している（Finley 1973: 29）。フリードリヒ・アウグスト・フォン・ハイエクは、フィンリーに依拠しつつ、商業的利益に深く関与していた元老院のメンバー達によって、私的所有を基礎にした私法の原型が成立したことを論じている（Hayek 1988=2009: 44）。ローマに成立した私的所有を基礎にした私法は、ナポレオン法典によって、大々的に復活することになる。

(93) 難波田春夫によれば、近代市民社会の成立（そこにおける分業と交換を基礎とする経済社会の成立）とともに、この分業・交換の関係を確立するものとして、自由な権利主体としての人格、権利、とりわけ所有権、契約、その履行の義務といった観念が形成される（難波田一九九二：七九－八〇）。難波田が指摘するように、経済主体の自覚が促された自覚の後に、具体的な法制度が整えられる。

(94) ジンメルは『貨幣の哲学』において、貨幣と思惟能力の親和性と相関関係を指摘している(Simmel [1907] 1989: 591-616=1999: 479-99)。たとえば貨幣は個々の商品の平準化をもたらし、「知性」は個々の事物の平準化をもたらす。それらの双方が普遍妥当性と客観性を要求する傾向において一致している。

ジンメルによれば、貨幣価値の浸透した経済的世界の内に存在する事物は、計算可能性で合理的な扱いを要求し、それゆえに人々の知性と悟性の発達を促す。それと反比例するかのように貨幣経済では、感性が排除されることになる。このようなジンメルの記述は、ゾーン゠レーテルやアドルノに先駆けたかたちで、知性と貨幣との深い結び付きを指摘するものであったといってよい。ゾーン゠レーテルは、ジンメルの指摘した貨幣と思惟能力との親和性と相関関係を、超越論的自我との関わりから解明することを試みたといえる。

(95) ガリレイは計測器具などの実験装置によって、具体的自然から抽象的自然を描きだすことに成功した。しかしながら、ガリレイの成功は、フッサールが指摘したように、幾何学的自然という理念の衣によって、具体的に知覚された生活世界を隠蔽するものであった(Husserl 1954=1995: 93-7)。

(96) ハイデガーは、カントが統覚の根拠を見出しえなかった理由を「超越論的構想力(die transzendentale Einbilgungskraft)」の奥に潜む自己触発する〈不可知なもの〉に、カントが慄いたからだとした。この見方は、カントの超越論的主観性のあからさまな神学化であり、「第一哲学」の廃棄を狙ったゾーン゠レーテルやアドルノの試みとは正反対な方向に向かっている(Heidegger 1929=2003: 159-69)。

(97) テリー・イーグルトンもまた、ジョルジ・ルカーチ、アドルノ、ジョージ・トムソンとその盟友であるゾーン゠レーテルを引き合いにだしながら、「商品フェティシズムと思考形態の結びつきは、示唆に富む問題を孕んだ探求領域であるが、大いに無視されている」と述べている(Eagleton 1986: 124)。もちろん本書の立場からするならばこのリストにジンメルの名を加えるべきであろう。

(98) 網野善彦によれば、かつての市は、日常的な世俗の縁を断ち切る「無縁」の場であった。市は、人と人、モノと人との縁を断ち切ることで、贈与・互酬の関係から切り離されたモノの交換を可能にした(網野 一九六六)。市から生成し、市場の要となる貨幣というメディアは、まさに負い目を祓うことによって、贈与・互酬性を結びつけた心性を消失させる「無縁のメディア」といえるだろう。

(99) ゾーン゠レーテルによれば、エジプトの幾何学は、経験的技術に基づいている。「縄の技術者」と呼ばれる徴税請負人を兼ねた耕地測師による経験的技術に由来する。エジプトの暦は、シリウスの運行の経験的な観察によって形成された太陰歴であった(Sohn-Rehtel [1970] 1973: 129-37=1975: 148-55)。古典ギリシアにおいてはじめて、貨幣という実在抽象が思考形態を統制する基本的要素となり、哲学や数学の基本概念を発達せしめた(Sohn-Rehtel [1970] 1973: 137-46=1975: 156-63)。

(100) 古典ギリシアの場合、科学と技術の結びつきは、奴隷制によって分たれた「肉体労働」と「精神労働」の分離によって阻止される。この手労働と頭脳の分離を解消し、両者を結びつけるためには、ブルネレスキのような手工業者とトスカネリのような数学者が協力し、前者が後者の知を使いこなす必要がある。そのような総合は、ガリレイという一人の人物において、手と頭脳の古典的な分離が克服されることで果たされ、近代的な科学技術が成立へと向かう（Sohn-Rehtel［1970］1973: 137-73=1975: 156-90）。

（101）原初的貨幣として機能していた石・貝殻・貴金属は、経済的性格以上に、呪術的性格を持ち、「生命を与えるもの」であったと考えられていたことをモースは指摘している（Mauss［1968a］1980=1973［1］: 121）。モースは、ポトラッチで使用された銅版やクラで使用され腕輪や首飾りも一種の貨幣として通用していたと考えている。

（102）貨幣を非合理的な想像的対象と見た場合、ヴェーバーの脱呪術化のテーゼに反して、世俗化は、貨幣という呪物をメディアにした別の呪術的世界への突入となる。

（103）実際に紙幣がただの紙切れであることは誰だって知っている。とはいっても、それがあたかも価値があるように扱い、支払わないわけにはいかない。というのもジジェクに言わせれば、近代人は、「理論上ではなく、実践的な物神崇拝者」であり、考える以前に実践的な物神崇拝に巻き込まれている。思考の力だけでは物神崇拝から逃れることはできない（Žižek 1989: 31=2000: 50）。想像的対象である神や貨幣は、社会的に必然的なイデオロギーであり、社会的再生産過程に不可分に組み込まれている。それゆえ、容易に廃棄することはできない。真にイデオロギーを廃棄するのは、認識の力ではなく、社会的再生産過程を組み替える実践的行為によってである。

（104）古典ギリシアのプラトンやアリストテレス以来、国家や共同体は、身体のアナロジーで語られてきた。たとえばアリストテレスは、国家を一つの生命のように考え、部分をなす多様な職能者達が相補って一つの全体を作り出すと考えた。その中でも、戦士、裁判官、政治的助言者を国家の魂を担う支配する部分とし、農民、手工業者、商人は、支配される部分と考えられた。たとえばトマス・アクィナスは、一つの心臓が四肢を統括するように、国家を身体のアナロジーで語り、国家は一人の君主によって支配されるべきだと考えた（甚野 二〇〇七：一七四－八）。アリストテレスを受容したトマスによれば、個々の理性を分有した“persona（人格）”は、全体である共同体の不完全な部分と見なされ、完全な全体である共同体の目的である“bonum commune（共同善）”へと向けられている（佐々木 二〇〇八）。

（105）ジンメルは、必ずしも労働価値説を支持しているわけではない。労働はアプリオリに価値の実体であるのではなく、交換過程に入り込むことによって、はじめて価値を持つと述べている（Simmel［1907］1989: 83=1999: 64）。

（106）浜日出夫によれば、ジンメルが『社会学』や『貨幣の哲学』で示したのは、社会的相互作用が近代において「個人化」を推し進める中心的なメディアになったということである（浜 二〇〇八）。本書は、他の社会的交換形式における主体化という議論に接合する上でも、ジンメルにおける貨幣経済の進展による個人化という論理を、本書では「交換形式による主体の産出」の近代的な現れとして押えておきたい。

(107) この点に関しては、Simmel（1917b: 13）を参照していただきたい。

(108) 成熟飽和経済とは、生産力が強くなりすぎ、消費しきれなくなる経済状態である。とはいえ生産を抑制すれば、必然的に不況となってしまう。そのため、過剰な生産力を生かすべく、先進諸国では、マーケティングと広告によって、使用可能なモノを廃棄させる圧力がかかる（田村 二〇〇七：三一〇）。アメリカは、すでに六〇年代、ドイツは六〇年代後半、日本は、七〇年代後半に成熟飽和経済に到達していた（田村 二〇〇七：一八一）。

(109) イヴァン・イリイチが指摘するように、商品経済の浸透とともに、賃金の支払われない不払い労働の領域である「シャドウ・ワーク」「シャドウ・エコノミー」の領域が出現する（Illich 1981）。イリイチによれば、それらの領域は、かつて自律・自存的であった経済活動が、商品経済の浸透によって、変容を被り、賃労働を補う労働へと転化し、不払い労働の領域とみなされるようになった領域である。

　イリイチは、その典型を女性の家事労働に見ている。家事労働は、生産活動に従属し、賃金労働者の休養や再生産を支えるため産業的商品によって規格化される。ホモ・エコノミクスは、はじめから「勤労者（vir laborans）」と「主婦（femina domestica）」によって構成されており、前者の賃金労働を価値あるものとみなし、それを可能にする後者の労働の犠牲を不可欠なものとしている（Illich 1981=1998: 67）。「シャドウ・ワーク」「シャドウ・エコノミー」の領域を交換形式から見た場合、本来、互酬性によって維持されてきた領域が、商品経済を背後で支えていることを示している。

　イリイチは、商品経済とシャドウ・ワークに対抗する領域を、「ヴァナキュラーな領域」と呼んでいる。イリイチによれば「ヴァナキュラー」という言葉は、ＢＣ六〇〇～ＢＣ五〇〇にかけてローマで、市場では売買されない「家庭で育てられるもの」「共有地」などを意味していた。イリイチは、経済学の概念では捉えることのできない、賃金の支払われない「日々の暮らしを養い、改善していく仕事」を「ヴァナキュラー」という言葉に託している。社会的交換理論から見た場合、このヴァナキュラーな領域は、商品経済の浸透によって埋もれることになった、贈与・互酬によって維持されてきた領域を示すものであると考えられる（Illich 1981=1998: 118-20）。

(110) 難波田春夫や田村正勝が指摘するように、アダム・スミスから始まる古典派経済学の主要な課題は、貨幣経済を基盤にした市民社会の調和の必然性を示すことにあった（難波田 一九九二：四三－六；田村 一九九〇：二五－七）。スミスが労働価値説を唱えたのは、労働力商品に投下された互いの労苦を交換するという「投下労働価値説」と、勤勉なものは富み、怠惰なものは貧する「各人に彼のものを」という交換の正義が貫かれる公正な社会の原理である「支配労働価値説」を立証することにあった。この「投下労働価値説」と「支配労働価値説」によって、「簡単明瞭な自然的自由の体制」としての自由主義経済を基盤にした市民社会の調和の必然性が示される。はじまりの経済学は、神の後見から離れた無定形な社会が、国家や教会による規制が無くても、自らが秩序を生みだし保持することを証明する市民社会の論理学であった。

またデヴィッド・リカードが、地代論において、生産物の価値を構成する本質的要因として土地を除外し、労働のみを価値の源泉としたのは、市民社会の合理性を論証するために労働価値説に固執したためである（難波田 一九九二：四九－五〇）。

だがマルクスのように、自然による価値生産を基礎に据えるならば、この労働価値説は、貨幣経済を基盤にした市民社会における秩序を立証するために要請された、時代に制約されたイデオロギーであることがわかる。労働価値説を超えた視点を持っていたマルクスが、『資本論』において市民社会の支配的イデオロギーであった労働価値説に則ったのは、恐らく支配と被支配を隠蔽してきた市民社会の論理学としての古典派経済学を内破させるためであった。転倒したイデオロギーを基礎にすることで生じる剰余価値の生産と搾取によって肥大化する資本という物神の姿を描きだすために、労働価値説に依拠したと考えられる。

ただしスミスの『国富論』は、労働者自身が生産手段を所有する単純商品生産を基礎としており、一七～一八世紀には妥当していた。他方のマルクスの時代には、下部構造が既に資本主義的商品生産へと移行していた。ゆえにスミスの古典派経済学は、その理論によって資本主義経済体制を弁証できず、常に現状にはそぐわない市場主義を正当化するイデオロギーとして機能する運命にある。古典派経済学以降の、限界効用説に至って経済学は、人間社会の秩序から切り離された、財の交換関係を取り扱う理論へと変化し、経済を経済としてのみ扱う専門科学となる。その結果、経済学は、市民社会の存在を弁証する市民社会の論理としての任務を忘却してしまう（難波田 一九九二：六五－六）。

(111) カントの超越論的な意識哲学は、歴史や社会という形而下的なものによって変化することのない、人類に普遍の理性的な主観性の構造が存在することを前提とするものであった。またハーバマスによれば、ヘーゲルの「絶対精神」、前期マルクスの「類的存在」、ルカーチの「階級意識」などは、主観の反省形式を物象化したマクロ的主体による「単線的・必然的・間断なき・上昇発展」という理論モデルに従っている（Habermas 1976: 152-7=2000: 178-83）。

(112) この論点は、アルチュセールのイデオロギー論やフーコーの権力論、ガタリとネグリの主体性論の端緒に位置している。マルクスに先駆けて、この論理を提示したのは、モーゼス・ヘスであった。ヘスは、「交通こそ人間の現実的本質であり、しかもそれは人間の理論的本質たる現実的生命意識であり、同様に人間の現実的生命活動である。思考と行動はただ交通から、諸個人の協働からのみ生ずる。そして、われわれが神秘的に「精神」と呼んでいるものも、まさにこのようにわれわれの生命を養う大気であり、活動の場であり、この協働である」と述べている（Hess 1845=1970: 118）。ヘスは、マルクス以上に「交通（Verkehr）」という概念を重視した。

(113) もう一つの経済的カテゴリーの人格化として、土地所有者としての「マダム・ラ・テル（土地夫人）」がいる。資本家、土地所有者、労働者は、それぞれ生産関係が人格化したものであり、それぞれ「利潤」「地代」「賃金」というかたちで価値を取得する。これらの独立した「利潤」「地代」「賃金」が、内的連関を有する三位一体である。実際のところ「利潤」と「地代」が労働者の剰余労働によって生産された剰余価値を配分したものであること、さらに「利潤」「地代」が搾取にほかならぬことをマルクスは『資本論』で示そうとした（Marx 1867）。

(114) 剰余価値の生産には、二つの方法がある。一つは労働日の延長によって生産される「絶対的剰余価値（absoluter Mehrwert）」の追求であり、もう一つは、技術の進歩によって、必要労働時間を減らし剰余労働を増やす「相対的剰余価値（relativer Mehrwert）」の追求である。前者の「絶対的剰余価値」の追求は、労働者の肉体的限界に突き当たり、生産そのものが出来なくなる。ゆえに、資本主義経済における剰余価値の追求は、基本的に後者の「相対的剰余価値」の追求となる（Marx [1867] 1979=1968: 411-22）。

(115) ヴェーバーは、ジンメルを貨幣経済の社会学者と見なしたが、資本主義の社会学者であることに対して懐疑的であった。しかしながら、ジンメルにとって、資本主義経済は、貨幣経済にとっての一つの特殊形態にほかならず、貨幣経済のほうがより普遍的であると考えていた（向井 二〇〇二）。また、分業システムの否定的側面のみを強調する議論は、貨幣なしに諸個人が自由を享受することはありえないと論じるジンメルにとって問題含みのものである。貨幣に「血がこびりついている」とか呪いがつきまとっているかのような表現は、感傷的なものにすぎないとジンメルはいう（Simmel [1907] 1989: 609=1999: 494）。

　また岡澤憲一郎によれば、ジンメルが貨幣を肯定的に捉えているのは、交換過程を重視したからであり、他方のマルクスは、生産過程における搾取と流通過程における剰余価値の貨幣への転化を説明するために価値貯蔵機能と価値尺度機能を重視した（岡澤 二〇〇八：七四）。

　貨幣に対するマルクスの『資本論』とジンメルの『貨幣の哲学』の違いは、両者がその著書に託した理論的賭けの差異にあると思われる。前者が貨幣経済のもたらす「搾取と隷属」を明らかにすることを主眼にしたのであり、後者が史的唯物論に抗して、貨幣経済のもたらす「解放と近代的自由」を肯定的に評価しようとした。ジンメルのいうところの「史的唯物論の基礎工事」という課題に対する解答は、この貨幣経済の肯定的側面を描きだすことにもあったと考えられる。

(116) フィリップ・ラクー・ラバルトによれば、マルクスは、ルター主義とヤコブ・ベーメの理念を引き継ぐ革命的敬虔主義の影響下に育った。マルクスのコミュニズムの理念は、それらの影響下にあり、すべての人間が、位階秩序に分かたれることなく、同じ資格で聖職者であり、お互いの間に違いがないことにあったとラクー・ラバルトは述べている（Lacoue-Labarthe 2002）。マルクスの哲学的批判は、このような宗教批判の理念と不可分であり、ヘーゲル的国家や資本主義を、新たな位階秩序を作り出し、犠牲を要求する「ローマ的教会・国家形態」の蘇りとして見ていたと考えられる。

(117) この「能産的自然」の概念は、スピノザに拠る。スピノザにおける自然は、二つの側面から捉えられている。それは自然の具体的な構造を生み出す実体であるところの「能産的自然（natura naturans）」であり、もう一つは能産的自然によって産出された様態であるところの「所産的自然（natura naturata）」である（Spinoza 1677）。能産的自然は、人間の場合、想像力と模倣の能力を基礎にした人々の共同性によって発揮される。人々の共同性を基礎にした労働者の労働力は、商品世界を構成する能産的自然というべきものである。資本主義生産様式では、労働力という創造的能力は、資本に買い取られた状態で、所産的自然に新たな形態を与えることになる。

(118)「人間の本質は、個々の個人に内在する抽象物ではない。その現実の姿では、それは社会的諸関係の総体である」という「フォイエルバッハにかんする第六テーゼ」は、マルクスにとっての重要な転換点となっている。それ以前のマルクスは、人間の本質の表現として、社会的諸関係が存在するという思弁哲学の立場にあった。この転換点に「認識論的切断」を見る反ヒューマニズム的マルクス主義は、人間そのものを科学的対象から除外し、社会的諸関係や諸構造のみを研究対象と見なそうとした。しかしリュシアン・セーブによれば、この転換点は、人間の概念を否定するのではなく、科学的変容を促す(Sève 1975)。人間は、社会的諸関係によって産出されたものと見なされる。「自由」や「人格」の概念もまた同様である。

(119)ヴェルナー・ゾンバルトによれば、市民資本主義を支える経済信念は、精神と盗賊精神、計算と投機、衡量と敢行との間、いわば合理主義と非合理主義の緊張関係の中にある(Sombart 1925)。ゾンバルトが指摘した合理主義と非合理主義の緊張関係から見れば、ヴェーバーが見たプロテスタントに由来する合理的な市民道徳とファウスト的な資本家の精神は、けっして対立するものではない。逆に、ヴェーバーのプロテスタンティズムによる資本主義的精神の発生という論理によって、ゾンバルトの指摘した合理主義精神の中に潜む非合理性を明らかにすることができる。

またゾンバルトは、近代資本主義が誕生する上で、ヴェーバーに抗して、カソリックの重要な役割を指摘している(Sombart 1913)。ゾンバルトが注目するのは、一四世紀以来、カソリックを支配したトマス主義にある。トマス主義の律法倫理の基本理念は、感覚や情念を理性によって制御する「生の合理化」にあった。トマスの教義は、禁欲し、浪費を避け、怠惰を憎み、節約と勤勉を尊び、正直と勇気、そして活動性を重んじる経済合理主義を内面化させる。こうした規範の内面化は、商品生産社会の良心を形作り、資本主義的人間を生みだすのに一役買った。

さらにゾンバルトによれば、不毛な「単純な貸し付け」と実りの多い「資本投資」を分け、前者を否定し、後者を肯定したトマスの利子に対する見解や、彼に続くスコラ学者の勤勉な資本主義への共感は、資本主義の精神を強化し発展させた(Sombart 1913=1990: 313-32)。

(120)フレデリック・ジェイムソンは、システムを生み出したところの規範的源泉であり、システムが成立した後には、消失してしまう媒体を、"vanishing mediator"(消失するメディア)"と呼んでいる。プロテスタントの神は、祭祀・互酬共同体から、資本主義社会への移行を促した"vanishing mediator"と考えられる(Jameson 1988: 25)。

(121)超越的神や普遍的真理の世界ではなく、ニーチェは、「生々流転し消滅する世界」の価値を強調する。そのため、ニーチェは各人の価値設定を重視し、この価値設定を行うところの「力への意志(Wille zur Macht)」を説くことになった(Nietsche 1901)。ヴェーバーは、このようなニーチェの思想に強く影響されている。なお、田村が指摘するように、ニーチェの「力への意志」の"Macht"を「権力」と訳してしまうと、各人による価値設定の問題が伝わらなくなってしまう（田村二〇〇九：五二）。

（122）このような文化人のモデルは、ジンメルにおける社会的生産やマルクスの社会的諸関係によって生産された人格というよりは、「主観－客観図式」に基づいたニーチェ的な強い主体をイメージさせる。

（123）ヴェーバーは、ジンメルの『貨幣の哲学』に強い影響を受け称賛さえしたが、その著作に対して強い不満を持っていた。その不満は、その著作が資本主義の論理を捉え損なっているとヴェーバーが解釈したことからきている。だが、ジンメルにとって、マルクスの資本主義論は、彼の文化哲学の中に包摂しうるものであり、資本の論理は貨幣経済の中の特殊な様相に過ぎなかった（Simmel [1911] 1996=1976: 279）。ヴェーバーは、マルクスの下部構造決定論と異なった上部構造の相対的自律性という筋道から、ジンメルが捉え損なった資本主義経済の特殊性を捉えようとしたといってよい。

（124）初期フランクフルト学派の課題については、主にアクセル・ホネットの論考（Honneth 1988）を参考にした。

（125）フッサールの現象学は、現象学的還元という手続きによって事象そのものに向かうといいながら、実際のところその質料から切り離された普遍的かつ形式的な意識構造を明らかにしようとするものである。アドルノによれば、このような純粋意識を特権化する試みは、実際のところ精神労働と肉体労働の分割にもとづいており、専門的に思惟機能を発揮することへと制約された精神が、自己を誤認した姿にほかならない。

フッサールの依拠する絶対的な純粋意識は、意識の論理の内に取り込むことで、あらゆる他者を自己同一化することで支配しようとする妄念にとりつかれている。その試みは、アドルノにとって、あらゆる多義性や他者性を否定しようとする思想上のファシズムにほかならなかった（Adorno 1956: 28-9 =1995: 27-8）。アドルノは、フッサールの現象学に、商品交換によって分割され孤立したモナド的諸個人と世界から切り離されたその精神が、意識の内側で世界を回復しようとして揮う絶望的な暴力を見出した。アドルノにとって、ファシズムは、自らの根源と純粋に同一化しようと試みた根源哲学の欲望を現実にする試みであった。アドルノの観点からすると、フッサール現象学とファシズムは理論と実践における双生児といえるだろう（Adorno 1956: 28-9=1995: 27-8）。

絶対的観念論を自称するヘーゲル哲学もまた、商品交換によって汚染されたものであることをアドルノは指摘する。自然や人間を犠牲にすることによって拡大する資本のように、絶対精神は、「理性の狡知」という手管によって諸個人を犠牲に捧げ、世界史の歩みを進めてゆく。しかしながら、アドルノから見れば絶対的精神とは、物神崇拝的概念にほかならない。実際のところ交換過程から立ち現れた資本の運動と個々の主体の機能連関こそが、世界史の歩みに推進力を与えているのであって、歴史の背後に絶対的精神などという諸個人に優位した概念の自己運動など存在しない（Adorno 1966: 299=1996: 369）。

絶対的観念論者を自認するヘーゲルは、個々人の織りなす機能連関を弁証法的に規定することを早々に切り上げ、推論によって形而上学的な背後世界の内に輝ける理念の姿を読み込んでしまう。

　アドルノは、歴史の基体を概念の自己運動などにみるのではなく、マルクスと同じように唯物論的な立場から個々の主体の機能連関として見ようとする。このような立場からアドルノとホルクハイマーは、個々の主体とその人格の在り様を考察してゆく。

(126) たとえばプロイセンのフリードリヒ大王は、自覚的に国民教育を行い自己愛によって連結する市民社会を祖国愛によって結びつく君主と臣民の互酬的共同体としての国家へと置き換えようとした（屋敷 一九九九）。フリードリヒの目指した祖国とは、父なる君主が孤児・寡婦・貧民などの社会的弱者を救済し、良き市民が祖国の臣民として能動的に祖国に奉仕する、相互奉仕的な運命共同体であった。後のドイツの君主たちの多くは、フリードリヒの方針に倣うことになった。

(127) アンダーソンによれば、新たな同朋愛、権力、時間観念の構築は、グーテンベルクの活版印刷術という複製技術によって生まれた「活字」をメディアにした大量生産物である印刷物を商いする出版資本主義によって促進された（Anderson 1983）。グーテンベルクの活版印刷術によって、知識階級を相手にした聖語であったラテン語書物の市場は一気に飽和した。そのため、出版資本主義は、新たな販路を求め、俗語を活字に乗せることで新たな読者層を獲得しようとする。
　また活字は、新聞というメディアを成立させることで、出来事を共時的に伝達することを可能にし、新たな時間意識を成立させる。そこに国民の歴史を共有する読者としての大衆が生じることになる。俗語というメディアによって自らを想像しようとする民衆は、次第に国民としての自らを自覚し、「不死の国家」を「祖国」として想像するようになる。

　民衆の側も自ら進んで国民意識を獲得しようとしてきたことを強調しておかねばならない。信仰の対象を見失った民衆もまた、自らの宗教心の新たな受け皿として、国家（Nation）を選択する傾向にあった。アンダーソンによれば、自らを国民として想像する可能性が生じるには、「聖典が真理と不可分であること」「宇宙論的摂理によって支配する王」「世界と人間の起源が本質的に同じであるという時間観念」という前近代的な三つの基本概念が、公のものとして人々を支配し得なくなったときに生じる（Anderson 1983: 62-3）。

　商品交換の拡大と科学の進展によって促されるコミュニケーションによって、前近代的な三つの基本概念が揺さぶられ、次第に世界が聖性を喪失し、宗教の語りによって支配の正当性が調達し難くなってしまう。

　このような聖性の不在を埋める、不死の存在の有力な代替物として「国家」が浮上してくる。ヨーロッパの伝統の中で、教会を中心とするキリスト教共同体は「頭がキリストである教会の神秘体（ミステリウム）」として観念されていた。信者達はキリストを頭とする霊的な身体において、霊的に結合していると考えられていた。教会と同じように、一三世紀末までに国家もまた不死の存在である「頭が君主である神秘体」として観念されるようになった。エルンスト・カントロヴィッチが指摘するように、王の身体は、「霊的な不死の身体」と「物質的な身体」との二重性を持っていて、霊的な身体は臣民を含む国土と不可分に結びついていると考えられた（Kantorowicz 1955）。もちろん王の聖性は、世俗化によって解体するが、「不死の国家」という観念は残存し、人々の「物語的自己同一性」を支える有力な拠点になってゆく。

(128) ヘーゲルは、欲望の体系である市民社会に対してなされる国家行政による社会政策が、人倫国家としての統一を可能にする不可欠な要素とみなしている（Hegel 1824/25=2000: 460-87）。この再配分によって社会統合が果たされなければ、欲望の体系としての市民社会は、偶然性に対処しきれず、内心の反逆を抱く「窮民」の出現によって自由な秩序を喪失する。

(129) 世界大戦以前のヨーロッパ諸国は、帝国主義戦争の最中にあった。帝国主義戦争を戦い抜くために軍事力とそれを支える強靭な経済力が必要とされた。そのため国民は、労働者あるいは兵士として、スムーズかつ有効に機能する均質化された従順な主体であることを要求された。そのような従順な主体を調達しようとしたビスマルクは、労働者から政治的自由を奪いながら、社会保障制度を充実させ、労働者の医療保険法、災害保険法、老廃疾者保険法を成立させることで労働者を懐柔した。このことによってビスマルクは、国民を包摂する愛国的秩序を形成しようとした。愛国的秩序が構築されることによって、人々は従順な主体・臣民として懐柔・訓育され、自ら進んで戦場へと向かうことになる。

ビスマルクがドイツの労働者と取り交わした社会契約において、あらゆる労働者が、社会包摂的な官僚システムのなかに位置づけられる。リチャード・セネットは、ビスマルクの官僚性は、軍隊をモデルにしており、効率性よりも、包摂によって人心を安定させることを目的にするものであったことを示唆している（Sennett 2006: 27-32=2008: 32-6）。

(130) フーコーもいうように福祉国家のテクノロジーである「生の政治（biopolitics）」は、国民の生活の深部にまで介入し、生命を保護し生活の便宜を図る。しかし、生の政治は、いつでも国民の生命をも徴発する「死の政治（thanatopolitique）」へと反転しうる（Martin and Gutman and Hutton eds., 1988: 259）。

帝国主義戦争とその帰結である第一次世界大戦から第二次世界大戦へと到る時代にこそ、大規模な福祉政策が着想され実行された。イギリスの福祉国家化は、第二次大戦中にベヴァリッジの『社会保険および関連サービス』において報告した内容に従い、戦意高揚の手段として提起され、戦後実現することになった。その内容は、貧困を撲滅するための強制社会保険を主要手段にした所得保障プログラムであり、児童手当、医療、リハビリテーション、雇用維持、高齢者への年金支給などによる所得再配分政策を行うものであった（富永 二〇〇一：一〇五–一一）。

フーコーによれば、ベヴァリッジ計画は、戦後の保健衛生を組織化するためのモデルとなる。ベヴァリッジ以前の国家による身体の配慮は、国民の労働力や生産能力、軍事力を保護することを主眼にしていた。ベヴァリッジ計画以降、健康そのものが目的となり、健康に奉仕する国家という概念が誕生することになった（Foucault 2006: 270-6）。

(131) カントは、非経験的な究極的な理念に関わる四つの命題を証明しようとした際に、テーゼとアンチテーゼの双方の命題を証明してしまうというアンチノミーに逢着してしまう。それは、双方の命題が偽である可能性を指し示すとともに、理性が現実そのものを捉える能力を欠いている可能性をも示唆するものであった(Kant 1787)。

ヨーロッパ近代の破局によって、理性はたんに理論的な批判の対象となるのではなく、人類の破局をも招きよせた主犯として批判の対象となる。アドルノとホルクハイマーの『啓蒙の弁証法』という著作は、そのような野蛮をもたらした理性に対する批判の書であった。

(132) フランクフルト学派の思想を理解する上で重要な概念である「ミメーシス(Mimesis)」は、「模倣」を意味するギリシア語を起源としている。

プラトンやアリストテレスは、ミメーシスを芸術の本質として捉え、その本質を、単に対象を模倣するのではなく、対象の理想的な姿を模倣・再現することにあるとした。ベンヤミンは、「模倣の能力について」という小論の中で、ミメーシスの能力が子供の遊びなどによく見られ、子供達が店のおじさんや先生だけではなく、風車や汽車などの事物をも真似ることを指摘している(Benjamin 1933=1996: 75-81)。

自然界にある様々な事象の類似・照応関係によって刺激され呼び覚まされる人間のミメーシスの能力は、古代の諸民族の間で呪術的な交感やアナロジーの能力として展開されていたとベンヤミンはいう。彼らは、その能力でもって天空の事象をも交感の対象とし、舞踏などの礼拝儀式によってアナロジー的に操作した。この呪術的なミメーシスの能力は、時が経つにつれて衰退してしまったが、今でも「非感性的な類似、非感性的な交感(コレスポンデンツ)の記録保存庫」である言語や文字の中に変形したかたちで残存しているとベンヤミンは考える。

(133) ナチスから追われ一九四〇年代にアメリカに亡命したホルクハイマーとアドルノは、爛熟したアメリカの資本主義の内に成立した文化産業化の在りように、大衆が画一化し批判的契機を喪失してしまう、もう一つの「市民社会の自己崩壊」を見た。

アメリカの文化産業において、人々のミメーシス衝動は、ファシズムのように戦場へと駆り立てられるのではなく、娯楽と生産へと誘われる。彼らによれば、「娯楽は、後期資本主義体制における労働の延長である」(Horkheimer und Adorno 1947: 145=1990: 210)。なぜなら、娯楽とは、機械化され、強化された労働過程を回避しようと思う労働者が、そのような労働過程に耐えるために欲しがるものだからである。労働者は、消費者として娯楽によって気晴らしし、自らを労働過程に釘づけにする体制への批判の契機を消失させ、その体制の維持に加担してしまう。啓蒙の主体であった自律的な市民は、後期資本主義体制において成立した文化産業によって慰撫・懐柔されることで、批判的な思考を放棄した単なる「労働者−消費者」として、後期資本主義システムの回路のなかに回収されてしまう。支配的な体制は、そのような「自然の叛乱」でさえ、システム維持の要素として巧妙に活用するようになっていた。

ホルクハイマーやアドルノが見るところ、国家が積極的に経済過程に介入する後期資本主義の時代においては、ハーバマスにとって批判的な公共圏を構成すべき重要な要素であるマス・メディアは、産業資本や国家によって予め占有されており、受動的にそれらの情報を消費する大衆の批判的能力は既に失われていた。

(134) 哲学的にいえば「思惟と存在の一致」、記号学の術語であれば「シニフィアンとシニフィエの一致」を保証する神の存在が暗黙の前提となっていたため、芸術の表現形式もまた象徴的なものとなる。

(135) ベンヤミンによれば、見失われたユートピアを見出すための有力なモチーフとして「時宜をえないもの、痛ましいもの、失敗したこと」(Benjamin 1940: 183) のすべてが、自然と歴史を読み解くための重要なモチーフとして浮かび上がってくる。透明性が失われた世界のなかで「人間存在そのものの自然の本性ばかりか一個人の伝記上の歴史的なことまでもが、このようにもっとも深く自然の掌中にとらわれた姿で、謎の問いかけとなって意味深長に現れてくる」(Benjamin 1940: 183)。

図像と文面を組み合わせたバロックのエンブレム作品こそが、不可解な自然の問いかけに挑もうとした近代アレゴリーの「真性なドキュメント」であるとベンヤミンはいう (Benjamin 1940:184-93)。バロックの目的である「被造物の秘密に満ちた教示」を図像と文字の組み合わせから解読すべく、ヒエログリフの解読の試みから生じた「図像学」の手法を応用することによってエンブレム作品は生まれた。問いを投げかけてくる不可解な事象や出来事を素材として拾い上げ、図像とそれを読解する文字によってアレゴリー作家達は、不可解な自然の意義を読み解こうとした。

(136) ゲーテの原現象は、様々な現実の植物の諸形態が、ある一つの「原植物 (Urpflanze)」という生ける理念の表れとみるものである。それはイデアのように現実の植物を規定する不死の抽象的理念ではなく、様々な現実の植物の具体的諸形態から遡行して見出される生ける理念である。この生ける理念としての原植物の表現として、多様な植物の具体的形態が現れるとゲーテは考えた。これが従来の物理学を模範にした自然科学の因果論的発想とは異なった原現象という発想である。

ベンヤミンの「根源」の概念がゲーテの「原現象」を歴史の領域に転じたものであることに気がついたのは、ジンメルの『ゲーテ』に書かれてあった原現象の叙述を読んだ折であった (Benjamin 1983: 577)。ベンヤミンと同様ジンメルもまたゲーテの原現象の概念を、自身の学問の基礎概念を導き出すために用いた。ジンメルは、ゲーテの原現象の発想を、個性化の内に潜む論理を表現するために、個人の人格形成の領域に転用し、諸個人の無比な根源的形態を露にする「個性的法則」の思想へと表現した。

同じゲーテの原現象に依拠しながらも、ジンメルは、その概念を個性化の潜在的な論理の叙述に用い、もう一方のベンヤミンは、歴史過程の根源の叙述に用いた。ゲーテの原現象という概念を、二つの異なる領域へと転用した二人の違いは、第一次世界大戦以前のベルリンを思想表現の舞台としたジンメルと、同じベルリンの住人でありながら第一次世界大戦におけるトラウマ的経験にこだわり続けたベンヤミンとの世代的な違いを抜きにして語ることはできない。

(137) 今村仁司によれば、ベンヤミンの「根源」の概念は、レヴィ＝ストロースの「構造」と近い (今村 一九九五：二三一－四三)。それらは、経験的実在ではなく、現象界に表現を与える不可視のものである。レヴィ＝ストロースの原神話が、無数の具体的な神話の表現となって現れるように、ベンヤミンの根源史は、たとえば商品とそのファンタスマゴリーを表現とする。

（138）ベンヤミンが一九世紀の首都としてパリを選んだ理由は、贅沢とモードが猖獗を極めるとともに、当時の最新のテクノロジーが結集しそれらの新たなテクノロジーから生み出されたもの（たとえば鉄骨建築やガラス）を触媒にして、時代の願望が集約されたかたちで露呈する場であると考えたからである（Benjamin 1983: 45-6）。

（139）ベンヤミンの『パサージュ論』における商品アレゴリーを解読する手法は、このようなテクノロジーとメディアによって媒介された一九世紀的な群衆的生の水準を明らかにすべく、ヒステリーなどの徴候から個人の無意識を読み解こうとしたフロイトの精神分析的な手法を応用したものだと考えればよい。ベンヤミンと精神分析の関係については、三原弟平（二〇〇九）を参照されたい。

（140）ファンタスマゴリーという概念は、影を巨大に見せる「幻燈装置」を意味する。ベンヤミンの場合、ファンタスマゴリーは、様々なメディアやテクノロジーによって媒介されたイメージであり、人々の自然回帰願望を商品へと投影されたものである（仲正二〇〇五：二二八－二三三）。いわば、対象化されることで分離した自然ではなく、対立する以前の自然との融和した状態へと遡行しようとする人々の願いがファンタスマゴリーに含まれている。資本という物神は、ファンタスマゴリーによって人々の自然回帰願望を刺激することで、資本の回転を加速化、あるいは持続性を確保する。

（141）ベンヤミンは、広告デザインの先駆者である画家グランヴィルを取り上げ、モードの生命の核心を見出そうとする。広告画を美的に描きだすグランヴィルのファンタジーは、その当時のテクノロジーである鉄柱やガラスのような無機物を宇宙空間の惑星などと結び付けユートピア的に描きだすことに巧みであった。テクノロジーの進展によって生ける自然から切り離されつつあった人々にとって、無機的なものと生命の融和を美的に描きだすグランヴィルの広告画は、自然回帰願望を刺激する魅力的なものであった。グランヴィルのファンタジーは、モードの核心である「無機的なものにセックス・アピールを感じるフェティシズム」を如実に表現している（Benjamin 1983: 51）。

（142）ベンヤミンと同じようにボードレールもまた憂鬱の人であった。ボードレールは、「事物が商品としてのその価格によって奇妙に卑賤になること」に自覚的であった（Benjamin 1983: 71）。なぜなら価値のメディアである商品という事物は、予め貨幣の力に屈伏することを定められている。あらゆる商品と化した事物の内に、貨幣の力を撥ね退ける特権的なものは存在しない。ボードレールの憂鬱は、均質な価値のモノトーンに染め上げられた商品世界に根ざしていた。

　ボードレールにとって灰色の商品世界に取り巻かれた倦怠感を払拭するものは「新しさ」であった。「新しさ」とは、商品世界の惰性の中に存在する詩的なものであり、ボードレールは、その輝きにアクチュアリティを見出した。ベンヤミンによれば、ボードレールは、流行が垣間見せる芸術的な側面に対して鋭敏な感性を示したが、商品の攻撃としての側面について気付くことはなかった。

（143）高橋順一によれば、資本は、「生きた労働」から生じた「死んだ労働」である。それは、死なねばならぬ生きた労働の否定である限りの生を不死の資本によって簒奪された個々の存在者を救済し、哀悼することにあると指摘している（高橋二〇〇六：一〇四－五）。

（144）本章は、仲正が指摘したハーバマスの「パラダイム・シフト（言語論的転回）に際して、見落とされた課題」を筆者なりに検討したものである（仲正 一九九八：一〇〇）。また、言語的コミュニケーションの領域である生活世界のうちに自閉した「コミュニケーション的理性のナルシシズム」を回避し、「コミュニケーション論的転回」を、言語以外のメディアの作用によって駆動する社会的・歴史的な領域へと反転させることを目論む。この目論見は、カントの「コペルニクス的転回」によって超越論的主観性の内に閉じこもった「主観的理性のナルシシズム」を歴史的・社会的なものへと旋回させようとしたアドルノの「第二のコペルニクス的転回」の試みに倣うものでもある（Adorno 1969: 155= 1971: 207）。

（145）ホネットによれば、「ハーバマスの理論的発展は、まず、既に五〇年代や六〇年代の彼の著作を特徴づける相互主体理論的転回」があり、「その転回が、後に言語哲学的転回によって先鋭化されると同時に狭められ、人間の世界関係の言語的構造の分析へと狭められるに到った」ものである（Honneth 2003: 202）。

ハーバマスは、意識哲学という理論モデルから離脱すべく、「言語論的転回」という哲学的潮流に参入し、ハンス・ゲオルク・ガダマーとの解釈学論争やルートヴィヒ・ウィトゲンシュタインやジョン・オースティンの日常言語学派の仕事を接収することによって、「相互主観的転回」を果たし、コミュニケーション論を確立するための理論的基礎を整えてゆく。

ハーバマスにおける「相互主観的転回」は、日常的な言語使用の問題を取り扱う「語用論」を基礎にしたものであり、「語用論的転回」と呼ぶべきものであった（Habermas 1988: 61=1990: 75）。

その転回の際、ハーバマスは、社会的なコミュニケーション論の概念枠組みを整える指導原理を、後期ウィトゲンシュタインの「言語ゲーム論」に見出し、それを梃子にして、モノローグ的な意識哲学モデルに囚われた「相互主観性」の概念を、語用論的に転回する（Habermas 1984: 59-126=1990: 84-192）。ウィトゲンシュタインは以下のように述べている。「規則にしたがっていると信じることは、（実際に）規則にしたがっているということではない。だから、人は〈私的に〉従うことはできない。さもなければ、規則にしたがっていると思うことが、規則にしたがうことと同じになってしまうからである」（Habermas 1984: 65=1990: 92-3）。つまり、少なくとも「規則」と言いうるものは、その規則に従う者が、その規則に対する逸脱や誤差を生む状況にあることと、他者からその規則を逸脱や誤差を指摘され批判される可能性を条件にしている。

この規則にしたがった語用論の要点は、「自分が自分の行動を他者の批判にさらし、この行動に関して、ひとつの同意（Konsens）を得ることのできる状況が存在しないとしたら、自己が規則に従っているかどうかを、自己ひとりでは確信することはできない」ということであり、「他者が批判できるということは、この他者が自己と同一の規則能力を十分に利用できる」ということが前提となっているということにある(Habermas 1984: 65=1990: 92-3)。つまり、認識論や超越論的還元の手続きによって切り詰められた「内省的なモノローグ的意識の構成作用」によって、「規則」という現象を十分に捉えることはできない。規則は、先に述べたように常に規則からの逸脱の可能性と、規則を共有する他者からの批判可能性に晒されている。それゆえ、規則の共有とその批判可能性を巡って、モノローグ的な志向的意識には還元することのできない「他者の他者性」を帯びた相互主観性が露呈する。

規則に媒介された他者性を帯びた相互主観性が見出されると同時に、「合意」の次元が浮かび上がってくる。すなわち、規範に対する逸脱等がなされる問題状況において、「合意」を志向する「討議(Diskrus)」へと到る契機が露になる。

この規則を共有し、批判可能性に晒された言語ゲームを遂行する「語りかつ行為する複数の主体」を導き出すことで、ウィトゲンシュタインは、社会理論の基礎を「反省」や「還元」の手続きによって自閉したモノローグ的な意識哲学のパラダイムから、複数の主体の「発話」によって遂行されるディアローグ的な語用論のパラダイムへの移行を促した。

しかしながら、複数の主体の織り成す言語ゲームは、ウィトゲンシュタインの言語ゲーム論のままでは、盲目的に遂行される言語ゲームのアナーキーへと導き、せいぜい家族的類似性に基づいた特殊な言語共同体を指し示すだけで、結局は多文化主義的な帰結に到ってしまう。それは、「語用論的転回」を基礎にした「相互主観的転回」を果たしただけでは、未完のプロジェクトとしての近代を救済しえないということを意味する。

ハーバマスは、ウィトゲンシュタインの言語ゲーム論のカオスを超え、理性的な契機を救済しようとする。その試みは、ヒュームが『人性論』の中で見出した知覚のアナーキーが支配する慣習的な世界を超え、普遍的な理性的契機を救済しようとしたカントの超越論的な批判哲学の試みを、語用論を基礎にした社会理論の次元へと切り下げたかたちで反復するものとなる。

(146)『コミュニケーション論的行為の理論』以降のハーバマスの仕事の核には、この主著の中で叙述された「形式語用論(もしくは普遍語用論)」があり、ハーバマスが思想家ハーバマスたる由縁もまた、この形式語用論の解明にあるといえる。ハーバマスの形式語用論は、言語ゲームを可能にする語用論的に切り下げられた準超越論的な形式的条件(一般的な構造)を導きだすことで、言語的行為における理性的契機を導き出そうとする。その際に参照されるのが、ジョン・オースティンの言語行為論である(Habermas 1981 [1]: 388-97=1986: 25-34)。

オースティンは、文の発話が、単なる発話以上の効果を持つ社会的行為であることに着目し、発話が「発語行為」「発語内行為」「発語媒介行為」という三つの契機を含んでいることを明らかにした。まず、「発話行為」は、語りにおける言明文の内容である。次の「発話内行為」は、語りによって行為を遂行し、他者との関係を生じさせる働き、たとえば主張・約束・命令・告白などであり、これは他者とのコミュニケーション的行為の連関を生み出すものである。三つめの「発語媒介行為」は、何かを語ることにおいて行為することを通じて何かを結果として生じさせるものであり、目的論的な行為連関を生み出す効果がある。

ハーバマスは、その中でも「発語内行為」に着目する。というのもこの発話内的行為を条件づける三つの妥当性要求という理性的契機を含んでいると見たからだ。ハーバマスは、了解を志向する「発話内行為」において、どうしても認めねばならない「反事実的な想定」もしくは「理想化的前提」である合理的な内部構造を再構成する。この反事実的な想定は、ミードが社会進化という合理化過程の核心に見出した「理想的なコミュニケーション的共同体」というユートピア的契機を形式語用論的に展開したものである（Habermas 1981 [2] 141-7=1986: 324-30）。

（147）「相互主観性（Intersubjektivität）」の概念は、フッサールの現象学に由来するものであるが、この概念についてフッサールとハーバマスの間には決定的な差異が存在する。フッサールの「間主観性（Intersubjektivität）」は、モナド的意識における還元の手続きによって抽出された超越論的自我の志向的意識の作用によって構成された自我意識の変容体である「他我」との間に成立する「われわれ」という信憑にすぎない（Husserl 1992: 91-155=2001: 161-269）。

モノローグ的な意識哲学の理論モデルに依拠したフッサールの「間主観性」の概念は、他者性を欠いたものになっているため、ハーバマスにとって社会理論の基礎たりえない。その概念は、前出した他者性を欠いた意識哲学モデルの枠組みを超えでるものではない（Habermas 1984: 35-59=1990: 42-81）。

（148）この基礎づけは、ジョージ・ハーバート・ミードの行為論によって先鞭をつけられた「理想的なコミュニケーション的共同体」というユートピア的契機を、形式語用論的に基礎づけるものでもある（Habermas 1981 [2]: 9=1986: 182）。

（149）この試みは、ホルクハイマー、アドルノ、ベンヤミン等が希望を託した「ミメーシス（Mimesis）」衝動が希求する「支配なき宥和」の契機を、芸術や宗教の領域ではなく、言語をメディアにしたコミュニケーションの領域に確保しようとしたものでもある（Habermas 1981 [1]: 522-3=1986: 159-60）。

（150）ハーバマスは、批判の対象とする意識哲学モデルを基礎にして理論活動を行っていた。その意識哲学モデルとは、「主観－客観」図式を基礎にした労働・生産パラダイムに依拠したものである。そのモデルは、ヘーゲルの「絶対精神」、マルクスの「類的本質」、ルカーチの「プロレタリアートの階級意識」等のマクロ的主体が、支配や操作の対象として客体に働きかけ、「単線的・必然的・間断なき・上昇発展」として自己展開するというものであった（Habermas 1976: 152-7=2000: 178-83）。

その意識哲学モデルから離脱するため、ハーバマスは、「労働と相互行為」という論文の中で、初期ヘーゲルの「イエナ精神哲学」を解釈し、合理化のプロセスが、単一の過程ではなく、「労働」と「相互行為」の二つの領域で行われる二重の過程であると捉えた（Habermas 1969: 9-47=2000: 9-51）。

それは、労働過程の合理化による「飢餓と労苦」からの解放と、相互行為過程の合理化による「隷属と屈従」からの解放を分けて考えるということであった。この「二重の合理化論」は、古典的なマルクス主義者達の唱える社会主義革命によって、階級闘争を終焉させれば、「飢餓と労苦」から解放されたとしても、必ずしも「隷属と屈従」からの解放が達成されるわけではないということを指し示している。

そのことは、既にヴェーバーが理論的に指摘していたことでもあるが、実際にソヴィエトを中心とした社会主義国家が、巨大な官僚制を成立させ、官僚による支配体制を確立し、それを実証したことからも明らかである。ハーバマスは、「隷属と屈従」からの解放が、階級闘争とは別のルートで果たされると考えた。その後のハーバマスの理論的な歩みは、「相互行為」の領域を中心に展開されてゆくことになる。

(151) ハーバマスは、意識哲学モデルとして一括したルカーチやアドルノなどの西欧マルクス主義の伝統から逃れでようとした。その結果、ハーバマスは、コミュニケーション的行為によって再生産される生活世界の領域における合理化過程を基礎づけることに躍起になる。その基礎づけの過程でハーバマスは、パーソンズのシステム論を導入することで、目的合理的行為によって再生産される自律的な論理を持ったサブシステムを独自の論理をもった行為領域とする。そのため、システムの論理は、了解志向的な生活世界から切断してしまう。この切断の後に二つの領域を再び結合することによって、「システムによる生活世界の植民地化」のテーゼが成立する。

(152) ハーバマスの『コミュニケーション的行為の理論』における「記号(Symbol)」概念は、ジョージ・ハーバート・ミードのシンボリック相互作用論に依拠している。ミードは、人間を「シンボル動物」として捉え、あらゆる人間のコミュニケーションが、自己と他者に共通の意味を伝えることを可能にする「意味あるシンボル(significant symbol)」に媒介されていると考える。ミードは、社会規範や自我もシンボルに媒介されており、人々の解釈によって修正・変更可能なものとして捉えている(船津二〇〇〇)。

(153) 橋本直人も指摘するように、ハーバマスの理論は、その核心で、言語に内在する理性に対する「信頼」によって支えられている。しかし、橋本は、ポスト構造主義の理論や現代芸術における「言語に内在する理性に対する懐疑」を対置し、この「信頼」と「懐疑」の間で議論が決着していないと述べている(橋本一九九五:一一四-五)。

(154) パーソンズにとって貨幣は、功利主義的個人による相互期待を制度化するものである。すなわち、貨幣に媒介された市場は、稀少な資源の合理的な処分を可能にする。また貨幣は、労働に対する報酬となることで金銭的成功の基準となり、合理的目的達成のシンボルとなる(Persons 1956)。

ハーバマスは、このような貨幣観を有するパーソンズの社会システム論を自らのコミュニケーション論に取り入れ、社会理論のコミュニケーション論的転回を断行する(Habermas 1981 [2]: 295-444=1987: 130-275)。その転回の作業は、機能主義的・道具的理性が支配するシステム論領域から、「解放の潜在力」を秘めた生活世界を救出するという理論的作業であるといってよい。

ハーバマスは、システムの領域を、貨幣と権力という「制御メディア（Steuerungsmedium）」を媒介した「戦略的－成果的志向的」な目的合理的行為によって営まれ、物質的再生産を領域に還元することで、「了解志向的」なコミュニケーション行為によって再生産される生活世界の領域を純化したかたちで取り出すことになる（Habermas 1981 [2]: 351-84=1987: 218-58）。このシステム論の導入による「生活世界の純化」という手続きによって、物質的再生産を司る道具主義的・機能主義的理性の支配するシステムではなく、生活世界のみが「支配と隷属」からの解放への潜勢力を秘めた相互主観的なコミュニケーション的理性の契機を孕むものとして純化したかたちで取り出すことが可能となる。

ハーバマスは、システム論を導入することでコントロール・メディアの作用を生活世界から分離するとともに、生活世界をシステム論の枠組みから救済することによって了解過程からシステムの作用を切り離す。

この生活世界とシステムの切断という手続きは、単なる労働力と労働所得の関係、財・サーヴィスと需要の関係という交換関係として再結合され、「システムによる生活世界の植民地化」という侵害をもたらすとされる。だが、システムと生活世界の影響関係は、この「切断」という手続きを経たものであるがゆえに、限定的なものにとどまっている（Habermas 1981 [2]: 471-7=1987: 308-13）。

ハーバマスの「コミュニケーション論」は、生活世界の合理化を論じる上でデュルケムに依拠し、システムの論理についての叙述をパーソンズのシステム論に委ねてしまったがゆえに、両者の理論的欠点をそのまま抱え込むことになってしまった。その最大の欠点は「貨幣の働き」を看過したことにある。

ハーバマスの貨幣論の貧困は、あらかじめ言語メディアのコミュニケーション的な使用を特権化したことと、自身のコミュニケーション論に整合的なデュルケムやパーソンズの理論に依拠して「コミュニケーション論的転回」を断行してしまったことの帰結である。

(155) ハーバマスは、近代的理性や主体化の論理を交換や貨幣メディアの使用と結び付けたゾーン＝レーテルやアドルノの交換理論というフランクフルト学派の知的遺産を軽視し、その文化的伝統を継承することなく黙殺した。それに加えて、ハーバマスは、「コミュニケーション論的転回」において、デュルケムやパーソンズに依拠することで、彼らによるジンメルの黙殺を、その叙述において反復してしまう。

また、ナイジェル・ドッドが指摘するように、パーソンズとハーバマスは、貨幣メディアを、もっぱら「効用のメディア」として捉えてしまっているためその貨幣論がきわめて貧困なものになっている（Dodd 1994: 59-81）。パーソンズのジンメル黙殺については、油井と高木に詳しいので参照されたい（油井一九九九：一－二三；高木二〇〇〇：三〇－五五）。

ハーバマスは、基本的志向において予めコミュニケーション行為を特権視する傾向にあるため、ボルツが指摘するように「メディア」こそが、コミュニケーション論の「目配りの届かぬ盲点」を作り出している（Bolz 1993: 79=1999: 80）。言語メディア以外の他のメディアの作用やその二次的な効果についての分析、特に貨幣というメディアについての分析が貧弱であることが、コミュニケーション論のアキレス腱になっている。この言語メディアの特権化によって生じたコミュニケーション論の盲点にジンメルやゾーン＝レーテルの社会的交換理論が取り扱ったメディア論的な知的領野が広がっている。

(156) ルーマンは、「機械的連帯」から「有機的連帯」への移行を論じるに当たって、デュルケムが硬直した規範的結合を解体する貨幣の果たした役割を過小評価したことに驚いている（三上 二〇〇三：一五八‐九）。この驚きは、近代化の解放的な過程に関して、もっぱら言語メディアのコミュニケーション的使用にのみ言及し、「貨幣の働き」が及ぼした肯定的契機に触れることのないハーバマスにも妥当すると言わねばならない。ルーマンの指摘した、デュルケムの分業論における貨幣の「構造的効果」（道徳をニュートラル化する効果）の看過という理論的欠陥が、そのままデュルケムの分業論における「社会統合論」を基礎にしたハーバマスの生活世界の合理化論における欠陥につながっている。

(157) この点に関しては、廳茂の論考を参照されたい（一九九五：二七九‐三二三）。

(158) 貨幣の「支払」と「時間」との関係については、春日淳一（二〇〇三：五三‐六一）を参照されたい。

(159) 貨幣のあからさまな効果を見落としたのは、ボルツの声を借りるなら、言語以外のメディア、特に貨幣と権力の働きを予め「悪」と見なすとともに、「理性のコミュニケーションを特権化」していたからだといえよう（Bolz 1993: 59-79=1999: 59-80）。

(160) 正義の理念の象徴は、ギリシア神話において天秤と剣を携えた「ディケー」という目隠しをした女神として現れている。英雄時代の恥の女神や咎めの女神の退出の後、「鉄の時代」の人間達を導く、新たな女神がディケーであった。ディケーは、横暴な力の行使の前ではまったく無力な弱々しい女神であり、よこしまな人間が行使する物理的力とは異質な力をもつが最終的には横暴の上に立つと考えられた（久保 一九七八）。この女神は、現代においても法と正義の象徴として、しばしば扱われている。

(161) ケインズは、経済発展に伴う慢性的な有効需要の不足を、累進課税による所得再配分政策によって、総消費性向を高め、慢性不況を克服し失業を緩和することを主張し、経済政策の理論的基礎付けを行った。また社会政策論については、階級強調路線と階級廃止を目的とするもので大きく異なってくる。これらの経済政策論と社会政策論との関わりについては、田村正勝（一九九〇：四六‐五二）を参照されたい。

(162) この点については、富永健一（二〇〇一）を参照されたい。

(163) このようなポスト・フォーディズム的編成は、日本にも波及した。たとえば日経連の一九九五年の報告書『新時代の「日本的経営」――挑戦すべき方向とその具体策』で提示された三つの雇用形態、A「長期貯蓄能力活用型グループ」、B「雇用柔軟型グループ」、C「雇用柔軟型グループ」は、人件費の抑制と雇用の流動化の引き下げを提案するものであった。この雇用戦略に応えるべく労働者派遣法が一九九六年と一九九九年に改正され、派遣許可業務は、特定業種を除き自由化され、格差社会を拡大せしめた（森岡二〇〇九：八三―九〇）。

（164）たとえばGoogleのオフィスを見ればわかるが、権力の支配する可視化したフーコー的パノプティコンではなく、様々な未開社会や古い呪物に囲まれたフロイトの研究室のように、構想を刺激する奔放な構想力の戯れさえをも徴用する空間へと転じる（NHK取材班 二〇〇七）。

（165）人的資本論において、投資した両親に対する報酬は、世話が実際に成功したことによって満足を得るという心的所得になるという（Foucault 2004=2008: 300）。それまで、営々と互酬関係によって維持されてきた家庭という領域は、新自由主義的な観点からみれば、心的所得として扱われることになる。この心的所得を可能にする活動こそが、イリイチが指摘した賃金の支払われない不払い労働の領域である「シャドウ・ワーク」「シャドウ・エコノミー」の領域にほかなるまい（Illich 1981）。それらの領域は、イリイチが指摘したように、もともと市場経済とは異質な互酬的関係によって維持されていた人間活動の領域である。経済学という理念の衣の背後に隠蔽された互酬関係が存在しない限り、人的資本は成立し得ないといえよう。

（166）ジョック・ヤングの指摘するように後期近代における犯罪行為の多くは、人々を労働力市場から排除しつつ、消費者として人々を煽り立てる美的な商品の攻撃を推し進めるポスト・フォーディズムという資本蓄積体制に一つの原因を求めることができる（Yong 1999=2007: 35）。

（167）発達した通信技術のおかげで、アメリカのコールセンターの雇用や会計業務や税務処理の多くは、アウトソーソーシング化されインドへと移行しつつある。たとえばトーマス・フリードマンの訪れたインドのシリコンバレーと呼ばれるバンガロールのインフォシス・テクノロジーのオフィスは、もはやインドかアメリカか区別をつけがたい有様になっていた。あるいは日本のコールセンターをはじめとした様々な仕事が中国の大連などへとアウトソーシングされつつある（Friedman 2007）。

（168）この点については、吉田傑俊の論稿（一九九五：一九五―二二〇）を参照されたい。吉田は、ハーバマスの思想地平が、後期資本主義社会における相互行為の回復を媒介にした「市民的公共性」の再興にあると見ている。

（169）一九九九年のシアトルや二〇〇一年のジェノバを契機とした大規模な国際的デモの頻発、ダボス会議に対抗して開催される世界社会フォーラム、あるいは金融取引に対して課税を行おうとするトービン税の導入を主張する市民運動、あるいは国際NGOや国際ボランティアの活動には枚挙に暇もない。

（170）ハーバマスのコミュニケーション論的転回という目論見は、すでにホルクハイマーの『理性の腐蝕』の末尾で「ミメーシスを反映した言語メディア」の必要性を訴えかけた際に、すでに予告されていたともいえる（Horkheimer 1947）。

（171）バールーフ・デ・スピノザもまた、ミメーシスに、社会性の基盤となる能力を見出していた（1677=1969: 184-262）。スピノザによれば、個々の人間は、自らの具体的な力能を増大することに「喜び」の感情を覚え、その力能を維持・拡大する欲望を抱く。人々は、その欲望に促され、自らの力能を維持・発達させるべく他者と結合し、様々な諸制度や国家を構築することになる。

　スピノザは、他者との結合に入る際、人々は、「感情の模倣の能力」を基礎にして交流することを指摘している。人々は、自らと類似するものの感情に触発され、その感情を模倣し、憐れみの感情や喜びの感情を覚える。人々は、憐れみの感情によって、他者の悲しみを自らの悲しみとし、他者の喜びを自らの喜びとする。このような感情の模倣を基盤にすることによって、人々は、互いの「喜び」を集団的に確保しうる互恵的な共同性を築きあげてゆく。このような個々の人間の「喜び」の感情を基礎にした共同性の構築に、スピノザの哲学の核心を見出したものとして、浅野（二〇〇六）を参照されたい。

(172) ジャック・デリダによれば、アリストテレスとカントは、ミメーシスを人間の本来性＝固有性として捉えていた（Derrida 1975）。アリストテレスは、『詩学』において「再現（模倣）することは、子供のころから人間にそなわった自然な傾向である。しかも人間は、もっとも再現を好み再現によって最初に学ぶという点で、他の動物と異なる」と述べ、次に「再現されたものをよろこぶことも人間の自然な傾向である」ことを記している。アリストテレスは、ミメーシスという能力に認識と快の共通の源泉を見出している（Aristotle 1997: 27-8）。また、カントにおいて、ミメーシスは、構想力の二つの働きである「再生的構想力」と「生産的構想力」の双方に介入している。天才は贈与する審級であり、その能力は、自然の「賜物＝贈与」であることをデリダは指摘している。天才は、能産的自然であるピュシスを模倣し、詩を頂点とする芸術に概念によらない新たな規則を与える。

(173) 反省の能力は、構想力を「健全な悟性（共通感覚）」へと適合させる、趣味判断という能力に関わる（Arendt 1982）。趣味判断は、構想力の表象＝再現前化作用によって、感性的な外的知覚から離れ、共通感覚を媒介にした表象＝再現作用において反省的となり、内的感覚において快を与えるものを美と判断する。趣味判断は、奔放な生産的構想力によって形成される芸術作品に対して、それが美的であるか否か、快か不快かということを、観察者＝観客という批評的な立場から不偏的＝非党派的に判断する。
　この趣味判断の能力は、芸術作品の制作者や演技の行為者の内にも含まれており、自らの制作物に関して批評的に関わらせる。天才と趣味判断を比較したカントは、より普遍的な趣味判断を上位に置いた。

　ハンナ・アーレントは、判断力を、共通感覚を基礎にした、正と不正を判別する政治的判断力へと読み替える。カントとアーレントは、狂気の本質を注視者としての判断を可能にする共通感覚の喪失に見ている。それは、反省を経ない私的感覚もまた狂気につながっているということを意味する。共通感覚を媒介にしない無反省なミメーシスは、狂気と破壊へと直結していることになる。だが、共通感覚は、言葉に依拠するものであるがゆえに、ミメーシスという概念以前の認識作用に対して対抗的に対峙することになる。ゆえに、ミメーシスを概念へともたらすのはアドルノが指摘するように困難なかつ矛盾した作業となる。

(174) ヴェロニカ・シュレールによれば、ミメーシス概念は、近代的理性と近代的自我を、他者への模倣を媒介にすることによって脱構築する。それは、主体の形成過程が、男性的な記号システムの手前に留まり、他者に対して開かれた多様な自己形成の在り方を指し示している（Schlör 1998）。
（175）ラジオ・テレビ・衛星放送などの電子メディアに媒介されることによって、様々な国際紛争の増大や環境汚染の問題等が容易かつ瞬時に知れ渡るようになった。これらのメディアは、マクルーハンのいうように人間の神経系の拡張であり、人々の意識を拡大させるものである（McLuhan 1964）。ただし、アドルノが指摘していたように、多くの場合マス・メディアは、産業によって買い取られ、放送局の手によって編集されるイメージの奔流によって、人々の構想力へと注ぎこまれる。このようにマス・メディアは、大衆操作のメディアとして機能する傾向にあった（Horkheimer und Adorno 1947=1990: 191-202）。たとえばナチスは、拡張したメディアを利用して人々をミメーシス的に感染させ、ファシズムへと人々を合流させた。拡大した意識は、反省を経ることがなければ、巨大な破壊をもたらす危険性が高い。
　近年のインターネット等の双方向的なメディアは、一方向的な神経系の流れを双方向的かつ多源的なコミュニケーションへと置き換えることで人々の意識を別のかたちで拡張しつつある。インターネットという双方向的かつ多源的なメディアは、拡大したミメーシスに反省の次元を加える可能性が高いと考えられる。我々は、既に貨幣を媒介することによって、グローバルな規模で他者の労働とその対象である自然へとつながっている。いわば、現代の資本に媒介された人々は、個体的な肉体的身体を超えた、世界大に拡張した身体を有している。この世界大に拡張した身体に見合った意識形成が遅れてきたが、インターネットに代表される双方向的メディアは、その身体に見合った意識を可能にするポテンシャルを持つと考えられる。
（176）受苦的なものに依拠した連帯の在り方は、リチャード・ローティによっても提唱されている。ローティは、なんらかの同一性や共有から発する「われわれ」という観念から発する連帯や、カントの理性に依拠した道徳的義務から発する連帯でもなく、他者に対する身体的・心的苦痛や辱めを察知する感性を疑い、絶えずその感性を細分化し研ぎ澄まし、連帯の環を押し広げてゆくことを主張している（Rorty 1989=2000: 395-415）。
（177）ミメーシスは、レヴィ＝ストロースが狂牛病問題に際して指摘していた人間中心主義に潜む野蛮をも告発しうる可能性を有している。レヴィ＝ストロースは、人間と動物を明確に区別し、動物を食糧生産装置にまで貶めてしまった野蛮、そして人口増大が家畜を人間の生存競争の恐れるべき競合者となることを指摘している。肉食が生命あるものが生命あるものを食す、一種のカニバリズムであることを想起すべきであることを、レヴィ＝ストロースは述べている（Lévi-Strauss 2001）。
（178）公共圏へと声を上げるものは、多くの場合、受苦者であり、そこで明らかになるのは受苦的な経験である。その声に応答する諸主体によってコミュニケーションの流れが生成し、公共圏を駆け巡る。このような発話の流れは、広義の交換形式から見た場合、実のところ贈与であるといってよい。この点に関しては、デリダの『他者の言語』の第二章「時間――を与える」を参照されたい。デリダは、体系として制度化されたラングに還元し得ない、言葉、あるいはテクストに贈与の次元を見出している（Derrida 1989）。

(179) 地域間の国際的な互酬的なコミュニケーションは、貧困に喘ぐ産地と生産者の自律を助けようとする地域間のフェアトレードや、多国籍企業の監視、自然環境破壊に対する防止なども ある。こうしたヴァナキュラーかつユニバーサルなコミュニケーションの流れが重要性を持つ必然性がある。それは、地域コミュニティの持続可能性を損ないかねない不当な資本の運動を制御するためにも情報をオープンにして地域間の国際交流を図りユニバーサルな連帯の環を広げていく必要がある。富永が指摘するように、社会は、自動機械ではなく、人々の主体的な行動に委ねられている(富永 一九六五)。社会化のプロセスは、このような新たな集合的行為によって不断に変動してゆくのである。

(180) 犠牲のシステムについては、藤本一勇の論考を参考にされたい(藤本 二〇〇七)。藤本によれば、フランスの戦後思想の主要な三つの潮流となった「実存主義、構造主義、ポスト構造主義」に共通するモチーフが存在する。それは、第二次世界大戦という戦禍をもたらした「国民国家」と「資本主義」を犠牲のシステムとして批判的に解明することにあった。実存主義者は、近代的主体の合理性や意識主義を批判し、構造主義者は、構造による主体の規定性を強調した。そして、ポスト構造主義者たちは、システムに抵抗する主体の自由や単独性を強調することになった。藤本が指摘するようにポスト構造主義の諸思想は、相対主義を超えた、積極的かつ理念的な主張を持っている。

(181) 柄谷行人は、『世界史の構造』の中で、マルクスやヘスを基礎にして、社会構成体の歴史を「交換様式」という観点から包括的に把握する試みをなしている(柄谷 2010)。本書の試みもまた、ジンメルの社会学を基礎にして、「社会的交換形式」という観点から、社会構成体の在り方と主体化の様相を論じるものであった。本書と『世界史の構造』の違いについて少しばかり触れてみたい。

本書の試みは、柄谷が焦点を合わせた社会的交換様式による「歴史の推移」ではなく、「層状に折り重なって機能する社会的交換形式の在り方」と「社会的交換形式による主体化の様相」を論じるものであった。特に「社会的交換形式」と「主体化の様相」を結び付けて論じる点に本書の特徴があるといえよう。

また『世界史の構造』における交換様式の区分と本書の交換形式の区分は、多少異なっている。柄谷は、社会的交換様式のタイプを「互酬(交換様式A)」「略奪と再配分(交換様式B)」「商品交換(交換様式C)」「X(交換様式D)」に区分する。本書は、社会的交換形式としての「贈与(互酬)」「再配分」「等価交換」「資本制交換」に区分した。

本書の特徴は、柄谷のいう「商品交換」を、貨幣に媒介された「等価交換」と資本投資によって得られる利潤を最大化しようとする「資本制交換」に分離したことにある。本文でも論じたが、ジンメルやレヴィナスが指摘するように、貨幣は実のところ「正義のメディア」である。貨幣を媒介にした「等価交換」は、互酬システムにおける従属から人びとを解放し、人びとを自由な主体へと形成した。だが貨幣というメディアは、貨幣利得を目的とする「資本制交換」を同時に成立せしめるものでもある。

柄谷の「商品交換(交換様式C)」という区分は、ポランニーの「交換」と同様に、貨幣利得を目的とする資本制交換の働きを問題視するあまり、貨幣がもつ「正義のメディア」として側面を見落としかねない。たとえ資本主義社会の持続可能性が困難になろうとも、互酬システムにおける「共同善」を越えた、貨幣がもたらした「正義」を否定することはできない。

また柄谷は、「交換様式D」を互酬的原理の高次の回復として論じている（柄谷二〇一〇：四五八－六五）。この交換様式Dは、たんなる互酬のグローバルな次元での回復だけではなく、自然による純粋贈与を射程にいれたものであろう。エコロジー的危機とそれにともなう諸国家間の闘争が生じつつある現代において、この交換様式Dの指摘と解明は重要である。

本書は、交換形式と主体化との関わりを論じた際に、贈与の精神を担うミメーシス的主体を見出した。柄谷のいう交換様式Dの回帰を、カント的な統制的理念として見るだけでなく、「略奪と再配分（交換様式B）」や「商品交換（交換様式C）」によって抑圧されたミメーシス的能力の発現であると捉えることができる。

交換様式Dと同様、このミメーシス的能力もまた、現代においてグローバルかつヴァナキュラーなかたちで劇的に回復しつつある。インターネットなどに代表される電子メディアによる多元的かつ双方向的なコミュニケーションと諸知覚の回復は、人びとのミメーシス的能力を活性化させている。

摸倣の能力であるミメーシスは他者へと一体化しようとする受動性を基礎とする。だが概念に媒介され反省的となった能動的ミメーシスは、決して他者と同一化することはない。概念に媒介された反省的ミメーシスと対象との間には、必ず「間（interval）」が生じる（McLuhan and Powers, 1989: 3-12 ＝2003: 19-36）。これによってミメーシス的能力は、計算可能な知である法的制度を、他者の計算不可能で例外的な特異性に媒介された正義へと結び付けると考えられる。貨幣の担う冷徹な「正義」を矯正するであろう法権利を超過した正義と結び付いたミメーシス的能力は、柄谷のいうところの交換様式Dと、贈与の力に支えられた普遍的な「法の支配」を担うことになろう。

最後に、「再配分」に「略奪」を加えて論じる柄谷の論述は、まことに啓発的であった。本書では「再配分」を「略奪」の問題として詳細に論じることができなかった。この「略奪と再配分」に結び付いた国家の問題についての究明は、今後の課題とさせていただきたい。

あとがき

本書は、二〇一〇年に早稲田大学大学院で学位を取得した博士論文を加筆修正したものである。そもそも本書は、ゲオルク・ジンメルの社会学と社会哲学との出会いがなければ書かれることはなかった。ジンメルとの出会いは、大学院の修士の頃に恩師の田村正勝先生に「ジンメルを読んでみてはどうか」とのアドバイスを頂戴したことを契機にしている。これがジンメルとの長いつきあいのはじまりであった。

難物であったジンメルの学問論についての修士論文をなんとか書き終え、今後の研究をどのように進めていこうか思案していた。しばらくジンメルから離れて、その頃興味のあった環境社会学や環境倫理学について学ぼうかと考えていた。そのやさきに仲正昌樹先生の『貨幣空間』という書物に出会った。

仲正先生が描き出す、ゲーテ、マルクス、アドルノ、そしてゾーン＝レーテルの貨幣論に私は魅入られた。それと同時に、研究対象としてしばし離れようともっていたジンメルが、それまでとは別の輝きをもった思想家として現われてきた。それは、『貨幣の哲学』という書物を書いた、貨幣論の先駆者としての相貌をもってである。

まさに貨幣論において、ジンメルは、ゲーテやマルクスの後継者であり、アドルノやベンヤミンの先駆者であった。わたしは『貨幣空間』という書物との出会いによって、フランクフルト学派の面々が、ジンメルの思想的な遺産相続者であることを強烈に自覚したのである。これによって、私の研究の軌道は、ジンメルの貨幣論と社会的交換理論に力強く引き戻されたのである。

その当時、すでに中沢新一先生が『純粋な自然の贈与』という本を出版されていた。それと共鳴するかのように、日本における現代思想の牽引者である今村仁司先生、柄谷行人先生たちが、そろって贈与論や互酬への考察を深めていった。今思えば、贈与論の復活は、バブル経済崩壊以降の日本社会の疲弊と、新自由主義に牽引されたグローバル資本主義経済の転換と連動したものであり、事柄としての必然性があった。

ちまたでは、モースやレヴィ＝ストロースへの関心が高まった。他方で、ジンメルに対する研究は、研究会や学会のレベルで粘り強くおこなわれていた。その中心となったのはジンメル研究会のメンバーのご努力であった。私は、廳茂先生をはじめとするジンメル研究会の諸先生方の仕事に強い影響を受けることになった。だが、ジンメルに対する一般的な関心は、菅野仁先生の『ジンメル・つながりの哲学』という例外を除き、研究会や学会の外へと大きく広がることはなかったように思われる。

そして、柄谷行人先生が『トランスクリティーク』から現在の『世界史の構造』へといたる仕事を開始され、中沢新一先生も『カイエ・ソバージュ』の一連の仕事を上梓しはじめた。だが、今村仁司先生の『貨幣とは何だろうか』という例外はあったが、ジンメルに対する目配りは、あまりなされなかった。

もち金はわずかばかりであるが、ジンメルの遺産相続者の末端に連なるものとして、私なりにこの重要な思想の流れに呼応する仕事ができると思いたち、コツコツと大学の紀要や学会誌で書き続けてきた。本書の原型となる構想について経済社会学会で報告した際に、たまたま聞いてくださった富永健一先生に過分の評価を頂戴し、この研究の方向で間違いはないと一人合点した。社会的交換理論の第一人者でもある富永先生に、早く代表作を書きなさいと激励された日のことが今でもまざまざと思い出される。

また研究の過程で、仲正先生が編集されている『叢書アレテイア』に何度か書かせていただく幸運を得た。この幸運は、当時の大学院生仲間であり、現在、作品社の編集者となってご活躍されている福田隆雄氏のお陰である。偶然、福田氏と高田馬場でご一緒した際に、仲正先生のアソシエ21講座に参加しませんかと御声をかけていただかなければ、私の研究者としての人生は恐らく全く違ったものになっていた。お陰で、尊敬する仲正先生のご面識を得ることができ、ご縁を深めることができた。その後、仲正先生には、たびたびお仕事の声をかけていただき、いまも研究会を含め大変御世話になっている。

仲正先生だけでなく、旧アソシエ21の講座で、多大な影響を受けることになる諸先生方と出会うことになった。吉本隆明講座で、高橋順一先生のご面識を得ることができた。その後、高橋先生には、財団法人ハイライフ研究所に委託されたホスピタリティ研究に御声をかけて下さり、副主任研究員として共同研究をさせていただいた。高橋先生とのお仕事は、本書を書く上で、私の背中を押すものとなった。研究をご一緒させていただいて、今村仁司先生とも懇意でいらっしゃった高橋先生の贈与論・貨幣論・資本論は、私の研究のはるか先を行くとともに大きな深度を持っていることがわかった。高橋先生からは、いまもなお多くの刺激を頂戴している。

そして、子安宣邦先生との出会いは、私にとって大きな財産となった。子安先生とはアソシエ21の日本思想史講座を皮切りに、昭和イデオロギー研究会、思想史講座で、ご指導を仰ぐ関係となった。子安先生との出会いによって、私の中で、哲学や思想に対する私の見方が大きく変化していった。本書でも、子安先生の『鬼神論』における荻生徂徠の祭祀論についての考察は、本書の要となった。子安先生からは、日本語で思考することの思想的な重さ、「日本人とは・国家とは何か」という問いの重要性を教えていただいた。本書では、子安先生から学んでいる思想史の方法をほとんど生かすことはできなかった。今後の仕事で、先生から学ばせていただいている思想史の方法を私なりに継承していきたいと考えている。

私にとって重要な出会いの場となった旧アソシエ21を支え、現在も変革のアソシエで講座を取り仕切っておられる御茶の水書房の橋本盛作社長の編集によって、本書が出版されることを大変嬉しく思う。そもそも橋本社長がおられなければ、私は尊敬する多くの先生方と、あのようなかたちで出会うことはなかったし、この著作が構想されることもなかった。

故難波田春夫先生や田村正勝先生をはじめとする諸先生方や、旧アソシエ21と変革のアソシエを支えてくださった橋本社長をはじめとする諸先輩方の巨大な贈与に対するご返礼として、私はこの一冊を公共圏へと投げ入れる。だが、もちろんその巨大な負債に見合うものになろうはずもない。巨大な思想的な負債は、今後の研究生活をもってお返しさせていただきたい。

また早稲田大学大学院社会科学研究科の田村ゼミの諸先輩や後輩たち、そして友人たちとの折々の会話や議論が本書のかけがえのない養分となった。皆さんありがとう。厭きずにこれからもお付き合い下さい。

最後に、この書物を世に出すことができたのは、ひとえに家族のおかげである。長きに渡る母の献身がなければ、この書物をかたちにすることはできなかった。そして叔母、祖母、姉の支えもまた同様である。彼女たちに心からの感謝の言葉を贈ります。

二〇一一年初秋

清家竜介

参考文献

阿部謹也、一九八九、『西洋中世の罪と罰――亡霊の社会史』弘文堂。

――、二〇〇八、『中世を旅する人々――ヨーロッパ庶民生活点描』筑摩書房。

Adorno, Theodor Wiesengrund, u.a, 1950, *The Authoritarian Personality*, New York. 田中義久ほか訳、一九八〇、『権威主義的パーソナリティ』青木書店。

Adorno,Theodor Wiesengrund, 1956, *Zur Metakritik der Erkenntnistheorie: Studien über Husserl und die phänomenologischen Antinomien*, Kohlhammer. 古賀徹・細見和之訳、一九九五、『認識論のメタクリティーク――フッサールと現象学的アンチノミーにかんする諸研究』法政大学出局。

――, [1966] 1973, "Negative Dialektik," *Gesammelte Schriften*, Bd.6, Suhrkamp, 7-412. 木田元ほか訳、一九九六、『否定弁証法』作品社。

――, 1969, *Stichworte: Kritische Modelle 2*, Suhrkamp. 大久保健治訳、一九七一、『批判的モデル集Ⅱ』法政大学出版局。

――, 1970, "Ästhetische Theorie," *Gesammelte Schriften*, Bd.7, Suhrkamp. 大久保健治訳、一九八五、『美の理論』河出書房新社。

――,1997, *Probleme der Moralphilosophie*, Suhrkamp. 船戸満之訳、二〇〇六、『道徳哲学講義』作品社。

赤坂憲雄、二〇〇二、『境界の発生』講談社。

――、二〇〇七、『象徴天皇という物語』筑摩書房。

Althusser, Louis, 1995, *Sur la reproduction*, Presses Universitaires de France. 西川長夫・伊吹浩一ほか訳、二〇〇五、『再生産について――イデオロギーと国家のイデオロギー諸装置』平凡社。

網野善彦、一九九六、『〔増補〕無縁・公界・楽――日本中世の自由と平和』平凡社。

Anderson, Benedict, 1983, *Imagined Communities: Reflections on the Origin and Spread of Nationalism*, Verso. 白石さや・白石隆訳、一九九七、『増補　想像の共同体――ナショナリズムの起源と流行』ＮＴＴ出版。

Arendt, Hannah, 1963, *On Revolution*, Viking Press. 志水速雄訳、一九九五、『革命について』筑摩書房。

――, 1982, *Lectures on Kant's Political Philosophy, edited and with an Interpretive Essay by Ronald Beiner*, The University of Chicago Press. 仲正昌樹訳、二〇〇九、『完訳　カント政治哲学講義録』明月堂書店。

Aristotle, 1961, 山本光雄訳、『政治学』岩波書店。

———, 1973, 高田三郎訳、『ニコマコス倫理学（上）』岩波書店。

———, 1997, 松本仁助・岡道男訳、「詩学」『アリストテレス　詩学・ホラーティウス　詩論』岩波書店、七－二二二。

浅野俊哉、二〇〇六、『スピノザ——共同性のポリティクス』洛北出版。

阿閉吉男、一九八五、『ジンメルの視点』勁草書房。

Barthes, Roland, 1967, *Système de la Mode*, Seuil.

Bataille, Georges, 1949, *La Part Maudite*, Minuit.　生田耕作訳、一九七三、『呪われた部分』二見書房。

———, 1954, *L' Expérience intérieure*, Gallimard.　出口裕弘訳、一九九八、『内的体験——無神学大全』平凡社。

———, 1957, *L' Érotisme*, Minuit.　酒井健訳、二〇〇四、『エロティシズム』筑摩書房。

———, 1973, *Théorie de la religion*, Gallimard.　湯浅博雄訳、一九八五、『宗教の理論』人文書院。

Baudrillard, Jean, 1970, *La Société de consommation: Ses mythes, ses structures*, Gallimard.

Bauman, Zygmunt, 2000, *Liquid Modernity*, Polity Press.　森田典正訳、二〇〇一、『リキッド・モダニティ——液状化する社会』大月書店。

Becker, Gary Stanley, 1975, *Human Capital: A Theoretical and Empirical Analysis, with Special Reference to Education*, 2nd ed., National Bureau of Economic Research.

Benjamin,Walter, ［1928］1963, *Ursprung des deutschen Trauerspiels*, Suhrkamp. 岡部仁訳、二〇〇一、『ドイツ悲哀劇の根源』講談社。

———, ［1933］1980, "Über das mimetische Vermögen," *Gesammelte Schriften*, Bd.II-1, Suhrkamp, 210-3.　内村博信訳、一九九六、「模倣の能力について」『ベンヤミン・コレクション2　エッセイの思想』筑摩書房、七八－八一。

———, 1974, "Das Kunstwerk im Zeitalter seiner technischen Reproduzierbarkeit," *Gesammelte Schriften*, Bd. I-2, Shurkamp. 高木久雄ほか訳、一九九九、『複製技術時代の芸術』晶文社。

———, 1982, *Das Passagen-Werk*, Herausgegeben von Rolf Tiedemann, Suhrkamp. 今村仁司ほか訳、二〇〇三、『パサージュ論』全五巻、岩波書店。

———, 2004, 三島憲一訳、「宗教としての資本主義」『現代思想　四月臨時増刊号　総特集＝マルクス』青土社、三二（五）、一七〇－五。

Benveniste, Émile, 1969, *Le vocabulaire des institutions indo-européennes, 1: Economie, parenté, société*, Minuit. 蔵持不三也ほか訳、一九八六、『インド＝ヨーロッパ諸制度語彙集Ⅰ　経済・親族・社会』言叢社。

Binswanger, Christoph Hans, 1985, *Geld und Magie: Deutung und Kritik der modernen Wirtschaft anhand von Goethes Faust*, Weitbrecht in K. Thienemanns Verlag.　清水健次訳、一九九二、『金と魔術——「ファウスト」と近代経済』法政大学出版局。

Blau, Peter, 1964, *Exchange and Power in Social Life*, John Wiley & Sons.

Bolz, Norbert und Willem van Reijen, 1991, *Walter Benjamin*, Campus Verlag. 岡部仁訳、二〇〇〇、『ベンヤミンの現在』法政大学出版局。

Bolz, Norbert, 1993, *Am Ende der Gutenberg-Galaxis: Die neuen Kommunikationsverhältnisse*, Wilhelm Fink. 識名章喜・足立典子訳、一九九九、『グーテンベルク銀河系の終焉——新しいコミュニケーションのすがた』法政大学出版局。

Braudel, Fernand, 1979, *Civilisation matérielle, économie et capitalisme, XVᵉ-XVIIIᵉ siècle, tome2: Les jeux de l'échange*, Armand Colin. 山本淳一、一九八六−八、『物質文明・経済・資本主義　一五−一八世紀　Ⅱ−2　交換のはたらき（1）（2）』みすず書房。

Bude, Heinz, 1988, "Auflösung des Sozialen?," *Soziale Welt*, (39) 1, 4-17.

Burggraeve, Roger eds., 1997, *Emmanuel Lévinas et la socialité de l'argent: Un philosophe en quête de la réalité journalière, La genèse de Socialité et argent ou l'ambiguïté de l'argent*, Peeters. 合田正人・三浦直希訳、二〇〇三、『貨幣の哲学』法政大学出版局。

聽茂、一九九五、『ジンメルにおける人間の科学』木鐸社。

Clasteres, Pierre, 1997, *Archéologie de la violence, La guerre dans les sociétés primitives*, Éditions de l'Aube. 毬藻充訳、二〇〇三、『暴力の考古学——未開社会における戦争』現代企画室。

Clifford, James, 1988, *The Predicament of Culture: Twentieth-Century Ethnography, Literature, and Art*, Harvard University Press. 太田好信ほか訳、二〇〇三、『文化の窮状——二十世紀の民族誌、文学、芸術』人文書院。

Colman, James Samuel, 1990, *Foundations of Social Theory*, Belknap Press.

Deleuze, Gilles et Félix Guattari, 1991, *Qu'est-ce que la philosophie ?*, Minuit. 財津理訳、一九九七、『哲学とは何か』河出書房新社。

Derrida, Jacques, 1975, *Economimesis, in Mimesis des articulations*, Aubier-Flammarion. 湯浅博雄・小森謙一郎訳、二〇〇六、『エコノミメーシス』未來社。

———, 1989. *Derrida au Japon*. 高橋允昭訳、一九八九、『他者の言語——デリダの日本講演』法政大学出版局。

———, 1993, *Spectres de Marx: L'État de la dette, le travail du deuil et la nouvelle Internationale*, Galilée. 増田一夫訳、二〇〇七、『マルクスの亡霊たち——負債状況＝国家、喪の作業、新しいインターナショナル』藤原書店。

Dodd, Nigel, 1994, *The Sociology of Money: Economics, Reason and Contemporary Society*, Blackwell.

Domenach, Jean-Marie eds., 1963, "*La Pensée Sauvage*" *et le Structuralisme*, Esprit. 伊藤守男・谷亀利一訳、二〇〇四、『構造主義とは何か——そのイデオロギー的方法』平凡社。

Durkeim, Émile, 1912, *De la division du travail social*, Paris. 田原音和訳、二〇〇五、『社会分業論（復刻版）』青木書店。

———, 1912, *Les Formes élèmentaires de la vie religieuse*, Paris. 古野清人訳、一九七五、『宗教生活の原初形態（上）（下）』岩波書店。

Eagleton, Terry, 1986, *Against the Grain: Essays 1975-1985*, Velso & New Left Books.

Eliade, Mircea, 1957, *Das Heilige und das Profane: Vom Wesen des Religiösen*, Rowohlt. 風間敏夫訳、一九六九、『聖と俗――宗教的なるものの本質について』法政大学出版局。
Finley, Moses I, 1970, "Aristotle and Economic Analysis," *Past & Present*, 47. 3-25.
――――, 1973, *The Ancient Economy*, Chatto and Windus.
Foucault, Michel, 1966, *Les Mots et les Choses*, Gallimard. 渡辺一民ほか訳、一九七四、『言葉と物』新潮社。
――――, 1994, *Dits et Écrits 1954-1988*, Édition établie sous la direction de Daniel Defert et Francois Ewald, Ed. Bibliotheque des sciences humaines, 4 volumes, Gallimard. 蓮實重彦・渡辺守章監修、一九九九、『ミシェル・フーコー思考集成Ⅲ 歴史学／系譜学／考古学』筑摩書房。
――――, 2006, 小倉孝誠訳、「医学の危機あるいは反医学の危機？」小林康夫・石田英敬・松浦寿輝編、『フーコー・コレクション4 権力・監禁』筑摩書房、二七〇－三〇〇。
――――, 2001, *L'Herméneutique du sujet: Cours au Collège de France 1981-1982*, Gallimard. 廣瀬浩司・原和之訳、二〇〇四、『主体の解釈学 コレージュ・ド・フランス講義 一九八一－八二年度』筑摩書房。
――――, 2004, *Naissance de la biopolitique: Cours au Collège de France 1978-1979*, Gallimard. 慎改康之訳、二〇〇八、『生政治の誕生 コレージュ・ド・フランス講義 一九七八－七九年度』筑摩書房。
Freud, Sigmund, 1920, *Jenseits des Lustprinzips*, Vienna.
Friedman, Thomas L, 2007, *The World Is Flat: A Brief History of the Twenty-first Century*, D&m Adult.
船津衛、二〇〇〇、『ジョージ・H・ミード――社会的自我論の展開』東信堂。
藤本一勇、二〇〇六、『批判感覚の再生――ポストモダン保守の呪縛に抗して』白澤社。
――――、二〇〇七、「ポスト構造主義の理念」仲正昌樹・清家竜介・藤本一勇・北田暁大・毛利嘉孝『現代思想入門――グローバル時代の「思想地図」はこうなっている！』ＰＨＰエディターズ・グループ、一〇六－一一九。
Gadamer, Hans-Georg, 1975, *Wahrheit und Methode, Grundzüge einer philosophischen Hermeneutik*. 4. Auflage, J.C.B. Mohr. 轡田収ほか訳、一九八六、『真理と方法Ⅰ――哲学的解釈学の要綱』法政大学出版局。
Godelier, Maurice, 1996, *L' énigme du don*, Fayard. 山内昶訳、二〇〇〇、『贈与の謎』法政大学出版局。
Goethe, Johann Wolfgang, 1969, *Faust*, Insel-Verlag.
Habermas, Jürgen, 1968, *Technik und Wissenschaft als Ideologie*, Suhrkamp. 長谷川宏訳、二〇〇〇、『イデオロギーとしての技術と科学』平凡社。

――――, 1976, *Zur Rekonstruktion des historischen Materialsumus*, Suhrkamp. 清水多吉監訳、二〇〇〇、『史的唯物論の再構成』法政大学出版局。

――――, 1981, *Theorie des kommunikativen Handelns*, Bd.1, Bd.2, Suhrkamp. 岩倉正博ほか訳、一九八六、『コミュニケイション的行為の理論（中）』未來社．丸山高司ほか訳、一九八七『コミュニケイション的行為の理論（下）』未來社。

――――, 1984, *Sprachtheoretische Grundlegung der Soziologie: Vorstudien und Ergänzungen zur Theorie des kommunikativen Handelns*, Suhrkamp. 森元孝・干川剛史訳、一九九〇、『意識論から言語論へ――社会学の言語論的基礎に関する講義（一九七〇／一九七一）』マルジュ社。

――――, 1985, *Der philosophische Diskrus der Moderne: Zwölf Vorlesungen*, Suhrkamp. 三島憲一ほか訳、一九八八、『近代の哲学的ディスクルス（1）』岩波書店。

――――, 1988, *Nachmetaphysisches Denken: Philosophische Aufsätze*, Suhrkamp. 藤澤賢一郎・忽那敬三訳、一九九〇、『ポスト形而上学の思想』未來社。

――――, 1990, *Strukturwandel der Öffentlichkeit: Untersuchungen zu einer Kategorie der bürgerlichen Gesellschaft*, Neuaufl, Suhrkamp. 細谷貞雄・山田正行訳、一九九四、『公共性の構造転換――市民社会の一カテゴリーについての探究（第二版）』未來社。

――――, 1996, *Die Einbeziehung des Anderen: Studien zur politischen Theorie*, Suhrkamp. 高野昌行訳、二〇〇四、『他者の受容――多文化社会の政治理論に関する研究』法政大学出版局。

――――, 1992, *Faktizität und Geltung: Beiträge zur Diskurstheorie des Rechts und des demokratischen Rechtsstaats*, Suhrkamp. 河上倫逸・耳野健二訳、二〇〇二、『事実性と妥当性――法と民主的法治国家の討議理論にかんする研究（上）』未來社。河上倫逸・耳野健二訳、二〇〇三、『事実性と妥当性――法と民主的法治国家の討議理論にかんする研究（下）』未來社。

――――, 2003, 木前利秋・三島憲一訳、「コミュニケーション的行為と理性の脱超越論化（上）」『思想』岩波書店、九五三、四－三三。

――――, 2004, *Der gespaltene Westen*, Suhrkamp. 大貫敦子ほか訳、二〇〇九、『引き裂かれた西洋』法政大学出版局。

浜日出夫、二〇〇八、「ジンメルの〈社会化＝個人化〉の社会学」『社会学史研究』三〇、五九－七二。

Harvey, David, 1989, *The Condition of Postmodernity: An Enquiry into the Origins of Cultural Change*, Blackwell.

――――, 2005, *A Brief History of Neoliberalism*, Oxford University Press.

橋本直人、一九九五、「生活世界と合理化――ハーバマスはウェーバーの悲観論を超えたか」『ハーバマスを読む』大月書店、八七－一一六。

Hayek, Friedrich August, 1989, *The Fatal Conceit: The Errors of Socialism*, The University of Chicago Press. 渡辺幹雄訳、二〇〇九、『致命的な思いあがり（ハイエク全集第二期第一巻）』春秋社。

Havelock, Eric A, 1963, *Preface to Plato*, Harvard University Perss. 村岡晋一訳、一九九七、『プラトン序説』新書館。
Hegel, Georg Wilhelm Friedrich, 1995, *Grundlinien der Philosophie des Rechts*, Meiner 藤野渉ほか訳、一九六九、「法の哲学」『世界の名著35 ヘーゲル』中央公論社、一四九－六〇四。
————, 長谷川宏訳、二〇〇〇、『法哲学講義』作品社。
Heidegger, Martin, [1927] 1991, *Sein und Zeit*, Max Niemeyer Verlag.
————, [1929] 1991, "Kant und das Problem der Metaphysik," *Heidegger Gesamtausgabe*, Bd.3, Frankfurt am Main. 門脇卓爾ほか訳、二〇〇三、『カントと形而上学の問題』ハイデガー全集3、創文社。
————, 1947, *Über den Humanismus*, Klostermann.
Heine, Heinrich, [1834] 1997, *Zur Geschichte der Religion und Philosophie in Deutschland*, Reclam. 伊東勉訳、一九七三、『ドイツ古典哲学の本質』岩波書店。
Hess, Moses, 1845, "Über das Geldwesen". 山中隆次・畑孝一訳、一九七〇、『初期社会主義論集』未來社。
Hobbes, Thomas, [1651] 1982, *Leviathan*, Penguin Classics. 水田洋訳、一九五四－八五、『リヴァイアサン（Ⅰ－Ⅳ）』岩波書店。
Hobsbawm, Eric, and Terence Ranger eds., 1983, *The Invention of Tradition*, the Press of the University of Cambridge. 前川啓治ほか訳、一九九二、『創られた伝統』紀伊國屋書店。
Homans, George, 1958, "Social Behavior as Exchange," *American Journal Sociology*, 63, 597-606.
Honneth, Axel, 1988, *Kritik der Macht: Reflexionsstufen einer kritischen Gesellschaftstheorie*, Suhrkamp.
————, 1992, *Kampf um Anerkennung: Zur moralischen Grammatik sozialer Konflikte*, Suhrkamp.
————, 2000, *Das Andere der Gerechtigkeit: Aufsätze zur praktischen Philosophie*, Suhrkamp.
————, 2003, 日暮雅夫訳「批判理論の承認論的転回――アクセル・ホネットへのインタヴュー」永井彰・日暮雅夫編著『批判的社会理論の現在』晃洋書房、一七七－二二一。
Hörish, Jöhen, 1992, *Brot und Wein: Die Poesie des Abendmahls*, Suhrkamp.
————, 1998, 仲正昌樹訳、「邪悪なる等価交換」『情況』第二期九（四）、七一－八七。
————, 1997, "Geld", Christoph Wulf hrsg, *Vom Menschen. Handbuch Historische Anthropologie*, Beltz Verlag. 小林万里子訳、二〇〇五、「貨幣」藤川信夫監訳『歴史的人間学時点』勉誠出版、四一二－四二四。
Horkheimer, Max, 1947, *Eclipse of Reason*, Oxford University Press.
————, [1937] 1976, "Traditionelle und kritische Theorie," *Die gesellschaftliche Funktion der Philosophie*, Suhrkamp, 145-200. 角忍・森田数実訳、

　一九九八、「伝統理論と批判理論」『批判理論の論理学——非完結的弁証法の探究』恒星社厚生閣、一六九-二二九。

Horkheimer, Max und Theodor Wiesengrund Adorno, 1947, *Dialektik der Aufklärung: Philosophische Fragmente*, Fischer. 徳永恂訳、一九九〇、『啓蒙の弁証法——哲学的断相』岩波書店。

Husserl, Edmund, 1954, "Die Krisis der europäischen Wissenschaften und die transzendentale Phänomenologie:Eine Einleitung in die phänomenologische Philosophie", *Husserliana*, Bd. 6, Haag, Martinus Nijhoff. 細谷恒夫・木田元訳、一九九五、『ヨーロッパ諸学の危機と超越論的現象学』中央公論社。

——, 1992, "Cartesianische Meditationen: Eine Einleitung in die Phänomenologie", *Edmund Husserl Gesammelte Schriften*, Bd.8, Felix Meiner. 浜渦辰二訳、二〇〇一、『デカルト的省察』岩波書店。

Illich, Ivan, 1981, *Shadow Work*, Marion Boyars. 玉野井芳郎・栗原彬訳、一九九八、『シャドウ・ワーク——生活のあり方を問う』岩波書店。

今村仁司、一九八九、『排除の構造——力の一般経済序説』青土社。

——、一九九五、『ベンヤミンの〈問い〉——「目覚め」の歴史哲学』講談社。

——、二〇〇七、『社会性の哲学』岩波書店。

石田英敬、一九九六、「メディオロジー的転回の条件」『現代思想』青土社、二四(四)、七六-八五。

——、二〇〇三、『記号の知/メディアの知——日常生活批判のためのレッスン』東京大学出版会。

岩井克人、一九九三、『貨幣論』筑摩書房。

Jakobson, Roman, 1976, *Six leçons sur le son et le sens*, Minuit. 花輪光訳、二〇〇八、『音と意味についての六章(新装版)』みすず書房。

Jameson, Fredric, 1988, "The Vanishing Mediator; or, Max Weber as Storyteller", *The Ideologies of Theory 2*, University of Minnesota Press, 3-34.

Jean, Georges, 1987, *L'écriture mémoire des hommes*, Gallimard. 高橋啓・矢島文夫訳、一九九〇、『文字の歴史』創元社。

Kant, Immanuel, [1784] 1999, *Was ist Aufklärung?*,Felix Meiner. 篠田英雄訳、一九七四、「啓蒙とは何か」『啓蒙とは何か——他四篇』岩波書店。

——, [1787] 1998, *Kritik der reinen Vernunft*, Felix Meiner. 篠田英雄訳、一九六二、『純粋理性批判』岩波書店。

——, [1788] 2003, *Kritik der reinen Vernunft*, Felix Meiner. 篠田英雄訳、一九六一-二、『純粋理性批判(上)(中)(下)』岩波書店。

Kantorowicz, Ernst, 1955, "Mysteries of State: An Absolutist Concept and its Late Medieval Origins," *The Harvard Theological Review*, 48, 65-91.

柄谷行人、二〇〇六、『世界共和国へ——資本=ネーション=国家を超えて』岩波書店。

——、二〇〇六-九、「『世界共和国へ』に関するノート」『季刊[あっと]ａｔ』太田出版、五号-一五号。

——、二〇一〇、『世界史の構造』岩波書店。

春日淳一、二〇〇三、『貨幣論のルーマン——〈社会の経済〉講義』勁草書房。

Keynes, John Maynard, 1936, *The General Theory of Employment Interest and Money*, Macmillan. 塩野谷祐一訳、一九九五、『雇用・利子および貨幣の一般理論』東洋経済新報社。

子安宣邦、二〇〇二、『新版　鬼神論――神と祭祀のディスクール』白澤社。

――――、二〇〇三、『日本近代思想批判――一国知の成立』岩波書店。

――――、二〇〇九、『平田篤胤の世界（新装版）』ぺりかん社。

久保正彰、一九七八、『ギリシア思想の素地――ヘシオドスと叙事詩』岩波書店。

Lacan, Jacques, 1966, *Écrits*, Seuil.

――――, 1973, *Le Séminaire XI, Les quatre concepts fondamentaux de la psychanalyse*, Seuil. 小出浩之ほか訳、二〇〇〇、『精神分析の四基本概念』岩波書店。

――――, 1981, *Le Séminaire III, Les psychoses*, Seuil. 小出浩之ほか訳、一九八七、『精神病（上）』岩波書店。

Lacoue-Labarthe, Philippe, 1986, *L' imitation des modernes: Typographies 2*, Galilée. 大西雅一郎訳、二〇〇三、『近代人の模倣』みすず書房。

――――, 2002, 浅利誠訳、「〈インタビュー〉一哲学者が語るヨーロッパ――ルター、ヘルダーリン、ハイデガー、そしてマルクス」『別冊　環⑤　ヨーロッパとは何か』藤原書店、四－四九。

Lash, Scott, 2002, *Critique of Information*, Sage Publication. 相田敏彦訳、二〇〇六、『情報批判論――情報社会における批判理論は可能か』NTT出版。

Le Goff, Jacques, 1981, *La naissance du Purgatoire*, Gallimard. 渡辺香根夫・内田洋訳、一九八八、『煉獄の誕生』法政大学出版局。

――――, 1986, *La bourse et la vie: Économie et religion au Moyen Age*, Hachette. 渡辺香根夫訳、一九八九、『中世の高利貸し――金も命も』法政大学出版局。

――――, 1988, *Storia e Memoria*, Gallimard. 立川孝一訳、一九九九、『歴史と記憶』法政大学出版局。

Lévinas, Emmanuel, 1954, "Le moi et la totalité", *Revue de Métaphysique et de Morale*, 59, octobre-dècembre, 353-373. 合田正人訳、一九九九、「自我と全体性」『レヴィナス・コレクション』筑摩書房、三八五－四三三。

Lévi-Strauss, Claude, ［1950］1980, "Introduction à l' œuvre de Marcel Mauss", *Sociologie et Anthropologie. 7éd*, Presses Universitaires de France, IX-LII. 有地亨ほか訳、一九七三、「マルセル・モース論文への序文」『社会学と人類学Ⅰ』弘文堂、一－四六。

――――, 1958, *Anthropologie Structurale*, Librairie Plon. 荒川幾男訳、一九七二、『構造人類学』みすず書房。

――――, 1962, *La Pensée Sauvage*, Librairie Plon. 大橋保夫訳、一九七六、『野性の思考』みすず書房。

――――, 1964, *Mythologiques 1: Le cru et le cuit*, Librairie Plon.

——, [1967] 2002, *Les Structures élémentaires de la parenté*, Mouton de Gruyter. 福井和美訳、二〇〇〇、『親族の基本構造』青弓社。

——, 1975, *La voie des masques*, Genéve. 山口昌男ほか訳、一九七七、『仮面の道』新潮社。

——, 1978, *Myth and Meaning: Five talks for radio*, University of Toronto Press. 大橋保夫訳、一九九六、『神話と意味』みすず書房。

——, 2001, 川田順造訳,「狂牛病の教訓——人類が抱える肉食という病理」『中央公論』中央公論新社、一一六(四)、九六—一〇三。

Lévi-Strauss, Claude et Didier Eribon, 1988, *De près et de loin*, Éditions Odile Jacob. 竹内信夫訳、一九九一、『遠近の回想』みすず書房。

Lipietz, Alain, 2002, *La Théorie sociale de la régulation*. 若森章孝監訳、二〇〇二、『レギュラシオンの社会理論』青木書店。

Locke, John, 1690, *Two Treatises of Government*. 宮川透訳、一九六八、「統治論」『世界の名著27　ロック・ヒューム』中央公論社、一八九—三四六。

Luhmann, Niklas, 1973, *Vertrauen: ein Mechanismus der Reduktion sozialer Komplexität*, Ferdinand Enke.

——, 1988, *Die Wirtschaft der Gesellschaft*, Suhrkamp. 春日淳一訳、一九九一、『社会の経済』文眞堂。

Malinowski, Bronislaw Kasper, 1922, *Argonauts of the Western Pacific*, Routledge. 寺田和夫・増田義郎訳、一九六七、「西太平洋の遠洋航海者」泉靖一編集『世界の名著59　マリノフスキー・レヴィ＝ストロース』中央公論社、五九—三四二。

Mannheim, Karl, 1940, *Man and Society in an Age of Reconstruction: Studies in Modern Social Structure*, Routledge & Keagan Paul.

Martin, Luther H. and Gutman Huck and Hutton Patrick H eds., 1988, *Technologies of the Self —— A Seminar with Michel Foucault*, University of Massachusetts Press. 田村俶・雲和子訳、二〇〇四、『自己のテクノロジー——フーコーセミナーの記録』岩波書店。

Marx, Karl, und Friedrich Engels, [1845-1846] 1953, "Die Deutsche Ideologie: Kritik der neuesten deutschen Philosophie in ihren Repräsentanten, Feuerbach, B. Bauer und Stirner, und des deutschen Sozialisums in seinen verschiedenen Propheten", *Bücherei des Marxismus-Leninismus*, Bd. 29, Dietz Verlag. 古在由重訳、一九七八、『ドイツ・イデオロギー』岩波書店。

——, [1848] 1953, *Manifest der Kommunistischen Partei*, Dietz Verlag, 大内兵衛・向坂逸郎訳、一九七一、『共産党宣言』岩波書店。

Marx, Karl, [1867] 1979, "Das Kapital: Kritik der politischen Ökonomie," Erster Bd Buch: I, *Karl Marx-Friedrich Engels Werke*, Bd.23, Dietz Verlag. 大内兵衛ほか訳、一九六八、『資本論　第一巻第一分冊』大月書店。

——, [1891] 1962, "Kritik des Gothaer Programms," *Karl Marx-Friedrich Engels Werke*, Bd. 19, Dietz Verlag, 15-32. 山辺健太郎訳、一九六八、「ゴータ綱領批判」、大内兵衛・細川嘉六監訳『マルクス＝エンゲルス全集　第一九巻』大月書店、一五—三二。

——, [1894] 1964, "Das Kapital: Kritik der politischen Ökonomie," Dritter Band Buch: III, *Karl Marx-Friedrich Engels Werke*, Band 25, Dietz Verlag. 大内兵衛ほか訳、一九六八、『資本論　第三巻第二分冊』大月書店。

——, [1934] 1964, "Zur Kritik der politischen Ökonomie," *Karl Marx-Friedrich Engels Werke*, Bd.13, Dietz Verlag, 3-160. 杉本俊郎訳、一九六六、

『経済学批判』国民文庫。

Mauss, Marcel, [1968a] 1980, "Essai sur le don: Forme et raison de l' échange dans les sociétés archaïques," *Sociologie et Anthropologie*, 7éd, Presses Universitarires de France, 144-279. 有地亨ほか訳、一九七三、「贈与論」『社会学と人類学Ⅰ』弘文堂、二一九－四〇〇。

———, [1968b] 1980, "Une Catégorie de L'Esprit Human: La Notion de Personne, Celle de《Moi》," *Sociologie et Anthropologie*. 7éd, Presses Universitarires de France, 331-62. 有地亨・山口俊夫訳、一九七六、「人間精神の一つの範疇・人格の概念、《自我》の概念」『社会学と人類学Ⅱ』弘文堂、七三－一二〇。

Mauss, Marcel, et Henri Hubert, 1899, *Essai sur la nature et la fonction du sacrifice*. 小関藤一郎訳、一九八三、『供犠』法政大学出版局。

McLuhan, Marshall, 1964, *Understanding Media: The Exteninons of Man*, McGraw-Hill. 栗原裕・河本仲聖訳、一九八七、『メディア論――人間の拡張の諸相』みすず書房。

McLuhan, Marshall and Eric McLuhan, 1988, *Laws of Media: The New Science*, University of Toronto Press. 高山宏監修、中澤豊訳、二〇〇二、『メディアの法則』NTT出版。

三上剛史、一九九三、『ポスト近代の社会学』世界思想社。

———、二〇〇三、『道徳回帰とモダニティ――デュルケームからハバーマス－ルーマンへ』恒星社厚生閣。

三原弟平、二〇〇九、『ベンヤミンと精神分析――ボードレールからラカンへ』水声社。

盛本昌広、二〇〇八、『贈答と宴会の中世』吉川弘文館。

森岡孝二、二〇〇九、『貧困化するホワイトカラー』筑摩書房。

本山美彦、一九九三、『ノミスマ（貨幣）――社会制御の思想』三嶺書房。

向井守、一九九七、『マックス・ウェーバーの科学論――ディルタイからウェーバーへの精神史的考察』ミネルヴァ書房。

———、二〇〇一、「ジンメルとヴェーバー――『貨幣の哲学』をめぐって」居安正・副田義也・岩崎信彦編、二〇〇一、『ゲオルク・ジンメルと社会学』世界思想社、一〇八－三〇。

Mumford, Lewis, 1967, *The Myth of the Machine I: Technics and Human Development*, Harcourt, Brace & World Inc. 樋口清訳、一九七一、『機械の神話――技術と人類の発達』河出書房新社。

村上隆夫、一九九八、『模倣論序説』未來社。

仲正昌樹、一九九八、「〈同一性〉の起源を巡って――アドルノの認識論とゾーンレーテルの〈貨幣＝存在〉論」『情況』情況出版、第二期、九（四）、八八－一〇一。

———、二〇〇〇、『貨幣空間』情況出版。

――、二〇〇二、『ポスト・モダンの左旋回』情況出版。

――、二〇〇四、『お金に「正しさ」はあるのか』筑摩書房。

――、二〇〇五、『デリダの遺言――「生き生き」とした思想を語る死者へ』双風社。

中沢新一、二〇〇二、『緑の資本論』集英社。

難波田春夫、一九九二、『国家と経済〔新装版〕』早稲田大学出版部。

NHK取材班、二〇〇七、『NHKスペシャル　グーグル革命の衝撃』日本放送出版協会。

Nietzsche, Wilhelm Friedrich, [1872] 1990, "Die Geburt der Tragödie aus dem Geiste der Musik", *Friedrich Nietzsche Werke*, Bd.1, Phaidon, 95-199. 西尾幹二訳、二〇〇四、『悲劇の誕生』中央公論新社。

――, [1887] 1990, "Zur Genealogie der Moral", *Friedrich Nietzsche Werke*, Bd.3, Phaidon, 267-356. 木場深定訳、一九六四、『道徳の系譜』岩波書店。

岡澤憲一郎、二〇〇八、「『貨幣の哲学』――交換機能と信頼の象徴としての貨幣」早川洋行・菅野仁編『ジンメル社会学を学ぶ人のために』世界思想社、六二―八〇。

Ong, Walter Jackson, 1982, *Orality and Literacy: The Technologizing of the Word*, Methuen. 桜井直文ほか訳、一九九一、『声の文化と文字の文化』藤原書店。

大黒俊二、一九九四、「市場1」尾形勇ほか編『歴史学事典　第一巻　交換と消費』弘文堂、二七―三一一。

Persons, Talcott, 1956, *Economy and Society*, Free Press.

Plato, 1976a, 藤沢令夫訳、「国家」『プラトン全集11』岩波書店、一七―七七三。

――, 1976b, 森進一ほか訳、「法律」『プラトン全集13』岩波書店、三一―七八八。

Polanyi, Karl, 1957, *The Great Transformation: The Political and Economic Origins of Our Time*, Beacon Press. 吉沢英成ほか訳、一九七五、『大転換――市場社会の形成と崩壊』東洋経済新報社。

――, 1977, *The Livelihood of Man*, Academic Press. 玉野井芳郎・栗本慎一郎、一九八〇『人間の経済Ｉ――市場社会の虚構性』岩波書店。玉野井芳郎・中野忠訳、二〇〇五、『人間の経済Ⅱ――交易・貨幣および市場の出現』岩波書店。

Quesney, François, 1961, 『経済表』岩波書店。

Rammstedt, Otthein, 1993, "Simmels Philosophie des Geldes", Kinzelé, J. und Schneider, P. (Hg.), *Georg Simmels Philosophie des Geldes*, Anton Hain, 13-46.

Reich, Richard B, 2001, *The Future of Success*, Knopf. 清家篤訳、二〇〇二、『勝者の代償――ニューエコノミーの深淵と未来』東洋経済新報社。

Ricœur, Paul, 1975, *La métaphore vive*, Seuil.　久米博訳、一九八四、『生きた隠喩』岩波書店。

————, 1983, *Temps et récit I: L'intrigue et le récit historique*, Seuil.　久米博訳、一九八七、『時間と物語Ⅰ――物語と時間性の循環　歴史と物語』新曜社。

————, 1985, *Temps et récit III: Le temps raconté*, Seuil.　久米博訳、一九九〇、『時間と物語Ⅲ――物語られる時間』新曜社。

Rorty, Richard, 1989, *Contingency, Irony, and Solidarity*, Cambridge University Press.　斎藤純一ほか訳、二〇〇〇、『偶然性・アイロニー・連帯――リベラル・ユートピアの可能性』岩波書店。

Sahlins, Marshall, 1972, *Stone Age Economics*, Aldine Publishing.　山内昶訳、一九八四、『石器時代の経済学』法政大学出版局。

坂部恵、一九七六、『仮面の解釈学』東京大学出版会。

佐々木亘、二〇〇八、『共同体と共通善――トマス・アクィナスの共同体論研究』和泉書館。

佐藤嘉幸、二〇〇八、『権力と抵抗――フーコー・ドゥルーズ・デリダ・アルチュセール』人文書院。

————、二〇〇九a、「構造から構造の生成へ――レヴィ＝ストロースとポスト構造主義」『表象　03』月曜社、一〇八－一二一。

————、二〇〇九b、『新自由主義と権力――フーコーから現在性の哲学へ』人文書院。

Saussure, Ferdinand, 1949, *Cours de linguistique générale*.　小林英夫訳、一九七二、『一般言語学講義』岩波書店。

Schlör, Veronika, 1998, *Hermeneutik der Mimesis: Phänomene. Begriffiche Entwicklungen. Schöpferische Verdichtung, in der Lyrik Christine Lavants Parerga.*

Schmidt, Gert, 2004, Vom Relativismus zur Lebensphilosophie. 木村正人訳、「相対主義から生の哲学へ」『文化と社会』四、六－五。

Schultz, Theodore William, 1971, *Investment in Human Capital: The Role of Education and of Research*, Free Press.

Schumpeter, Joseph, [1918] 1953, *Die Krise des Steuerstaats: Aufsätze zur Soziologie*, hrsg, von E. Schneider, und A.Spiethoff, J. C. B. Mohr.　木村元一・小谷義次訳、一九八三、『租税国家の危機』岩波書店。

Seabrook, Jeremy, 1988, *The Leisure Society*, Basil Blackwell.

Sennett, Richard, 1998, *The Corrosion of Character: The Personal Consequeces of Work in the New Capitalism*, W.W. Norton & Company.　斎藤秀正訳、一九九九、『それでも資本主義についていくか――アメリカ型経営と個人の衝突』ダイヤモンド社。

————, 2006, *The Culture of the New Capitalism*, Yale University Press.　森田典正訳、二〇〇八、『不安な経済／漂流する個人――新しい資本主義の労働・消費文化』大月書店。

Sève, Lucien, 1975, *Marxisme et théorie de la personnalité*, Éditions Sociales.　大津真作訳、一九七八、『マルクス主義と人格の理論』法政大学出版局。

Shell, Marc, 1995, *Art & Money*, University of Chicago Press. 小澤博訳、二〇〇四、『芸術と貨幣』みすず書房。

Simmel, Georg, [1890] 1989, "Über sociale Differenzierung: Sociologische und psychologische Untersuchungen," *Simmel Gesamtausgabe*, Bd.2, Suhrkamp, 109-295. 尾高邦雄責任編集、一九八〇、「社会分化論」『世界の名著58 デュルケーム・ジンメル』中央公論社、三八一－五三七。

——, [1907] 1989, "Philosophie des Geldes," *Simmel Gesamtausgabe*, Bd.6, Suhrkamp. 居安正訳、一九九九、『貨幣の哲学（新訳版）』白水社。

——, [1908] 1992, "Soziologie: Untersuchungen über die Formen der Vergesellschaftung," *Simmel Gesamtausgabe*, Bd.11, Suhrkamp. 居安正訳、一九九四、『社会学（上）・（下）』白水社。

——, [1911] 1996, "Philosophische Kultur," *Simmel Gesamtausgabe*, Bd. 14, Suhrkamp, 159-459. 円子修平・大久保健治訳、一九七六、『文化の哲学』（ジンメル著作集7）白水社。

——, [1912] 1995, "Die Religion," *Simmel Gesamtausgabe*, Bd.10, Suhrkamp. 居安正訳、一九八一、『宗教の社会学』世界思想社。

——, [1917a] 1999, "Grundfragen der Soziologie: Individuum und Gesellschaft," *Simmel Gesamtausgabe*, Bd. 16, Suhrkamp, 59-149. 清水幾太郎訳、一九七九、『社会学の根本問題——個人と社会』岩波書店。

——, [1917b] 1999, "Der Krieg und die geistigen Entscheidungen," *Simmel Gesamtausgabe*, Bd. 16, Suhrkamp, 7-58.

——, [1921] 1997, "Kant," *Simmel Gesamtausgabe*, Bd. 9, Suhrkamp, 7-226. 木田元訳、一九七六、『カント』（ジンメル著作集4）白水社、七－二七八。

甚野尚志、二〇〇七、『中世ヨーロッパの社会観』講談社。

Smith, Adam, [1776] 1961, *The Wealth of Nations*, Methuen.

Sohn-Rethel, Alfred, [1970] 1973, *Geistige und körperliche Arbeit: zur Theorie der gesellschaftlichen Synthesis*, Suhrkamp. 寺田光雄・水田洋訳、一九七五、『精神労働と肉体労働——社会的総合の理論』合同出版。

——, 1985, *Soziologische Theorie der Erkenntnis*, Shurkamp.

Sombart, Werner, 1913, *Der Bourgeois: Zur Geistesgeschichte des modernen Wirtschaftsmenschen*, Duncker & Humbolt GmbH. 金森誠也訳、一九九〇、『ブルジョワ——近代経済人の精神史』中央公論社。

Spengler, Oswald, 1918/1922, *Der Untergang des Abendlandes: Umrisse einer Morphologie der Weltgeschichte*, C.H. Beck.

Spinoza, Barch, 1677, *Ethica ordine gemetrico demonstrata*. 工藤喜作・斎藤博訳、一九六九、「エティカ」『世界の名著25 スピノザ・ライプニッツ』中央公論社、七五－三七二。

Stiglitz, Joseph E, 2002, *Globalization and Its Discontents*, W. W. Norton & Company.

Stigler, Bernard, 2004, *De la misère symbolique: 1. L'époque hyperindutrielle*, Galilée.

Strange, Susan, 1986, *Casino Capitalism*, Basil Blackwell. 小林襄治訳、二〇〇七、『カジノ資本主義』岩波書店。

———, 1998, Mad Money: *When Markets Outgrow Governments*, Manchester University Press. 櫻井公人ほか訳、二〇〇九、『マッド・マネー——カジノ資本主義の現段階』岩波書店。

周藤芳幸、二〇〇六、『古代ギリシア　地中海への展開』京都大学学術出版会。

高城和義、二〇〇〇、「パーソンズのジンメル論——最近刊行された二つの草稿を中心として」『思想』岩波書店、九一〇、三〇-五五。

高橋順一、二〇〇六、「批評精神の〈今〉、あるいは経験的＝超越的批評は物象化の論理を超えうるか？——南剛『意志のかたち、希望のありか——カントとベンヤミンの近代（人文書院 二〇〇五年）をめぐって』」早稲田大学ドイツ語学・文学会編集委員会編『WASEDA BLÄTTER』一三、六九-一〇五。

田村正勝、一九九〇、『（増補版）現代の経済社会体制——両体制の行方と近代の超克』新評論。

———、二〇〇三、「近代文明の転換とコミュニティ」田村正勝編『甦るコミュニティ　哲学と社会科学の対話』文眞堂、三-二一。

———、二〇〇七、『社会科学原論講義』早稲田大学出版部。

———、二〇〇九、「ボランティア論——社会哲学による基礎づけ」田村正勝編『ボランティア論　共生の理念と実践』ミネルヴァ書房、一-五四。

田村正勝・臼井陽一郎、一九九八、『世界システム「ゆらぎ」の構造——EU・東アジア・世界経済』早稲田大学出版部。

Testart, Alain, 1982, *Les chasseurs-cueilleurs ou l'origine des inégalités*, Société d'Ethnographie. 山内昶訳、一九九五、『新不平等起源論——狩猟＝採集民の民族学』法政大学出版局。

Thomson, George, 1995, *The First Philosophers: Studies in Ancient Greek Society*, Lawrence & Wishart.

富永健一、一九六五、『社会変動の理論——経済社会学的研究』岩波書店。

———、一九九七、『経済と組織の社会学理論』東京大学出版会。

———、二〇〇一、『社会変動の中の福祉国家——家族の失敗と国家の新しい機能』中央公論新社。

———、二〇〇八、『思想としての社会学——産業主義から社会システム理論まで』新曜社。

Uexküll, Jakob von und Georg Kriszat, 1934, *Streifzüge druch die Umwelten von Tieren und Menschen*, Springer. 日高敏隆・羽田節子訳、二〇〇五、『生物から見た世界』岩波書店。

宇波彰、二〇〇二、『力としての現代思想——崇高から不気味なものへ』論創社。

Valéry, Paul, 1919, *La crise de l'esprit.* 河盛好蔵訳、一九八〇、「精神の危機」『世界の名著66 アラン・ヴァレリー』中央公論社、三七二－八八。

Wallerstein, Immanuel, 2003, *The Decline of American Power: The U.S. in a Chaotic World*, New Press.

Weber, Max, 1909, "Agrarverhältnisse im Altertum," *Handwörterbuch der Staats wissenschaften*, 3, Auflage. Bd.1, Jena, 52-188. 弓削達・渡辺金一訳、一九五九、『古代経済史――古代農業事情』東洋経済新報社。

――, [1904] 1982, 'Die "Objektivität" sozialwissenschaftlicher und sozialpolitischer Erkenntnis,' *Gesammelte Aufsätze zur Wissenschaftslehre von Max Weber*, 5 Auflage, J.C.B.Mohr. 富永祐治ほか訳、一九九八、『社会科学と社会政策にかかわる認識の「客観性」』岩波書店。

――, [1918] 1988, "Parlament und Regierung im neugeordneten Deutschland: Zur politischen Kritik des Beamtentums und Parteiwesens" *Gesammelte Politische Shriften*, J.C.B. Mohr. 中村貞二ほか訳、一九六五「新秩序ドイツの議会と政府」『ウェーバー政治・社会論集』河出書房新社。

――, [1919] 1992, "Wissenschaft als Beruf," *Max Weber Gesamtausgabe*, Bd.17, J.C.B. Mohr. 尾高邦雄訳、一九八〇、『職業としての学問』岩波書店。

――, [1920a] 1988, *Gesammelte Aufsätze zur Religionssoziologie I*, J.C.B. Mohr. 大塚久雄・生松敬三訳、一九七二、『宗教社会学論選』みすず書房。

――, [1920b] 1988, 'Die protestantische Ethik und der "Geist" des Kapitalisums,' *Gesammelte Aufsätze zur Religionssoziologie I*, J.C.B.Mohr. 大塚久雄訳、一九八九、『プロテスタンティズムの倫理と資本主義の精神』岩波書店。

――, [1921] 1988, "Das antike Judentum," *Gesammelte Aufsätze zur Religionssoziologie*, Bd.3, J.C.B. Mohr. 内田芳明訳、一九九六、『古代ユダヤ教（下）』岩波書店。

――, [1921] 1980, *Wirtschaft und Gesellschaft: Grundriss der verstehenden Soziologie*, J.G.B. Mohr. 世良晃志郎訳、一九六〇、『支配の社会学（I）』創文社。世良晃志郎訳、一九六二、『支配の社会学（II）』創文社。世良晃志郎訳、一九七四、『法社会学――経済と社会 第二部』創文社。

鷲見誠一、一九九六、『ヨーロッパ文化の原型――政治思想の視点』南窓社。

渡辺公三、一九九六、『レヴィ＝ストロース――構造』講談社。

Wittgenstein, Ludwig, 1953, *Philosophische Untersuchungen*, Basil Blackwell. 藤本隆志訳、一九七六、『哲学探究』（ウィトゲンシュタイン全集8）大修館書店。

山内昶、一九九四、『経済人類学への招待』筑摩書房。

屋敷二郎、一九九九、『紀律と啓蒙――フリードリヒ大王の啓蒙絶対主義』ミネルヴァ書房。

Yong, Jock, 1999, *The Exclusive Society: Social Exclusion, Crime and Difference in Late Modernity*, Sage Publications. 青木秀男ほか訳、二〇〇七、『排除型社会――後期近代における犯罪・雇用・差異』洛北出版。

吉田傑俊、一九九五、「ハーバマスとマルクス」吉田傑俊ほか編『ハーバマスを読む』大月書店、一九五―二二三。

吉沢英成、一九九四、『貨幣と象徴――経済社会の原型を求めて』筑摩書房。

湯浅赳男、二〇〇八、『（新版）ユダヤ民族経済史――イスラームと西ヨーロッパとの挟間で』洋泉社。

油井清光、一九九八、「パーソンズの〝失われたジンメル論〟――或る未刊草稿を巡って」『文化学年報』神戸大学文化学研究科、一七、一―二二。

Žižek, Slavoj, 1989, *The Sublime Object of Ideology*, Verso. 鈴木晶訳、二〇〇〇、『イデオロギーの崇高な対象』河出書房出版社。

人名索引

ア行

カ行

サ行

タ行

ナ行

ハ行

マ行

ヤ行

ラ行

ワ行

著者紹介

清家竜介（せいけ　りゅうすけ）
1970年生大分県まれ。
早稲田大学大学院社会科学研究科地球社会論専攻博士課程満期退学。
博士（学術）。現在、早稲田大学非常勤講師。
専門：社会学、社会哲学、社会的交換理論、コミュニケーション論、メディア論。

著書：『現代思想入門　グローバル化時代の「思想地図」はこうなっている！』（PHPエディターズ・グループ・共著）。

『批判的社会理論の現在（叢書アレテイア8）』（御茶の水書房・共著）。

『歴史における「理論」と「現実」（叢書アレテイア10）』（御茶の水書房・共著）。

『自由と規律（叢書アレテイア12）』（御茶の水書房）など。

論文：「ジンメルと近代的自由」（『経済社会学会年報』第25号　第一回高田保馬奨励賞受賞）。

「マルティン・ルターからワエル・ゴニムへ――――グーテンベルク系の衰退とソーシャルメディアの登場」『IT批評』Vol2.（眞人堂）。

ほか多数。

交換《こうかん》と主体化《しゅたいか》――社会的交換《しゃかいてきこうかん》から見《み》た個人《こじん》と社会《しゃかい》

2011年10月25日　第1版第1刷発行

著　　者――清　家　竜　介
発 行 者――橋　本　盛　作
発 行 所――株式会社 御茶の水書房
〒113-0033　東京都文京区本郷5-30-20
電話　03-5684-0751

Printed in Japan　　組版・印刷／製本――㈱タスプ

ISBN978-4-275-00950-0　C3010